普通高校国防教育通识课程系列教材
总主编 问鸿滨
副总主编 闫忠林 李 科

第二次世界大战经典战例评析教程

主　编　闫忠林
副主编　问鸿滨　郝建英　程　俊　甄华杰
编　者　初阔林　刘玉青　张　昊　石凯中
　　　　孙国太　张　赟

西安交通大学出版社
XI'AN JIAOTONG UNIVERSITY PRESS

```
图书在版编目(CIP)数据

第二次世界大战经典战例评析教程 / 闫忠林主编
. — 西安 ：西安交通大学出版社，2020.9(2021.1重印)
ISBN 978-7-5605-5766-3

Ⅰ. ①第… Ⅱ. ①闫… Ⅲ. ①战例—分析—世界
Ⅳ. ①E19

中国版本图书馆 CIP 数据核字(2020)第 140635 号
```

书　　名	第二次世界大战经典战例评析教程
主　　编	闫忠林
责任编辑	王斌会
数字编辑	宋庆庆
责任校对	唐永利

出版发行　西安交通大学出版社
　　　　　（西安市兴庆南路1号　邮政编码710048）
网　　址　http://www.xjtupress.com
电　　话　(029)82668357　82667874(市场营销中心)
　　　　　(029)82668315(总编办)
传　　真　(029)82668280
印　　刷　西安日报社印务中心

开　　本　720mm×1000mm　1/16　印张 14.125　字数 284千字
版次印次　2020年9月第1版　2021年1月第2次印刷
书　　号　ISBN 978-7-5605-5766-3
定　　价　39.00元

如发现印装质量问题，请与本社市场营销中心联系、调换。
订购热线：(029)82665248　(029)82665249
投稿热线：(029)82668525
投稿信箱：xjtupress_renwen@163.com

版权所有　侵权必究

序　言

　　第二次世界大战（以下简称"二战"）是 20 世纪三四十年代爆发的一次全球性军事冲突，也是到目前为止人类史上最大规模的战争，波及 60 多个国家和地区、20 亿以上的人口，伤亡总数超过 1 亿人，经济损失达 4 万多亿美元。在这场正义与邪恶的较量中，不少经典战例值得回味。本书选取欧洲、非洲、亚洲以及太平洋战场中的 15 场经典战例，深度解读战争发生的背景、实力对比、将帅谋略、战斗阶段演进、关键战斗过程、最终结局及意义和影响等，旨在引导学生树立无产阶级战争观，正确认识战争的性质，珍惜人类来之不易的和平，反对战争，为构建人类命运共同体贡献力量。同时，本书通过探讨战争的指导方略指导学生汲取优秀（特别是红色）的军事战略战术思想，深刻理解、学习军事行动的背景、过程及意义，学习优秀将帅在战役中对武器装备的灵活运用、战场时间空间的准确把握、天时地利人和的精辟分析、兵力的有效部署等战争艺术，进而提升其战略思维及洞悉国际风云和认识、分析与解决问题的能力。

　　本书是西安交通大学"十三五"规划教材第二批立项建设项目之成果，编写宗旨如下：

　　（1）突出思想性，重在引导大学生树立正确的二战史观。本书编写将以无产阶级军事思想和理论为指引，努力运用历史唯物主义和辩证唯物主义的观点揭示二战的本来面目和深刻内涵。当前，欧洲和日本极右翼势力不断抬头，纳粹主义和军国主义思想死灰复燃，其刻意淡化历史、忘记历史、回避历史、篡改历史和美化历史等混淆视听、否认侵略的言行不断挑战世界上每一位爱好和平的正直人士的底线，国内也有个别人跟风否定我国在反法西斯战争中的功绩，诋毁抗日英烈，"精日"、媚日的言行不断闪现，这在人民群众特别是青少年中造成了恶劣影响。本书本着正本溯源的原则，揭示法西斯的侵略行径，宣传同盟国反法西斯的正义之举，引导大学生树立正确的二战史观。

　　（2）突出思政元素，唱响时代主旋律。第一，本书重在引导学生树立无产阶级战争观：正确认识战争的起源和根源、战争的本质和目的、战争的性质、无产阶级对战争的态度和战争的最终目的等，深刻学习和领会以列宁、斯大林、毛泽东等为代表的无产阶级革命家的精辟论断。第二，明确中国在世界反法西斯战争中的地位和作用：中国抗日战争是世界反法西斯战争的重要组成部分，中国的抗日战场是世界反法西斯战争的东方主战场，中国对世界反法西斯战争的胜利作出了重大贡献。第三，明确中国共产党在抗日战争中发挥的中流砥柱作用：中国共产党高举抗日民族统一战线的旗帜并始终坚持，中国共产党掌握了适合中国国情、战胜日本侵略者的战略与战术——游击战,并坚持持久战战略,中国共产党及其领导的武装力量不怕牺牲、英勇奋斗,在对日作战中取得了辉煌战果。第四,领会新时代构建人类命运共同体、促进文明交流与互鉴的倡议等对世界和平、稳定和发展的重要意义。构建人类命运共同体这一重大命题和重要思想的提出,具有深厚的历史文化底蕴和坚实的人类共同利益支撑,为世界未来和平发展指明了正确方向,是世界发展的历史必然。文明因多样而交流,因交流而互鉴,因互鉴而发展;要促进不同文明交流对话,在竞争比较中取长补短,在交流互鉴中共同发展,共同创造亚洲文明和世界文明的美好未来。

(3)充分考虑大学生读者的时代特征,将一些最新的科研成果和第一手材料编入教材。大学阶段是人生观和世界观形成的关键时期,大学生具有强烈的求知欲、猎奇心理和学习的自主性,教材是其获取知识的主要渠道之一。本书选取本学科相关领域的最新科研成果(涉及的相关数据均来自军事科学院军事历史研究部编写的《第二次世界大战史》),将其编入教材,使教材内容既能反映与本学科发展相适应的科学水平,又能满足当代大学生的求知欲。此外,本书择取的优秀战例,内容的阐述循序渐进,富有启发性,便于学生自主式学习,使其能够充分掌握基本理论、知识和技能,实现综合素养的提升。

(4)宏观与微观视角相结合,注重线索梳理和细节勾勒。针对国内外相关著述的不足,本书在编写过程中力图取长补短,将国内外作品的优点相结合,在保留宏观视野的同时,加大微观细节的关注,在明晰的线索上重视细节的挖掘,力求在以下三个方面取得突破。第一,系统呈现将帅的谋略。追踪著名将帅的成长背景,分析人物的个性,剖析他们的军事战略思想和战争指挥艺术等。第二,注重战役过程的梳理。对每一场战役的关节点有准确的把握,对参战部队战斗力、士气等在各时期的起伏进行深入分析,对决定各阶段战斗胜败的诸因子进行点评等。第三,梳理线索,以广博的视野,细致入微的方法,探究各个战区、各个战略方向、各个战役乃至各场战斗之间在不同时间段的联动作用。这三点是当前国内外著作所呈现出的较为明显的欠缺因素,本书将着力弥补这些缺憾,这也是本书的一大亮点和特色。

(5)注重理论与实践的结合,首创沙盘推演教学环节。本书编写中除了关注丰富的理论知识,还创造性地引入实践环节的内容,即沙盘推演。沙盘推演是研究战争的重要实践方式。相关的教学改革证明,在课堂上组织学生进行沙盘推演,提升了学生动手操作能力和战略、战役及战术思维能力,有助于教师革新教学理念,掌握教学新模式,提升课堂教学效果。但是,如何在课堂上规范、有序地引导学生学习实践环节的内容,这就需要制定相应的程序和指导意见。本书以附录的形式尝试编写了沙盘推演实践教学的配套讲义,涉及沙盘推演的定义、定位、作用、程序、学生小组产生办法、人员分工细则、指导意见、规则、得分细则以及总结报告规范等。

本书力争达到以下目标:

(1)提高思想认知层次。本书着力引导学生树立无产阶级战争观,正确认识战争的本质、战争的残酷性、破坏性,并在推动人类文明发展、构建人类命运共同体的大视野下,以实际行动珍爱来之不易的和平,着力避免大规模战争的再次爆发。

(2)提高学习站位。以二战中的重大战役为切入点,学生通过学习和研究战例,借鉴前人的经验,研究把握未来战争的指导规律,理解世界格局和世界文明的演进过程,并积极为国家安全战略建言献策。

(3)丰富理论知识结构。本书讲解战争进程时注重对优秀将帅战争指挥艺术、作战思想的提炼,使学生在学习其军事战略思想的同时,将爱国主义、集体主义、英雄主义和乐观主义精神扎根心田。

(4)提升综合能力素养。本书注重对学生自主研习战争能力的挖掘与强化,重在提升学生认识问题、分析问题和解决问题的能力,同时还要培育其战略思维下统筹、执行复杂项目(或工程)的实践操作能力。

(5)引发时代性的思考。本书注重战争成功经验、失败教训的总结,使学生掌握影响战争胜负的因素,同时,还着重引领学生倾听战争背后的政治文化声音,警示人类在文明发展道路上回归更深层次的理性思考,进而深刻领会构建人类命运共同体、文明交流与互鉴的倡议等对世界和平、稳定和发展的重要意义。

一书之成,皆赖众人。本书的大纲、序言、第四章、第七章和第九章由闫忠林副教授编写;第一章、第二章和第三章由问鸿滨教授编写;第五章由刘玉青副教授编写;第六章和第十章由初阔林副教授编写;第八章由张昊助教编写;第十一章和第十二章由石凯中(硕士研究生)编写;第十三章、第十四章、第十五章和第十六章由郝建英讲师(陕西科技大学)、孙国太(博士研究生)等编写;附录的编写、各章节的补充完善、最后的统一定稿由闫忠林副教授完成。此外,还要特别感谢李晒杰、陶洪庆、丁政天、张栩华、吴杰鹏、张鹏斐、蒲明明、谢东东、刘阳河、耿振崴、王家耀、刘浩云、杨奥、李原原、江浩云、任正炜、王昊、张磊、鲍鑫睿、俞小敏、赵婵俏、徐斌、苏国君、曾久铭、李艺腾、城莫然、刘轶迪、史佳昊、吴彦辰、毕天赐、丁稼宇、武天翔、张世涵、孙紫杰、赵九思、厉益赞、王博浩和王高名等同学,他们在一些章节的材料收集和整理上做了很多工作,是本书编写团队不可或缺的一员。

本书倾注了编写团队的大量心血,反复论证修改,同时参考、吸收、引用了有关专家、学者的论著、文章,在此一并表示诚挚谢意!同时本书还存在许多不足之处,敬请批评指正!

闫忠林
2020 年 3 月

目　录

第一编　二战概览 ... 1
第一章　第二次世界大战概况 ... 2
　第一节　大战的起源 ... 2
　第二节　大战的起点 ... 3
　第三节　大战的性质 ... 5
　第四节　大战的分期和进程 ... 6
　第五节　大战中国际反法西斯同盟 ... 9
　第六节　大战的结果及影响 ... 11

第二编　欧洲、北非战场战役 ... 14
第二章　波兰战役 ... 15
　第一节　战役计划的出台 ... 15
　第二节　战前兵力对比 ... 16
　第三节　将帅谋略 ... 17
　第四节　战役进程 ... 19
　第五节　战役结果及点评 ... 21

第三章　法国战役 ... 25
　第一节　战役背景 ... 25
　第二节　战前兵力对比 ... 27
　第三节　将帅谋略 ... 28
　第四节　战役进程 ... 30
　第五节　战役结果及点评 ... 32

第四章　不列颠空战 ... 36
　第一节　战役计划的出台 ... 36
　第二节　战前兵力对比 ... 40
　第三节　将帅谋略 ... 46
　第四节　战役进程 ... 49
　第五节　战役结果及点评 ... 52

第五章　阿拉曼战役 ... 55
　第一节　作战计划的出台 ... 55
　第二节　兵力对比和将帅谋略 ... 57
　第三节　战役进程 ... 59
　第四节　战役结果及影响 ... 61

第六章　诺曼底登陆战役 …… 64
- 第一节　作战计划的出台 …… 64
- 第二节　战前兵力对比 …… 66
- 第三节　将帅谋略 …… 68
- 第四节　战役进程 …… 69
- 第五节　战役结果及影响 …… 72

第三编　苏德战场战役 …… 75

第七章　莫斯科保卫战 …… 76
- 第一节　作战计划的出台 …… 76
- 第二节　战前兵力对比 …… 78
- 第三节　将帅谋略 …… 80
- 第四节　战役进程 …… 83
- 第五节　战役结果及影响 …… 86

第八章　斯大林格勒战役 …… 91
- 第一节　战役背景 …… 91
- 第二节　战前兵力对比 …… 92
- 第三节　将帅谋略 …… 93
- 第四节　战役进程 …… 94
- 第五节　战役结果及点评 …… 98

第九章　库尔斯克战役 …… 102
- 第一节　作战计划的出台 …… 102
- 第二节　战前兵力对比 …… 104
- 第三节　将帅谋略 …… 107
- 第四节　战役进程 …… 108
- 第五节　战役结果及影响 …… 110

第十章　柏林战役 …… 113
- 第一节　作战计划的出台 …… 113
- 第二节　战前兵力对比 …… 116
- 第三节　将帅谋略 …… 117
- 第四节　战役进程 …… 118
- 第五节　战役结果和影响 …… 121

第四编　太平洋战场战役 …… 123

第十一章　偷袭珍珠港 …… 124
- 第一节　战役计划的出台 …… 124
- 第二节　战前兵力对比和将帅谋略 …… 127
- 第三节　战役进程 …… 130

- 第四节　战役结果及影响 ………………………………………… 135
- 第十二章　中途岛海战 ……………………………………………… 139
  - 第一节　作战计划的出台 ………………………………………… 139
  - 第二节　将帅谋略 ………………………………………………… 141
  - 第三节　战前兵力对比 …………………………………………… 143
  - 第四节　战役进程 ………………………………………………… 146
  - 第五节　战役结果及点评 ………………………………………… 149

第五编　东方主战场战例 …………………………………………… 153

- 第十三章　平型关大捷 ……………………………………………… 154
  - 第一节　作战计划的出台 ………………………………………… 154
  - 第二节　战前兵力对比 …………………………………………… 156
  - 第三节　将帅谋略 ………………………………………………… 157
  - 第四节　战斗进程 ………………………………………………… 158
  - 第五节　战斗结果及影响 ………………………………………… 161
- 第十四章　台儿庄战役 ……………………………………………… 164
  - 第一节　作战计划的出台 ………………………………………… 164
  - 第二节　战前兵力对比 …………………………………………… 165
  - 第三节　将帅谋略 ………………………………………………… 168
  - 第四节　战役进程 ………………………………………………… 170
  - 第五节　战役结果及影响 ………………………………………… 173
- 第十五章　百团大战 ………………………………………………… 176
  - 第一节　作战计划的出台 ………………………………………… 176
  - 第二节　战前兵力对比 …………………………………………… 178
  - 第三节　将帅谋略 ………………………………………………… 180
  - 第四节　战役进程 ………………………………………………… 181
  - 第五节　战役结果及影响 ………………………………………… 185
- 第十六章　衡阳保卫战 ……………………………………………… 188
  - 第一节　作战计划的出台 ………………………………………… 188
  - 第二节　战前兵力对比 …………………………………………… 189
  - 第三节　将帅谋略 ………………………………………………… 191
  - 第四节　会战进程 ………………………………………………… 193
  - 第五节　会战结果及影响 ………………………………………… 195

附录：将"沙盘推演"引入二战课程课堂教学的改革与实践 ……… 197

参考文献 ……………………………………………………………… 210

第一编　二战概览

> 第二次世界大战是迄今为止人类历史上规模最大的战争，本编从大战的起源、起点、性质、进程、反法西斯同盟的形成以及战争结局与影响等六个方面对其进行了全景素描，旨在引导学习者建构起二战的整体框架。

第一章　第二次世界大战概况

第二次世界大战(亦可称世界反法西斯战争)是以德意志第三帝国、日本帝国、意大利王国三个法西斯轴心国和匈牙利王国、罗马尼亚王国、保加利亚王国等仆从国为一方,以反法西斯同盟和全世界反法西斯力量为另一方于20世纪三四十年代进行的一次全球规模的战争。战争范围从欧洲到亚洲,从大西洋到太平洋,先后有60多个国家和地区、20亿以上的人口被卷入战争,作战区域面积约2200万平方千米。据不完全统计,战争中军民伤亡总数超过1亿人,4万多亿美元付诸东流,是人类历史上规模最大的世界战争。

第一节　大战的起源

第一次世界大战是帝国主义给人类带来的一场浩劫,这场战争也让帝国主义陷入了更深的危机。第二次世界大战源起于帝国主义全面危机的加剧,具体表现为三个方面。

一、凡尔赛-华盛顿体系播下了第二次世界大战的种子

第一次世界大战结束后,战胜国通过召开巴黎和会,与战败国分别签订和约,建立国际联盟,以及举行华盛顿会议缔结《九国公约》等举措,构筑了所谓凡尔赛-华盛顿体系。凡尔赛-华盛顿体系呈现出如下特点。

1. 强权政治主宰的巴黎和会与掠夺性的《凡尔赛和约》

1919年1月18日至6月28日,第一次世界大战的战胜国在巴黎召开和平会议,讨论与战败国签订和平条约,建立国际联盟,并策划武装干涉苏俄和匈牙利革命。巴黎和会是帝国主义战胜国列强分配战争赃物的会议,是它们继续争夺世界霸权的会议,也是损害殖民地半殖民地国家权益、镇压无产阶级革命运动的会议。整个会议进程充分反映了帝国主义国家之间的矛盾,始终贯穿着强权政治,由战胜国控制和决定一切。

2. 脆弱的凡尔赛-华盛顿体系

由于凡尔赛-华盛顿体系是按照战胜国列强统治集团的意志强加于战败国及世界各国的,它建立在错综复杂的矛盾基础之上,因而是十分脆弱的。战胜国与战败国之间,战胜国列强之间,帝国主义列强与弱小国家和被压迫民族之间,无不充满着矛盾。一些矛盾被强行抑制,一些矛盾暂时取得某种妥协,另一些矛盾又产生或激化起来。明里暗里,到处存在着激烈的争斗,新的危机和事件随时都有可能爆发,危及国际关系的稳定,打破帝国主义列强的和平秩序。战后初期国际关系中发生的一系列事件,充分证明了凡尔赛-华盛顿体系的脆弱性。

因此,在凡尔赛-华盛顿体系的主导下,第一次世界大战结束后,世界上并未出

现真正的和平局面。帝国主义时代所固有的各种基本矛盾一个也没有得到解决,而且又增加了一些新的矛盾,主要体现在四个方面:第一,帝国主义国家和社会主义国家的矛盾;第二,帝国主义国家之间的矛盾;第三,帝国主义国家与殖民地半殖民地国家之间的矛盾加剧;第四,帝国主义国家国内阶级矛盾更趋激烈,无产阶级和广大中下层民众是战争重负及苦难的主要承受者。这些矛盾的扩展、激化与深化,标志着世界帝国主义体系进一步陷入全面危机之中。第一次世界大战结束了,另一次世界大战又在孕育中。

二、十月革命的胜利及国际共运的发展

1917年十月社会主义革命是在国际帝国主义开始陷入全面危机的历史环境下发生的。十月革命在资本主义世界体系打开了一个缺口,建立了世界上第一个社会主义国家,开始了人类社会由资本主义向社会主义过渡的世界历史进程。它促进了各国无产阶级革命运动的发展,同时也在第一次世界大战后的世界格局中增加了新的因素,加剧了国际斗争的复杂性和尖锐性。所以,十月革命的成功

十月革命

及其影响加深了帝国主义的危机,人们通常将它看作是帝国主义全面危机的主要标志之一。十月革命的胜利促进了欧洲国家工人运动、无产阶级革命运动以及民族民主革命运动的高涨。1918—1923年,欧洲一些国家和地区出现革命浪潮,激化了社会矛盾,震撼了资产阶级的统治,进一步地加深了帝国主义的全面危机。

三、民族解放运动的兴起

第一次世界大战从反面教育了被压迫民族的广大人民。十月革命的胜利开始唤起被压迫民族的觉醒。战后初期,亚洲、非洲和拉丁美洲的许多国家兴起了民族解放运动。在这之前,各国人民争取民族独立的斗争属于新兴资产阶级领导的民族独立运动,是在世界范围确立资本主义统治地位的广泛的民族民主革命运动的组成部分。第一次世界大战以后兴起的民族解放运动是帝国主义陷入全面危机的重要表现。一些国家开始出现由无产阶级领导的反对帝国主义侵略、争取和捍卫民族独立斗争的历史转折。这些运动是国家、民族之间矛盾发展的必然结果,是帝国主义危机的重要表现,又在不同程度上加深了帝国主义的全面危机。

第二节 大战的起点

在帝国主义的全面危机不断加深下,意大利、德国和日本等国的资产阶级政党面对如此严重的经济、政治和革命危机束手无策,它们已不能依靠议会民主的程序采取有效措施对社会进行某些改革,以扭转岌岌可危的局面。法西斯主义正是在

这种特定的土壤和气候下滋生起来的,而这些法西斯国家的崛起成了大战的直接根源,德日意法西斯是发动大战的罪魁祸首。

一、意大利法西斯的崛起

1. 意大利法西斯运动的崛起

法西斯运动首先发生于意大利。意大利是后起的帝国主义国家,其经济远远落后于欧美主要资本主义国家。第一次世界大战结束后,意大利作为战胜国之一,派代表团出席巴黎和会,并在会上要求兑现伦敦条约对意大利的许诺。鉴于英法美三国不愿看到意大利在地中海和巴尔干的势力得到加强,意大利的这一要求遭到拒绝,致使意大利各阶层极为愤慨,大有上当受骗的感觉。当获悉意大利政府同意在和平条约上签字时,意大利民族主义者怒不可遏,其中表现尤为突出的是墨索里尼和邓南遮。这种狂热的民族主义成为法西斯主义在意大利产生的温床。

2. 意大利法西斯极权体制的建立

随着意大利法西斯运动的发展,法西斯党的势力剧增。墨索里尼感到时机成熟,决心夺取全国政权,在意大利建立法西斯极权统治。墨索里尼经过数月扩充武装和军事准备后,1922年10月组成新政府,第一届法西斯内阁组成,墨索里尼任首相兼内政大臣和外交大臣。就这样,世界上第一个法西斯政权正式诞生了。墨索里尼上台后,立即在国内实行专制恐怖统治。他首先采用合法手段争取统治阶级各权势集团以及各个阶级、阶层的信任与支持,以稳定局势和巩固刚建立不久的新法西斯政权,而后通过暴力恐怖手段打击、镇压反对派领导人和取缔反对党,加紧为极权制立法,在意大利建成了世界上第一个法西斯主义极权国家。

3. 意大利法西斯的扩军备战

意大利法西斯政权逐步建立起一整套以军事化为核心的法西斯政治、经济、文化和教育体制,加紧军队建设,扩军备战。墨索里尼采取的扩军备战的主要措施有:实行经济军事化,建立战争经济体制;强化军国主义教育,实行国民的军国主义化;大幅度增加军费开支,加强武装力量建设;外交上打"德国牌",为扩军备战服务。

二、德国法西斯的崛起

1. 德国法西斯运动的崛起

第一次世界大战后,战败的德国被迫接受苛刻的《凡尔赛和约》,该和约成为德国人民的沉重负担和民族屈辱的象征。此时,希特勒的纳粹党利用德国人民特别是中小资产阶级中存在的强烈的民族主义情绪,乘机进行反动的民族主义宣传,再加之世界经济危机导致了德国的政治危机,很多城乡中小资产者、知识分子和农民涌向纳粹党。1932年纳粹党成为德国国会第一大党,从而为与垄断资本家讨价还价和夺取政权赢得了资本。

2. 希特勒上台与法西斯极权体制的确立

希特勒及其纳粹党利用1929—1933年严重的经济危机以及由此而引发的政治危机,掀起了强大的法西斯群众运动,使自己成为德国重要的政治权力因素。

1933年1月30日,总统兴登堡任命希特勒为内阁总理。希特勒就任政府总理,这意味着他已攫取了德国中央政府的最高行政权力。希特勒成为集党、政、军大权于一身的大独裁者。希特勒法西斯极权统治的确立,在政治、社会、经济、文化、舆论等诸多方面为德国帝国主义进行侵略战争做好了准备。法西斯德国成为发动欧洲战争乃至整个第二次世界大战的最重要的策源地之一。

3. 德国法西斯的扩军备战

纳粹德国要夺取欧洲和世界霸权,就必须建设一支适合于向外侵略扩张的军队。希特勒政府采取的主要措施有:大规模增加军费开支;建立起一套适合总体战需要的国民经济管理体制;多方筹集资金,以应扩军备战之急需;扩大代用品生产,增加战略原料储备;大力发展军事工业,增加武器装备生产;大力加强武装力量建设。

三、日本法西斯的崛起

1. 日本法西斯运动的兴起和日本军部法西斯政权的确立

二战前的日本是一个军事封建帝国主义国家,明治维新保留了浓厚的封建残余和军国主义传统。第一次世界大战后,日本资本主义发展暴露了内在结构的脆弱而开始面临危机,致使日本各阶层、集团和政治力量对于本民族的历史与前途进行集中的反思,并做出自己的反应与抉择。日本的法西斯运动正是在这种背景下发展起来的。

日本法西斯运动不仅仅局限在民间,同时在日本军队中兴起,军部成为日本法西斯化的主要推动力量,至1936年,日本广田内阁完全变成了军部控制和操纵的傀儡。广田内阁为服从法西斯对外扩大侵略的要求,把称霸中国和西太平洋提上日程。日本于1936年11月与德国签订了《反共产国际协定》。同年10月,德意"柏林-罗马轴心"形成,日本加盟后,国际法西斯主义集团第二次世界大战的亚洲策源地形成了。

2. 日本的扩军备战

随着日本法西斯运动的发展和法西斯政权的逐步确立,日本加快了扩军备战的步伐。1931年"九一八事变"后,日本内阁把扩军备战列为国策,建立总体战体制,通过一系列经济法令的实施,把经济全面纳入战争轨道。到太平洋战争之前,日本连续四个扩军计划的实施使武器装备大为改善,兵源不断扩充,扩军备战的速度大大加快,其速度之快,在日本战争史上实属罕见。

意大利、德国和日本相继建立了法西斯政权,至此,第二次世界大战的策源地基本形成。

第三节　大战的性质

考察战争性质是马克思主义战争观的核心问题,也是研究一切战争的根本前提。正如列宁所指出的:"弄清战争的性质是马克思主义者解决自己对战争的态度问题的必要前提。"正确判明战争的政治性质,关系到对整个战争期间一系列事件、决策和人物的评价。我们认为第二次世界大战是一场法西斯与反法西斯的战争，就法西斯国家来说，它们所进行的是反动的、不义的侵略战争；就反法西斯国家来说，它们所进行的则是进步的、正义的反侵略战争。因此，第二次世界大战的性质与第一次世界大战的帝国主义战争性质有着根本不同。

第二次世界大战自始至终都是世界人民反法西斯的战争。从1931年日本挑起第二次世界大战起，法西斯侵略与反法西斯侵略的斗争便开始了。中国人民的抗日斗争就是反法西斯的行动。随后，埃塞俄比亚人民反对意大利侵略、西班牙人民反对德意武装干涉的战争都属于反法西斯战争。大战在东方爆发，中国军民奋起抗击日本法西斯的侵略，更是鼓舞和推动了世界人民的反法西斯斗争。1939年大战在西方爆发，波兰反抗德国入侵，当然也属于反法西斯战争。这时英法对德宣战，尽管有宣而不战，同德国有妥协、争霸的一面，可是宣战这一行动表明，它们开始被迫放弃绥靖政策，加入以战争手段反对和制止法西斯侵略的行列。至于苏德战争爆发、苏联加入反法西斯战争，太平洋战争爆发，美英对日本宣战等，无疑都是反法西斯的行动。1946年2月，斯大林在总结第二次世界大战的经验教训时纠正了大战前期关于战争性质判断的失误，指出："第二次世界大战按其性质来说，是和第一次世界大战根本不同的……它一开始就带有反法西斯战争、解放战争的性质，它的一项任务，就是要恢复民主自由。苏联参加反轴心国的战争，只能加强——并且确实加强了——第二次世界大战的反法西斯的和解放的性质。"

第四节　大战的分期和进程

关于第二次世界大战的分期和进程，不同的学者采取的视角不同，因此有多种分法。二战通常分为如下四个阶段。

一、序幕与爆发阶段

1931年9月18日，日本在中国东北制造了"九一八事变"，揭开了第二次世界大战的序幕。1935年10月3日，意大利入侵埃塞俄比亚，在西方拉开了战争的帷幕。1937年7月7日，日本发动全面侵华战争，东方的世界大战规模扩大。

1939年9月1日，德军集中强大的兵力，在大批飞机、坦克的配合下，对波兰发动了突然袭击。波兰军队奋力抵抗，但波兰军队陈旧的武器装备和落后的战术根本无法抵挡德国法西斯的"闪电战"（又称"闪击战"）。波兰军队节节败退，很快大片土地沦陷。英法对德国宣战，第二次世界大战全面爆发。英法对德国宣战后，没有对德国法西斯发动大规模的进攻，致使波兰军队孤军奋战。1939年10月，波兰覆亡。苏联则趁德军侵入波兰之际，开始向西扩展疆域，建立了"东方战线"。

1940年4月9日，德国发动闪电攻势，迅速攻占丹麦和挪威。1940年5月10日，德军决定采用"曼施坦因计划"，完成对丹麦、挪威、卢森堡、荷兰、比利时等国的占领。同时，德军绕过法军重兵设防的马其诺防线，侵入法国境内。5月下旬，英法联军在法国敦刻尔克大撤退，大部分联军撤入英国境内，为未来的反攻保存了有生力量。1940年6月,德国对法国发动了大规模的进攻,意大利也趁火打劫,对法国宣战,6月22日,法国投降。

1940年7月至10月,希特勒发出了关于入侵英国的命令。德军对英国发动猛烈的空袭和潜艇战,企图迫使英国屈服。丘吉尔领导英国军民奋起反抗,粉碎了希特勒的阴谋。德国遭到了发动侵略战争以来的首次失败。

二、扩大阶段

1941年6月22日,德国撕毁《苏德互不侵犯条约》,执行"巴巴罗萨计划",德军兵分三路,突然向苏联发动全面进攻,苏德战争爆发,第二次世界大战进一步扩大。苏联军队猝不及防,节节失利,致使大片领土沦陷,苏联损失惨重。

1941年8月,罗斯福和丘吉尔在大西洋一艘军舰上会晤,发表联合宣言《大西洋宪章》,倡导自由、和平,反对侵略。同时,美英也开始对苏联提供一些援助。

1941年9月6日,德军进攻莫斯科,苏联军队在斯大林的领导下奋勇抗击,展开莫斯科保卫战,粉碎了德国军队迅速占领莫斯科的企图。1942年初,苏军展开反击,使德军伤亡约50万人。德军在莫斯科战役的失败打破了德军不可战胜的神话。

1941年10月,就在希特勒侵略欧洲之际,日本法西斯进一步向东南亚扩张,企图建立在亚洲、太平洋地区的霸权。日本的政策严重损害了美英两国的利益,美国不得不做出反应,限制乃至禁止向日本出口钢铁、石油等战略物资,冻结日本在美国的资产,增加对中国的援助。紧随其后,英国、荷兰等国也同样采取了相应的措施,这对战略物资依赖进口的日本是一个严重的打击。于是,日本军部决定趁美国对战争尚未准备就绪发动突然袭击,取得战争主动权。

1941年11月,德国军队已经占领苏联西部大片领土,控制了苏联大约40%的人口以及大部分的工业区。

1941年12月7日,日本海空军突然袭击美国在太平洋上的军事基地珍珠港,以微小的代价重创美国太平洋舰队,太平洋战争爆发;8日,美国与英国对日宣战;9日,中国国民政府对日德意正式宣战;11日,德意与美国相互宣战,第二次世界大战达到最大规模。同时,日军还对英美两国在东南亚各地的驻军发动大规模的进攻,第二年春天,日军侵占了东南亚的广大地区和太平洋上的许多岛屿。

1941年12月,在日本突然袭击珍珠港之前,由于法西斯势力不断壮大,美国出于自身的安全和利益考虑逐渐改变了"中立"态度,并且加强对英国、苏联等国的援助。

1942年1月1日,中国、苏联、美国、英国、澳大利亚、比利时、加拿大、哥斯达黎加、古巴、捷克斯洛伐克、多米尼加共和国、萨尔瓦多、希腊、危地马拉、海地、洪都拉斯、印度、卢森堡、荷兰、新西兰、尼加拉瓜、挪威、巴拿马、波兰、南非联邦和南斯拉夫等26国在华盛顿发表《联合国家共同宣言》,表示赞成《大西洋宪章》,并决心共同打败德日意法西斯的侵略,不到侵略国无条件投降,决不和敌国单独议和。《联合国家共同宣言》标志着反法西斯阵线的最终形成。世界反法西斯同盟的建立大大增强了反法西斯国家的力量,鼓舞了全世界各国人民对法西斯的斗争,加速了第二次世界大战胜利的进程。

三、转折阶段

1942年6月,日本军部为了彻底摧毁美国太平洋舰队,进攻美军驻守的中途岛。美军提前掌握了日军的作战计划,以一艘航空母舰的代价击沉日本四艘航空母舰,取得了中途岛海战的胜利,从而使太平洋战场的形势发生转折,日军被迫由进攻转变为防御,美军则由防御转变为进攻。

在北非战场,1942年夏天,德意军队逼近阿拉曼,开罗告急;1942年10月,英国军队在阿拉曼一带发动反攻,德意军队损失惨重,仓皇西逃,北非战场形势发生了重大转变。

在苏德战场,莫斯科战役之后,受到重大损失的德国军队无力再发动大规模的全面攻势。希特勒决定集中兵力进攻苏联战略要地斯大林格勒(今伏尔加格勒),以便夺取苏联南方重要的粮食、石油产区,进而包抄莫斯科。

1942年7月17日,德国军队集结重兵向斯大林格勒发动猛烈进攻,斯大林格勒战役爆发。驻守在斯大林格勒的苏联军队拼死反抗,使德国军队不仅未能完全占领这座城市,反而消耗了大量的有生力量。苏军集中兵力对德国军队发动大规模的反攻,分割包围了斯大林格勒附近的德军主力,1943年2月,苏军取得斯大林格勒战役的胜利。斯大林格勒战役不但改变了苏德战场的形势,而且推动了整个战争形势的转变,成为第二次世界大战的重要转折点。

四、胜利阶段

1943年5月,北非德意军队投降;7月,美英军队在意大利的西西里岛登陆,意大利发生政变,墨索里尼政府垮台;9月,意大利投降,法西斯轴心国集团开始瓦解。

1943年7月,德军发动了库尔斯克战役,苏军最终获胜,并夺取了战场主动权。

1943年11月22日至26日,中美英三国首脑在埃及首都开罗会晤,签署了《开罗宣言》,声明全世界反法西斯同盟国将坚持对日本作战,直到日本法西斯无条件投降,明确规定日本侵占的中国领土必须归还给中国。

1943年11月28日至12月1日,苏美英三国首脑斯大林、罗斯福、丘吉尔在伊朗首都德黑兰举行会议,通过了三国首脑在对德国作战中一致行动和战后合作的宣言。会议决定在欧洲开辟第二战场,代号"霸王计划",以尽快打败纳粹德国。

1944年6月6日,美英等同盟国军队在法国诺曼底登陆,开辟了欧洲第二战场。苏军也在东线对德军发动更加猛烈的进攻。从此盟军开始两面夹击德军,加速了德国法西斯的灭亡。1944年8月,盟军进入巴黎,法国光复。

1945年2月,美英苏三国首脑罗斯福、丘吉尔、斯大林为了加快取得反法西斯战争的最后胜利,解决战后的重大问题,在苏联召开雅尔塔会议。会议的主要内容有：彻底消灭德国军国主义和法西斯主义，惩办战犯，实现战后民主化，准备在战后成立联合国，苏联在欧战结束三个月内参加对日作战等。

1945年4月，美苏军队在易北河会师。1945年4月12日，美国总统罗斯福因突发脑出血逝世。

1945年4月30日，希特勒在总理府地下室自杀身亡，苏军攻占柏林。

1945年5月8日，在太平洋战场，美军展开猛烈的进攻，向日本本土步步逼近。中国等国家的抗日武装也在亚洲各地展开了反攻。

1945年5月9日，德国正式签署无条件投降书。

1945年7月，斯大林、杜鲁门、丘吉尔（后换为艾德礼）在德国波茨坦会晤，重申了雅尔塔会议关于处理德国问题的精神。会议期间，中美英三国发表了促令日本无条件投降的《波茨坦公告》。

1945年8月6日，美国投掷代号为"小男孩"的原子弹，轰炸日本广岛。

1945年8月8日，苏联对日宣战，苏军围歼了中国东北的日本关东军，同时，中国的抗日武装向日军发动全面进攻。

1945年8月9日，美国投掷代号为"胖子"的原子弹，轰炸日本长崎。

1945年8月15日，日本裕仁天皇宣布无条件投降。

1945年9月2日，日本政府代表在美国战列舰"密苏里"号的甲板上签署无条件投降书。至此，世界反法西斯战争胜利结束。

第五节　大战中国际反法西斯同盟

国际反法西斯同盟团结了可能团结的力量，最大限度地孤立了法西斯侵略势力，对最后战胜法西斯国家起了决定性作用。1942年元旦，中美英苏等26个国家的代表在华盛顿举行会议，签署了《联合国家共同宣言》，这标志着国际反法西斯统一战线最终形成。国际反法西斯联盟的建立使第二次世界大战的形势发生变化，并为联合国的成立奠定了基础。

一、欧洲抵抗运动的迅猛发展

欧战爆发后，欧洲几乎所有被占领国和轴心集团国家内部都出现了人民抵抗运动，各社会进步力量展开多种形式的斗争，反对法西斯占领者及其帮凶，极力推翻法西斯统治。可以说，随着德意法西斯侵略的不断扩大，包括德意保等轴心集团国家在内的全欧人民的反法西斯抵抗运动蓬勃展开。

特别是苏德战争的爆发，直接或间接地推动了欧洲抵抗运动的发展，使之达到一个崭新的水平。1941年6月22日，苏德战争爆发的当天，英国首相丘吉尔发表广播演说，宣布对苏联给予力所能及的援助，齐心协力打击敌人。美国政府也发表了愿意援苏的声明。1941年7月3日，斯大林发表广播演说，表明苏联卫国战争"将同各国人民争取他们的独立、民主自由的斗争汇合在一起"，结成"统一战线"。社会主义大国苏联的参战和国际反法西斯联盟的建立，以及随之而来的国际反法西斯力量和法西斯力量对比的有利变化，大大增强了欧洲各国人民的胜利信心，鼓舞了越来越多的人参加抵抗运动。同时南斯拉夫、希腊和阿尔巴尼亚等国人民通过积极抵抗斗争，建立了一定规模的武装力量，有力地打击了法西斯占领军。到1942年底，巴尔干地区游击队人数达15万人，牵制了约60万的法西斯占领军。

苏德战争爆发后，法国共产党人提出的进一步发展民族阵线的主张，为国内各种爱国力量的联合奠定了政治基础。在共产党的积极推动下，法国抵抗运动开始由非武装抵抗转入大力发展武装斗争，游击队的人数显著增加，其活动遍布全国许多省份。武装斗争最普遍的方式是破坏行动，在人员和物资方面给敌人造成巨大损失。

随着抵抗运动的发展，欧洲很多国家的各种爱国力量加强了合作，开始走上建立民族统一阵线共同反对法西斯敌人及其帮凶的道路。这是整个欧洲抵抗运动发展的又一个重大标志。

二、亚洲人民抵抗运动的广泛开展

如同欧洲人民抵抗运动一样，亚洲人民抗日斗争的组织者和领导者大多数是共产党人，一部分是民族资产阶级人士。抵抗运动参加者来自社会各阶层，在大多数情况下，农民构成了武装抵抗部队的群众基础。亚洲人民抵抗运动具有鲜明的反法西斯性质，是世界人民反法西斯抵抗运动乃至整个世界反法西斯战争的一个不可分割的重要组成部分。

20世纪30年代初，在中国人民掀起轰轰烈烈的抗日斗争的同时，朝鲜人民也展开了反对日本殖民主义者的斗争。1936年5月，金日成创建了朝鲜抗日民族统一战线组织——祖国光复会，这是朝鲜民族解放运动史上一个具有重大意义的事件。日本发动全面侵华战争后，朝鲜人民革命军进一步发展武装斗争，积极展开敌后游击战争，在长白山周边进行伏击和破袭战，给日军以有力的打击。

在亚洲，在越南共产党的领导下，越南人民展开反对日本军国主义的斗争。与此同时，被日本侵占的马来西亚、菲律宾、荷属东印度、缅甸、泰国等一系列东南亚国家和地区，在共产党和民族资产阶级爱国组织的领导下，也开展了反对日本新殖民主义者、争取民族独立的斗争。尤其是进入1942年后，随着东南亚众多国家奋起反抗日本侵略者，抵抗运动的烈火在亚洲如同在欧洲一样也成燎原之势。至此，整个世界人民反法西斯抵抗运动的规模与声势空前增强，轴心国集团更深地陷入了人民战争的汪洋大海之中。

三、世界反法西斯斗争日益高涨

在二战转折形势的推动下，被占领国和轴心国家内对法西斯统治不满的人愈来愈多，参加反法西斯斗争的社会阶层更为广泛，斗争的社会基础不断扩大，力量日趋增强，这是反法西斯斗争高涨的重要标志之一。世界反法西斯斗争社会基础和力量的扩大不仅有利于大战形势进一步向胜利的方向发展，而且对各国本身的社会变革和战后世界的结构产生了相当的影响。

此外，反法西斯斗争高涨的一个最突出的表现是，无论法西斯占领军及其帮凶如何加强镇压与破坏活动,各国人民采取的多种形式的斗争都有了很大发展,而且规模更大,斗争更具有组织性和全民性。希腊、法国、丹麦、意大利等国的罢工、示威游行和抵制等抗议行动尤具规模与声势,严重破坏了占领当局的各种计划,在国内外产生了广泛的影响。荷兰、挪威等国成千上万的居民采取逃亡方式坚决抗拒德国法西斯劳动令。在亚洲,朝鲜、越南、缅甸、印度尼西亚等国人民也加强了罢工、息工、抵制和破坏等各种形式的非武装斗争。在各种形式的斗争普遍加强的潮流中,很多国家的武装斗争更是迅猛发展,上升为反法西斯斗争的主要形式,成为打击法西斯侵略者的一个强大因素。

总之,从1943年起,在二战转折形势的有力推动下,世界各国人民反法西斯斗争得到了很大的发展。欧洲抵抗运动迅猛发展,掀起了高潮;亚洲人民抗日斗争显著加强,取得了新的成就。世界反法西斯斗争进入了一个蓬勃高涨的时期,其斗争内容、形式、规模、联合程度、打击力量等得到全面发展与加强。高涨局面的到来使各国人民的反法西斯斗争上升为反法西斯战争中的一支强大的战略力量,对进一步改善整个二战的形势、加速战争的胜利,以及促进国际社会生活的变革等均具有不可估量的重要作用。

第六节　大战的结果及影响

一、第二次世界大战的结果

第二次世界大战消耗巨大,使人类蒙受空前灾难,战火燃及欧亚非和大洋洲四大洲及大西洋、太平洋、印度洋、北冰洋四大洋,先后有60多个国家和地区、20亿以上的人口被卷入战争,作战区域面积达2200万平方千米,最终以美苏英中等反法西斯国家和世界人民战胜法西斯侵略者,赢得世界和平而告终。在抗击德意日法西斯的战争中,中国从1931年"九一八事变"开始坚持了14年,英国坚持了6年,苏联坚持了4年2个月,美国坚持了3年9个月。

战争双方动员的军事力量约1.1亿人,其中苏联2200万、美国1500万人、英国1200万人、轴心国方面德意日3000万人。中国共有4.5亿人被卷入战争。据不完全统计,第二次世界大战中军民伤亡超过1亿人,其中美国伤亡约115万人,英国伤亡130余万人,苏联伤亡6000万人以上,中国伤亡3500万人以上。战争中死亡者达6000多万,是历次人类战争中死亡人数最多的一次,其中苏联死亡2700万人,中国死亡约2100万人,法国死亡30余万人,英国死亡40.3万人,美国死亡32.5万人,波兰死亡约600万人,德国约有525万人死亡。死亡者中有不少是无辜的平民。

第二次世界大战期间直接军费开支达13520亿美元,参战国物资总损失价值42700亿美元,更有数不尽的人类历史文化遗产被毁。据不完全统计,仅在欧洲,战争给英法德意苏造成的经济和财政损失就达8000亿美元,各交战国的直接军费支出一度占其国民总收入的60%以上。日本侵略者更是给中国造成直接经济损失1000亿美元,间接经济损失5000亿美元。这场战争旷日持久,战争中部署的人力和物力是之前历次战争都无法比拟的,是对人类文明的一次巨大摧残。

二、第二次世界大战的影响

世界反法西斯战争的胜利是一个划时代的重大历史事件,深刻地改变了人类社会,其影响涉及世界政治、军事和科技等方面。

1. 联合国取代国际联盟,成为新的全球性组织

由于第二次世界大战给人类带来巨大的灾难,为了维护国际和平与安全,以中美苏英法为首的同盟国在1945年发起成立了联合国,中美苏英法成为安理会常任理事国。1948年以来,安理会共授权进行了60余项维和行动。另外,联合国还先后组织制定了不扩散核武器、和平利用外层空间等数百个国际条约,对维护世界和平与稳定起了一定的积极作用。

联合国会徽

2. 美苏两极格局取代凡尔赛-华盛顿体系

在世界反法西斯战争的影响和鼓舞下,尤其是苏联在反法西斯战争中的贡献和影响,东欧和亚洲大陆出现了一系列人民民主国家,在各国共产党的领导下走上了社会主义道路。社会主义力量不断壮大,超出了一国范围,形成了以苏联为首的社会主义阵营。二战后,英法等老牌资本主义国家普遍衰落,美国后来居上,形成了以其为核心的资本主义阵营。美国对社会主义国家推行冷战和霸权主义政策,北约与华约两大对峙的军事集团出现了。

3. 英法老牌帝国主义列强主导的殖民体系逐渐瓦解,广大亚非拉国家或地区的民族解放运动风起云涌

由于英法等老牌帝国主义国家在二战中受到重创,亚非拉地区的人民普遍追求民族解放、国家独立,纷纷掀起了民族解放运动。印度、越南、埃及都取得了对帝国主义战争的胜利,中东、非洲先后独立数十个国家,最终导致英法等老牌帝国主义列强主导的殖民地体系彻底瓦解。

4. 中国奠定了大国地位,成为维护世界和平与稳定的重要力量

中国坚持了14年艰苦卓绝的抗日战争,是世界反法西斯战争的重要组成部分,特别是中国共产党在领导军民抗战的过程中发挥了中流砥柱的作用。中国人民打败日本侵略者,是中国人民自鸦片战争以来第一次取得完全胜利的民族解放战争,这增强了中国人民的民族自尊心和自信心,提高了中国的国际地位,使之成为维护世界和平与稳定的重要力量,是中华民族由衰落走向复兴的历史转折点。

5. 二战客观上推动了军事科技的迅速发展,改变了人类战争的形态

二战期间,军事上的需要迫使各国投入了大量的人力、物力和财力发展相应的科学技术,制造了大量的新式武器。战后,这些用于制造作战武器的科学技术逐渐转向民用领域,为和平事业服务,推动了人类科技文明的进步。就战争形态而言,

总体战、闪击战、大纵深立体防御等战略战术在战争中得到了应用和实践,由飞机、坦克、自行火炮和突击步枪等构成的新组合的出现突破了由堑壕、铁丝网、机枪火力点组成的防御阵地,打破第一次世界大战以来阵地战的僵局,开辟了机械化作战的新时代。

思考题

  1. 请论述世界反法西斯抵抗运动的意义。
  2. 请论述第二次世界大战的起源和性质。
  3. 请简要介绍第二次世界大战的进程。
  4. 第二次世界大战有何重要影响?

第二编　欧洲、北非战场战役

　　欧洲、北非战场是指以英国、法国和美国为代表的西方盟国与德国、意大利法西斯国家在二战期间进行殊死较量的区域。本编选取了波兰战役、法国战役、不列颠空战、阿拉曼战役和诺曼底登陆战役等五场经典战役，勾勒了法西斯国家从最开始的疯狂进攻直至走向灭亡的过程，揭示了以英美为首的西方国家由绥靖、受挫、抗争到团结世界力量最终迈向胜利的反法西斯战争轨迹。

第二章 波兰战役

波兰战役,发生于1939年9月1日至10月6日,是第二次世界大战欧洲战区的起点,也是世界战争史中著名的"闪电战"的经典战例。波兰称此役为"1939年保卫战"或"1939年九月战役",西方各国称之为"波兰战役",德军作战代号为"白色方案"。

第一节 战役计划的出台

一、凡尔赛体系

第一次世界大战,德国战败,根据1919年签订的《凡尔赛和约》,德国被迫割让大片领土给邻国。作为战胜国的波兰获得了原属于德国的极具经济和军事战略地位的西普鲁士和但泽自由市,拥有了一个通往波罗的海的通道,即"波兰走廊"。自此,德国领土被一分为二,东普鲁士和德国本土被彻底隔开,成为远离德国本土的"孤岛"。这激起了包括但泽和"波兰走廊"所在地的所有日耳曼民族主义分子的怨恨。《凡尔赛和约》在名义上惩罚了战败国,实际上是其他战胜国瓜分德国及其海外殖民地行为的借口。对此,德国人一直耿耿于怀,他们给予战胜国的,除了赔款,更有刻骨铭心的仇恨。

波兰位于欧洲中北部,东接苏联,西临德国,南接捷克斯洛伐克,北临波罗的海,战略地位极其重要。处在这样一个特殊的地理位置,在英法看来,波兰是一个既可以阻挡苏联红色革命向西前进,又可以限制德国发展的国家,因此成为英法在欧洲诸盟国中重点拉拢和支持的军事盟国。而德国在吞并奥地利和捷克斯洛伐克的苏台德地区后,下一步侵略的目标就定在了波兰。二战正式爆发前,波兰是一个有38.7万平方千米国土面积、3400万人口、100多万军队的国家,其陆军军力在欧洲位居第五,可以称得上是一个军事大国。当德军已从北、西、南三面将波兰包围起来时,波兰似乎还没有意识到自己的危险。在所有与德国为邻的国家中,波兰认为自己不但军事实力雄厚,同时还有英法两个大国撑腰,所以波兰很自信地认为德国不会冒天下之大不韪而挑起战争。

二、希特勒登上政治舞台:要大炮不要黄油

1933年,希特勒率领纳粹党登上德国政治舞台,建立了独裁政权。他大力鼓吹法西斯主义,积极扩军备战,德国迅速崛起。正如纳粹德国的宣传部部长保罗·约瑟夫·戈培尔所说:"我们可以没有黄油,但是不能没有武器,尽管我们热爱和平。我们不能拿黄油射击,只能用枪。"依靠这种人为的刺激,德国的军事工业得到了迅速发展,而军事工业的发展又带动了整个工业体系,特别是重工业的发展。在入侵波兰前夕,德国的工业产量仅次于美国和苏联,位居世界第三位。

希特勒野心勃勃,他的首要目标是要让日耳曼人统治世界,消灭不共戴天的仇敌犹太人和苏联共产主义,其次是找英法算账,报第一次世界大战的战败之仇。当德国国力衰退,军备不整时,希特勒对波兰采用了假和平的外交手段,在1934年与波兰签订了有效期十年的《德波互不侵犯条约》。在接下来的几年中,希特勒以极快的速度重整军备,用短短的几年时间就把德国从《凡尔赛和约》的受辱者变成欧洲最大的军事强国。1938年,希特勒又独揽了德国海、陆、空三军的指挥权,担任德国武装部队最高统帅,"复仇"的火焰开始在他心中熊熊燃烧。"波兰走廊"的存在给德国的经济、军事、交通等带来一系列的不利因素和隐患。从军事角度来看,波兰对德国是个极大的威胁,波兰西部地区的国土可以看成是插入德国躯体的一颗钉子,让德国感到极不舒服。

从1938年10月起,德国采用外交途径,接二连三地向波兰提出领土要求,要求波兰归还"波兰走廊"和但泽地区,并把在"波兰走廊"修建公路、铁路的权利转让给德国。纳粹德国的侵略要求遭到了波兰政府的严词拒绝,这让希特勒很恼火,他决定用武力迫使波兰就范。他之所以选定波兰作为侵略战争的开始,其中最为重要的原因是波兰重要的战略地位,占领波兰是希特勒称霸世界的战争总计划中的一个重要组成部分。希特勒和德国国防军参谋部认为,如果不彻底解决波兰问题,德国还会面临一战中东西两线同时作战的局面,占领波兰不仅能获得大量的军事经济资源,而且还能将国土连成一片,大大改善自己的战略地位:既可以消除进攻英法时的后顾之忧,又可以建立进攻苏联的基地。

第二节 战前兵力对比

一、德军兵力

德军打算突袭波兰,预先在两个方向隐蔽地展开了部队:在波美拉尼亚和东普鲁士集合了由21个师编成的北方集团军群,下辖第3集团军和第4集团军,总指挥官为冯·博克上将;在德国西里西亚和捷克斯洛伐克境内集结了由33个师编成的南方集团军群,下辖第8集团军、第10集团军和第14集团军,总指挥官为伦德施泰特上将。这两个集群分别由第1航空队和第4航空队提供支援。德军共投入了54个师,其中15个装甲和摩托化师、37个步兵师、1个山地师、1个骑兵师,配备有1929架飞机、3600辆坦克装甲车辆和6000多门火炮,共计88.6万人。此外,为进攻波兰,德国海军计划使用2艘战列舰、7艘潜艇、1支驱逐舰编队、1支扫雷舰编队和1个海军航空兵机群,另有3艘巡洋舰、1支驱逐舰编队和1支鱼雷艇编队待命。

同时,在波兰战役中,苏联配合德军作战,出兵入侵波兰,继而同纳粹德国签订再次划分"两国利益范围界线"的苏德条约,这不但践踏了列宁主义原则,而且严重违背了国际法准则,是苏联民族利己主义和大国沙文主义的体现。此次行动中,苏联出动了7个集团军,约40个师的兵力。

二、波兰兵力

波兰和英法结盟后,在德国进攻的威胁下,波兰统帅部也制定了代号为"西方计划"的对德作战计划。按照动员计划,波军总人数应达到 150 万人;陆军应拥有 39 个步兵师、3 个山地步兵旅、11 个骑兵旅、2 个装甲旅、若干专业部队和约 80 个民防大队,配备 870 辆坦克及装甲车辆、4300 门各型火炮、900 余架飞机;波兰海军有 4 艘驱逐舰、5 艘潜艇、1 艘布雷舰、6 艘扫雷舰和一些辅助船只,若干岸防营和海军航空兵;空军拥有各型飞机 824 架。但是,在战役开始前,波兰武装力量的动员和展开并未完成。波军指挥部在预定的防御地区只展开了 24 个步兵师、8 个骑兵旅、1 个装甲旅、3 个山地步兵旅和 56 个民防大队。至战争结束,波兰共投入 7 个集团军、4 个战役集群,约 49 个师,其中 2 个装甲旅、37 个步兵师和 11 个骑兵师,动用 750 辆坦克及装甲车辆和 407 架飞机,加上民防大队等辅助力量,总兵力约 100 万人。

在战争初期,波兰军队的展开还在继续。波军总司令部计划实施战略防御,阻止敌人,为英法联军的行动赢得时间并根据形势采取进一步行动。波军主力沿德波边境展开,占领北部防线的是"莫德林"集团军(2 个步兵师、2 个骑兵旅)、"维希库夫"战役集群(3 个步兵师)和"纳雷夫"战役集群(2 个步兵师、2 个骑兵旅),"波莫瑞"集团军(5 个步兵师、1 个骑兵旅)在"波兰走廊","波兹南"集团军(4 个步兵师、2 个骑兵旅)在波兹南省西部,"罗兹"集团军(4 个步兵师、2 个骑兵旅)担任罗兹和华沙方向的掩护,琴斯托霍瓦、卡托维采、克拉科夫地域集结了"克拉科夫"集团军(7 个步兵师、1 个骑兵旅、1 个装甲旅和 1 个山地步兵旅)。保卫南部边界的任务由"喀尔巴阡"集团军(2 个步兵师、2 个山地步兵旅、1 个装甲旅)执行。"普鲁士"集团军(8 个步兵师、1 个骑兵旅)为第 2 梯队,配置在凯尔采、托马舒夫-马佐维茨基、拉多姆地域。

三、双方兵力对比

从军力对比来看,德国占绝对优势,这种优势不在于投入的兵力数量,而在于各类机械化作战装备与作战理念。在战争过程中,德军的坦克和空军显示了巨大威力,为了突破敌军防御,德军首次使用了快速重兵集团——装甲师和摩托化师,与航空兵密切协同作战,实现了以快速重兵集团在防御纵深对敌人实施迂回和合围的机动条件。

第三节　将帅谋略

一、德军将帅——海因茨·威廉·古德里安

海因茨·威廉·古德里安(1888—1954),德国陆军大将,著名军事家,"闪击战"的创始人之一。他同时也是装甲战、坦克战的倡导者,被誉为"德国装甲兵之父",是第二次世界大战中最著名的德国陆军将领之一。古德里安是第二次世界大

战爆发前提倡坦克与机械化部队使用于现代化战争的重要推动者,在他的组织与推动下,德国建立了一支当时最具作战效率的装甲部队,屡屡击败敌军,是联合兵种作战和前线指挥等战争形态发展的推动者。古德里安与曼施坦因、隆美尔被后人并称为二战德国三大名将,也被称为德意志第三帝国的"帝国之鹰"。

海因茨·威廉·古德里安

古德里安在一战期间担任骑兵和步兵部队的初级军官与参谋军官。一战后他在边防军部队短期任职后,便开始建立、组织、指挥装甲兵部队,先后被任命为德军的战术教官、摩托化运输营长、装甲兵司令部参谋长、第2装甲师师长、第16军军长、第19装甲军军长、古德里安装甲兵部队司令、第2装甲集群司令、装甲兵总监、陆军总参谋长。在第二次世界大战期间他曾任装甲集群司令、坦克兵总监、陆军总参谋长等职,是一位杰出的军事家、军事理论家、统帅,也是德国装甲兵创建者。他认为只有支援坦克的其他兵种具有与坦克相同的行驶速度和越野能力时,坦克才能充分发挥其威力;在诸兵种合成兵团内,坦克应起主导作用,其他兵种则根据坦克的需要行动,因此,不要把坦克编在步兵师内,而要建立包括各兵种在内的装甲师,以使坦克能更好地发挥作用。

古德里安还被称为"闪击战之父"。古德里安所提倡的闪击战术有三个要素,即奇袭、快速和集中。他认为在作战中应大量而集中地使用坦克,坦克与飞机密切配合,突破对方的某一狭窄地区,然后由坦克和步兵组成的合成军队着手扫荡对方的阵地及据点,迅速扩大占领区域,实施包围、合围,歼灭对方部队,迅速向纵深发展。在古德里安的倡导下,德军成为世界上第一支应用"闪击战"理论作战的部队。古德里安主张在攻击发起前夕,将兵力彻底集中于一个狭窄的正面上,使用压倒性优势兵力,以决定性的冲击力突破敌人战线。突破的任务一般交给装甲部队担任,装甲部队将以营或连级单位组成"宽椎型",也就是倒三角形战斗队形,进入敌人战线后向敌后深入。此时各部队指挥官会在部队先头,以其自身的观察掌握全局并随时将敌情向后汇报。一旦成功突破,各纵队就全速向敌后方做大纵深的突进,成扇形展开,沿着若干向前延伸的平行道路向前分散推进,以避免交通堵塞。"闪击战"最后一个阶段,就是整个突进部队以敌人的交通线为目标,对敌军进行分割并包围遭孤立的敌军主力。待双钳合围后,剩下的工作就是围歼包围圈内的敌人。围歼的任务通常都交由步兵部队担任,装甲部队则从前线补给整合战力后再继续往下一个目标推进。"闪击战"理论是全新的,这种超前意识的战术思想被战争狂人希特勒所看中并采纳,成为摧毁世界的利器。古德里安的首个目标便对准了波兰,准备用实战检验德军的这一秘密武器。

二、波军将帅——斯米格威·雷兹

与大名鼎鼎的古德里安相比,波兰陆军元帅斯米格威·雷兹(1886—1943)早已淹没在历史的洪流中。斯米格威·雷兹1920年率部进攻苏俄,一度占领基辅,1926年5月参与J.毕苏茨基发动的军事政变,1935年成为波兰事实上的独裁者。1939年9月德波战争(波兰战役)爆发时,他错误估计形势,寄希望于英法派兵参战,未及时进行战争动员,在德军闪击进攻面前措手不及,甚至指望以骑兵对付坦克,致使波军行动迟缓,指挥混乱,迅速瓦解,他本人逃往罗马尼亚。1941年斯米格威·雷兹潜回波兰加入地下抵抗组织,1943年被德军杀害。

三、苏军将帅——米哈伊尔·普罗科菲耶维奇·科瓦廖夫

科瓦廖夫(1897—1967)1918年参加苏俄红军,国内战争时期,历任团长和旅长。1924年毕业于伏龙芝军事学院,1927年加入苏联共产党,担任过步兵师师长和军长,1936年后历任贝加尔筑垒地域司令兼政委,1937年先后任基辅军区副司令和白俄罗斯军区司令。朱可夫对他的评价是:"一个诚恳可爱的人,对战役战略问题修养不错,但他造诣较深的是在战术方面,无论在理论上或实践上都很出色。"1967年科瓦廖夫在列宁格勒(今彼得格勒)去世,曾获列宁勋章2枚。

早已同德国商量好瓜分波兰的苏联,只因与波兰签有互不侵犯条约而始终不便动手。波兰政府的出逃,终于使苏联找到了"体面"出兵波兰的借口。苏联政府宣称:由于波兰政府不复存在,因此苏波互不侵犯条约不再有效。"为了保护乌克兰和白俄罗斯少数民族的利益",苏联决定进驻波兰东部地区。1939年9月17日凌晨,苏联白俄罗斯方面军和乌克兰方面军分别在科瓦廖夫大将和铁木辛哥大将的率领下,越过波兰东部边界向西推进。9月18日,德苏两国军队在布列斯特-力托夫斯克会师。

第四节 战役进程

一、闪击波兰

1939年9月1日凌晨,德军轰炸机群呼啸着向波兰境内飞去,目标是机场、电站、波兰的军队驻地、军火库、铁路、公路和桥梁。几分钟后,波兰人便尝到了人类历史上规模最大的来自空中的突然死亡与毁灭的滋味。边境上万炮齐鸣,炮弹如雨般倾泻到波军阵地上。波军猝不及防,一线的战斗机没来得及起飞就被炸毁在机场,无数火炮、汽车及其他辎重来不及撤退即被摧毁,交通枢纽和指挥中心遭到破坏,部队陷入一片混乱。约1小时后,德军出动地面部队从北、西、西南三面发起了全线进攻,在飞机空袭的掩护下,以装甲和摩托化师为先导的地面部队迅速突破了波军防线。同时,停泊在但泽港伪装友好访问的德国"石勒苏益格—荷尔斯泰因"号战列舰也突然向波军要塞开炮,引燃了第二次世界大战欧洲战场的战火。

德军闪击波兰

二、突破防线

为了迅速达成完全占领波兰的战略目标，德军将其陆军中的精华——装甲部队的全部主力，都投入了作战，其中，包括当时德军所拥有的全部的6个装甲师（第1、第2、第3、第4、第5装甲师和刚刚组建的第10装甲师），另外还有4个轻装甲师和4个摩托化师。德军的每个装甲师都是一个具有强大火力和高度机动力的装甲突击兵团，装备有坦克250辆和装甲车50辆。德军以装甲部队和摩托化部队为前导，很快便从几个主要地段突破了波军防线。

德军突破波军防线后，以每天50～60千米的速度向波兰腹地突进，就连摩托化重炮也在波兰坎坷不平的道路上以每小时约64千米的速度挺进，在一马平川的波兰西部，势如破竹般撕破了波军的防线。除了利用飞机、坦克、大炮实施正面进攻，潜伏在波兰境内的大批德国特务也积极展开行动，有的冒充波军混入边境夺取军事要地，有的散布谣言蛊惑人心，有的进行破坏和恐怖活动。

由于波军大部分部署在边境地区，纵深兵力很少，对德军使用大量航空兵对纵深要地实施闪电般的空中袭击茫然无知，没有任何对空防御准备，整个后方陷入一片混乱。德军飞机没有受到任何地面威胁，它们可以自由地飞来飞去，想炸哪就炸哪儿。许多飞行员甚至像过节日放鞭炮一样，投下一堆堆炸弹，急急忙忙返航装弹，又起飞轰炸下一个目标。

波兰境内无数的工厂、学校、商店、军营被炸毁，30多个城镇发生大火。空袭使美丽的波兰瞬间变得千疮百孔，一片狼藉，将近100万响应总动员令的士兵和群众被阻塞在道路上，无数人被炸死，更多的平民流离失所，无家可归。

除了来自空中的打击，德军的地面攻势更加凌厉，这是人类战争史上空前规模的机械化部队大进军。在这场大进军中，古德里安成功地实践了他的"闪击战"战术，他率领第19装甲军取得了辉煌的胜利。开战后，古德里安率部迅速突破波兰边境防线，1939年9月1日晚渡过布拉希河，9月3日推进至维斯瓦河一线，完成了对"波兰走廊"地区波军"波莫瑞"集团军的合围。

三、重创波兰

至1939年9月4日，博克的北方集团军群全歼了波军"波莫瑞"集团军并重创波"莫德林"集团军,占领了"波兰走廊",随后强渡维斯瓦河,从北面夺占了通往华沙道路上的阵地。至1939年9月7日,伦德施泰特的南方集团军群重创波军"罗兹"和"克拉科夫"两集团军,占领了波兰工业中心罗兹和第二大城市克拉科夫,其中第10集团军的前锋霍普纳的第16装甲军于1939年9月8日进抵华沙南郊,从南面切断了波军"波兹南"集团军退路。

1939年9月8日,北方集团军群所属屈希勒尔的第3集团军和冯·克卢格的第4集团军从北面和西北向华沙方向实施突击。9月11日,古德里安的第19装甲军渡过纳雷夫河,开始向华沙后方的布格河迅速推进。9月14日,南方集团军群所属冯·赖歇瑙的第10集团军和布拉斯科维茨的第8集团军在维斯瓦河以西一举合围从波兹南和罗兹地区撤退的波军,占领了波兰中部地区,使华沙处于半被合围的状态。至1939年9月15日,古德里安的第19装甲军包围了布列斯特,其第3装甲师和第2摩托化师继续向南推进,以便与南方集团军群的右翼李斯特的第14集团军完成最后的纵深合围。与此同时,第14集团军的前锋克莱斯特的第22装甲军,包围了科沃夫之后继续北进,9月16日与北方集团军群会师,合围了退集在布格河、桑河与维斯瓦河三角地带的波军。9月17日,德军在完成华沙的合围后,限令华沙当局于12小时内投降,而波兰政府和波军统帅部已于9月16日越过边界逃往罗马尼亚。9月17日,苏联红军进入波兰。此后,德波战争进入最后阶段。

四、波兰崩溃

1939年9月17日,苏联红军越过波兰东部边界向西推进,波兰腹背受敌。9月18日,德苏两国军队在布列斯特-立陶夫斯克会师。为了抢夺华沙,希特勒命令德军必须在1939年9月底之前拿下华沙。在扫除外围波兰军队后,9月25日,德军在飞机和大炮的掩护下开始进攻华沙,25日和26日接连突破波军两道防线。9月28日,在水电遭到破坏,食品、药品断绝,完全丧失抵抗力的情况下,华沙守军向德军投降,守城的12万波军被俘。9月29日,据守莫德林要塞的波军投降。10月1日,波兰的最后一个抵抗中心海尔半岛陷落。10月6日,在登布林以东区域抵抗的2个波军师向德军缴械投降,至此,波军抵抗结束,德波战争结束。

第五节 战役结果及点评

一、战役结果

1939年10月6日,波兰战役宣告结束。波军7.5万人阵亡,13万人受伤,100万人被俘(其中,被德军俘虏70万人,被苏军俘虏30万人),10万人逃至邻国,而德军仅阵亡1.1万人,受伤3万人,失踪2300余人。

欧洲第二次世界大战爆发后的第一个战役仅用了一个月的时间就结束了。德军在短时间内,完成了基本战争目标,首次采用空军和装甲部队联合行动的"闪击战"并取得胜利,并将这种成功的、全新的战术铭刻在世界军事史上。

二、战争评析

(一)波兰战败原因

1. 失误的结盟政策

在第一次世界大战后,根据战后签订的《凡尔赛和约》,原来属于德国的一部分领土被划给了波兰,波兰在这片土地上建立了"波兰走廊",这成了波兰的出海口。这一项决定,不但分割了德国的领土,而且把自古以来属于德国的港口但泽从德国分割出去,这使德国人怨恨不已。在当时的德国人看来,波兰人的行为是不可容忍的,波兰必须为此付出代价。而奇怪的是,波兰人并不为此担忧,他们对于纳粹德国一直没有什么戒心,而且自从纳粹政权在德国当政后,波兰外长贝克甚至对法西斯抱有同情。德国进军莱茵,摧毁独立的奥地利和捷克斯洛伐克的时候,贝克和波兰的统治集团一直作壁上观,以为这与自己没有什么关系,甚至还参加了对捷克斯洛伐克的入侵。

在捷克斯洛伐克被吞并之后,德国很快就将波兰作为自己的下一个目标,而波兰政府对此并不自觉,依然奉行片面的结盟政策,不断地与英法进行联系,满足于英法的一纸保证,而对于自己的另一强邻苏联,却采取顽固的态度,从而使得当时的谈判陷入绝境。于是,苏联同德国签订了《苏德互不侵犯条约》。这个条约的签订大大孤立了波兰,而战争也就不可避免了。波兰失去了一个本来的朋友,树立了一个新的敌人。波兰因同时仇视自己的两个强邻,而使自己陷入了可悲的战略孤立,从而给自己的国家命运种下了祸根。

2. 经济实力落后

战前的波兰是一个落后的农业国,农业生产总值占国民生产总值的60%以上,工业生产总值只占国民生产总值的32%。在两次世界大战之间,波兰经济发展速度缓慢,到了1938年,工业总产值甚至不及1913年的水平远落后于德国;农业几乎没有什么发展,以波兰的主要粮食作物为例,1938年产量仅略超1909年到1913年的平均生产水平;交通业也很落后,每万人平均拥有铁路里程仅为5.25千米,而德国每万人平均拥有铁路里程为11.6千米。

3. 军事观念落后

从纯粹的军事角度而论,波兰的迅速崩溃又与军事观念落后和战略方针的失误有关。军事观念上,波军对机械化战争和德国迅速发展的机械化军队的改革、作战方式,几乎是一无所知。德军第19装甲军军长古德里安在日后的回忆录中写道:"波兰骑兵,因为不懂得我军坦克的性能,居然用他们的长矛和刀剑向战车冲锋,结果遭受了极大的损失。"波军统帅部对敌我双方力量悬殊缺乏清

波兰的骑兵

楚的认识,因而直接导致战役指挥的重大错误,他们把主力沿漫长的边境部署。如前所述,在战略态势上,德军已三面包围波兰西部地区,此时的波兰西部就像一块悬在德国张开的大嘴中的肉,波军统帅部却还梦游一般把主力部队往里面送,结果让德国轻而易举地分割合围,聚而歼之。

(二)德军战胜原因

1. 闪击战术运用得当

关于这场基本上没有悬念的战争,后来的史学家都冠以"闪击战"的成功范例。此战中,德军创造性地用步兵、坦克加航空兵的合成兵种战术,开创了"闪击战"的奇迹。德国人成功地运用了这一战法,使得空地协同第一次以强大的突击力量的形式出现在战场上,为后来的一系列军事变革提供了教科书式的范例。实战中,"闪击战"理论使飞机和装甲部队起到了关键性的杠杆作用。古德里安就是充分利用飞机、坦克的快捷优势,以突然袭击的方式克敌制胜。

2. 希特勒亲临前线

1939年9月1日上午10时,波兰战役刚刚打响几个小时,希特勒向国会宣布,帝国军队已攻入波兰,德国进入战争状态。他宣称,"从那时起,我只是德意志帝国的一名军人,我又穿上这身对我来说最为神圣、最为宝贵的军服。在最后的胜利之前,我决不脱下这身军服,要不就以身殉国。"希特勒的演说激起了议员们一阵阵狂热的欢呼。波兰战役中,希特勒亲临波兰前线。9日当晚,希特勒把他的办公地点从柏林总理府移到了开往波兰前线的"亚美尼亚"号火车专列上,在此处理东线和西线的战事。此时的希特勒与后来喜欢对作战指手画脚的他完全不

德军军车开进波兰

同,几乎不干预波兰战役的指挥。但是希特勒准时出现在指挥车厢里,听取关于战场形势的汇报,并且查阅从柏林空运来的战场形势地图,同时还进行多次视察,极大地鼓舞了德军的士气。

(三)波兰战役的意义

1. 闪击战的诞生

波兰战役中,德军充分利用空中和陆上最新的武器发展成果将"闪击战"这一崭新的作战模式推上战争舞台,坦克与飞机这一力量与速度完美结合、陆空联合实施机械化闪击战的模式,被刻印在了20世纪的战争史册上。"闪击战"理论对二战结束后出现的一些战争都有着重要影响,也为以后出现的新装备、新技术更好的应用提供了借鉴。

2. 拉开了第二次世界大战的序幕

纳粹德国侵略、占领波兰而发动的战争是第二次世界大战在欧洲爆发的标志。

波兰战役对第二次世界大战的战局发展有着至关重要的影响。经过这次战争,原本一个独立的波兰成了一块任人切割的蛋糕,而一直执行绥靖政策的英法等国却并没有由此而真正认识到自己面临的危险,直到战争在欧洲全面爆发。

3. 印证了历史的经验教训

波兰败亡的历史教训告诉我们,一个国家要想独立于世界民族之林,必须要有一支强大的军队,而强大军队的建设必须以国家的经济实力为基础。一切不愿意遭受侵略、压迫和欺凌的国家任何时候都应把经济发展摆在重要位置,努力发展生产力,大力加强综合国力,以便为反侵略战争打下雄厚的物质基础。

思考题

1. 请概述"闪击战"理论的主要内容。
2. 波兰战役的政治影响有哪些?
3. 请点评波兰战役中双方的战略战术。

第三章 法国战役

法国战役，又称法兰西战役，是指第二次世界大战时纳粹德国从1940年5月10日开始进攻法国及比利时、荷兰等低地国家的战争，号称拥有世界最强陆军的法国在不到三个月的时间里，便被纳粹德国击败。战争后期，英国远征军和许多法国士兵在"发电机行动"中成功地从敦刻尔克撤退至英国本土。法国战役在第二次世界大战史上具有重要地位。

第一节 战役背景

一、"奇怪的战争"：英法继续推行绥靖政策

德波战争爆发后，英国和法国作为波兰的盟国先后对德宣战。然而，它们宣而不战，没有给波兰提供任何有效的援助。从1939年9月3日英法宣战之日到1940年5月10日德军向西线发动进攻，在长达8个多月的时间里，整个西线盟军在欧洲大陆上并未与德军交战，出现了所谓"西线无战事"的局面。这种虽已宣战却没有发生大规模交战的奇怪现象，在第二次世界大战史上被称作"奇怪的战争"。"奇怪的战争"的出现，是英法继续推行绥靖政策的结果。英法统治集团在1939年9月以前推行绥靖政策，是以牺牲奥地利、捷克斯洛伐克和波兰来满足希特勒的侵略欲望，而这一次却是搬起石头砸自己的脚，为纳粹德国准备对西线发动进攻提供了极好的机会。

二、希特勒决心用武力逼迫英法求和

1939年德国征服波兰后，希特勒提出和平建议，但被英法拒绝，于是希特勒便决心用武力来逼迫英法求和。1939年10月9日，他在给德国陆军将领的一份指令中，阐明了他之所以坚信进攻西欧是德国唯一出路的理由。他担心和苏联签订的条约，只有在符合苏联的目的时才会使苏联保持中立。一旦英法向德国进攻，苏联很可能会从背后给予致命的一击，所以他要提早在苏联准备好之前进攻法国。他还相信一旦法国失败，英国也会就范。但以陆军总司令布劳希奇为首的德国陆军将领们对此坚决反对，理由是德国陆军还没有足够的力量可以击败西欧军队，一旦开战，德国必亡。希特勒严厉斥责布劳希奇等人胆小怕事，并命令他们无条件遵从他的主张。

三、德军侵占丹麦和挪威

希特勒为顺利实施其进攻西线的计划，防止英法从海上封锁德国，保证侧翼的安全，保证从瑞典输入的铁矿能经过挪威港口运入德国，并把挪威海岸作为袭击英国的海军基地，遂决定在进攻英法之前，首先夺取北欧诸国。1939年10月，德国

决定在丹麦和挪威采取军事行动,作战计划代号为"威塞尔演习",其要点是:以陆军采取欺诈、突袭的手段,越过丹德边境占领丹麦,同时以登陆和空降的形式夺取挪威的重要港口和机场,尔后向内地发动进攻,占领挪威全境;以航空兵对付英法海军,避免海上大规模交战。英法唯恐德国占领丹麦和挪威危及本国安全,也在准备采取军事行动,但是行动非常迟缓。德国占领了丹麦和挪威,在东北方向构成对英国的战略包围态势,给英法两国带来了严重威胁。此举彻底打破了英法统治集团对德国的任何幻想,也激起了英国朝野上下对张伯伦政府的极大愤慨。许多人都转而支持丘吉尔,要求对德采取强硬政策。1940 年 5 月 10 日,张伯伦被迫辞职,丘吉尔出任首相,组成了联合政府。5 月 13 日,数年来一直坚定地反对德国法西斯的丘吉尔在下院向英国人民庄严保证:"我没有别的,我只有热血、辛劳、眼泪和汗水贡献给大家。"丘吉尔联合政府的成立标志着英国最终走上了一条毫不妥协的反法西斯道路。

四、战役计划的出台:曼施坦因计划

德国陆军参谋总部在希特勒的一再催促下,制定出了一个代号为"黄色方案"的西线作战计划。此计划与第一次世界大战中德军进攻法国的施里芬计划相似,即把德军主力放在右翼,通过比利时去进攻法国。但是 A 集团军参谋长埃里希·冯·曼施坦因却讨厌这个方案,认为此次计划不过是老调重弹。希特勒本人也不喜欢这个计划。曼施坦因提出了他的战略构想:德军进攻的主要矛头应放在中央,而不在右翼,以强大的装甲部队,对具有战略决定性的突破口——阿登森林地带,实施主要突击。这是攻其不备、出奇制胜攻入法国的一条捷径,可切断南北英法联军之间的联系,分割合围英法联军,迅速灭亡法国。但是德国陆军总司令瓦尔特·冯·布劳希奇拒绝将曼施坦因的计划转呈希特勒。

1940 年 1 月 10 日,一名携带"黄色方案"的德国空军军官因座机迷航在比利时迫降,由于无法把这一重要文件全部烧毁,致使一部分落入英法手中。于是曼施坦因再次向陆军总部提出他的构想,这使布劳希奇非常厌恶,将曼施坦因调任第 38 步兵军军长。但曼施坦因乘希特勒接见各新任军长之机,将他的见解直接向希特勒做了陈述。

希特勒对曼施坦因的陈述,"简直像精灵似的理解非常快",并表示他个人完全同意曼施坦因的见解。第二天,希特勒便召见陆军总司令布劳希奇和总参谋长哈尔德,命令他们以曼施坦因的建议为基础,立即制定出一个新的作战计划来。虽然布劳希奇和哈尔德强烈反对曼施坦因的建议,认为其所谓的秘密通过,实在是一种疯狂的假设,它将使德国装甲部队的精英面临法军的侧翼攻击,并可能导致全军覆没。但在希特勒的压力下,两位陆军首脑屈服了。于是,陆军总参谋长哈尔德奉命根据曼施坦因的建议重新制定作战计划。

在经过了充分的论证和几次演习之后,"曼施坦因计划"终于得到了确认,最后确定担任突击的两个装甲军(古德里安的第 19 装甲军和赖因哈特的第 41 装甲军)

组成一个装甲集群,由克莱斯特将军指挥;其中第 19 装甲军将担任安德内斯攻击战的矛头,而霍特的第 15 装甲军则位于集团军群右翼担任辅攻。1940 年 5 月 9 日"曼施坦因计划"被付诸行动。

五、马其诺防线横空出世

1930 年开始,在法国时任国防部长马其诺的主导下,法国开始修建马其诺防线,涵盖整个法德边界。马其诺防线全部由钢筋混凝土工事构成,优质钢筋用了 15 万吨,混凝土建筑面积达 150 万平方米,巨型堑壕前后 3 道,纵深达 5 千米。最前沿是大片地雷场及层层叠叠的铁丝网,工事主体位于地下,顶盖厚达 1 米,可以经受住重炮的持续轰击。工事周围修有无数个钢板护顶的碉堡和永备火力点,配备有各种轻型和重型火炮及大量的轻重机枪,可以从四面以交叉火力打击来犯之敌。工事深入地下达 20～50 米,修有为数众多的通道和囤积点,包括公路、铁路、弹药库、仓库、炮塔、发电设备、修理设备、医院、食堂、宿舍等各类设施,还修有指挥部、俱乐部、娱乐场和电影院。一组组相互独立的筑垒式防御工事群构成了整个防线,每一组工事包括一个主体工事和一些观察哨所,相互间以电话联系。工事外面则密布金属柱、铁丝网、坦克防御锥等。工事各处与前沿暗堡、永备火力点全能通连,地上地下融为一体,并储存有足够驻守军队维持半年的食物和饮水。仅仅挖掘比奇附近的一处大型地下工事,就动用了 2000 名劳工夜以继日地苦干数月。之后,数不清的专家人员又被派下去为工事进行装备。整个马其诺防线代表了当时世界最先进的建筑工程水平,称得上固若金汤。如有战事,各观察哨所可用望远镜观察敌情,随时将情况用电话报告指挥部,而炮塔内的炮兵则在 3 米厚的水泥工事内根据指挥部的命令开炮。

马其诺防线

第二节　战前兵力对比

一、德军兵力

德国部署了约 300 万人参加该战役,沿着比利时、卢森堡和法国边境依次展开

B、A、C三个集团军，连同陆军总司令部预备队共141个师（含10个装甲师）。其中，约四分之一的作战部队士兵是40岁以上参加过第一次世界大战的退伍军人。西线的德军于5月至6月间，共部署2445辆坦克和装甲车辆以及7378门火炮，弹药库存可足够支撑6个星期的战斗。德国空军出动的是第2和第3航空队，共有飞机4020架，分别用于支援B集团军和A、C集团军。

德国陆军部队分为三个集团军：A集团军由格尔德·冯·伦德施泰特指挥，共有约45个师（含7个装甲师），实施决定性的行动，负责从阿登地区突破法军的防线，迂回比利时，直驱法国；B集团军由费多尔·冯·博克指挥，共有约29个师（包括3个装甲师），负责向荷兰方向助攻，将英法联军的主力吸引至该地区，与突破阿登防线的A集团军联手包围消灭英法联军；C集团军由威廉·里特尔·冯·勒布指挥，共有18个师，主要是防止法军从东面发起的迂回进攻，并持续对马其诺防线和上莱茵河发动佯攻。

二、同盟国兵力

英法荷比4国军队在东北战线上共有147个师，约3100辆坦克、14500余门火炮、3800余架飞机。同盟国兵力如下：荷兰动员了约35万人，陆军拥有10个师，其中8个步兵师、1个轻型装甲师和1个特种师；比利时动员了23个师，其中18个步兵师、2个骑兵师、2个山地步兵师和相当于1个步兵师的要塞部队；英国先期出动了9个师，部署于法国北部至马斯河一线；法国动员的兵力最多，达105个师，当中，有22个师是正在受训或在战时紧急情况下装备起来的，包括2个波兰师和1个捷克师。除了这些满员师，盟军还有许多独立的小型步兵单位：荷兰有相当于约8个师的独立旅和营；法国有29个独立的要塞步兵团。此外，法军中有18个师是由殖民地志愿部队组成的。

三、双方兵力对比

同盟国在兵力上与德军旗鼓相当，但是在战斗力方面，远不如德国。以法国为例，由于低出生率，人口严重短缺，为了弥补人口的问题，法国已动员大约三分之一的介于20岁至45岁的男性公民，使自己的武装部队兵力超过600万人，已经超过了整个德国国防军的540万兵员。虽然同盟国兵力数量超过德军，但是很多部队特别是法国的"B级师"还需要进一步接受机械化武器的训练。同时，同盟国军队在空中也处于劣势，大多数盟军飞机是过时的机型，甚至部分飞机缺乏零部件的补充难以升空作战。

第三节　将帅谋略

一、德军将帅——弗里茨·埃里希·冯·曼施坦因

弗里茨·埃里希·冯·曼施坦因（1887—1973），德国陆军元帅、军事家、战略家、战术家，二战期间纳粹德国三大名将之一。曼施坦因精通战略战术，被誉为纳

第三章 法国战役

粹德国头号战略家,英国著名史学家利德尔哈特称其为希特勒麾下最会用脑子打仗的人。1887年11月24日,曼施坦因出生于德国柏林,之后接受了一名德国军官标准的培训科目和历程。他参加过一战,战后先后担任过柏林第三军区参谋长、陆军参谋部第一处处长、总参谋部首席军需长等职。二战爆发后,他几乎参加了所有德国在欧洲大陆的扩张军事行动,在苏德战场上先后于北方集团军群和南方集团军群任职。1939年末提出的西线作战方案("曼施坦因计划",直接导致了法国战败投降)、1942年攻占塞瓦斯托波尔要塞以及1943年哈尔科夫反击战(著名的"反击一手"),都是曼施坦因职业生涯的得意之作。1944年3月30日,曼施

弗里茨·埃里希·冯·曼施坦因

坦因被希特勒解职。1945年,曼施坦因被英军俘虏,战后被判处有期徒刑18年,1953年被提前释放。1973年6月11日,曼施坦因在慕尼黑去世,著有战争回忆录《失去的胜利》和《士兵的一生1887—1939》。

法国战役中,德军的作战方案就是在曼施坦因的建议基础上形成的"挥镰行动"。曼施坦因认为阿登山区虽然道路崎岖,但是凭着德军的优秀军事素质和高度机动性,是完全可以逾越的,而英法联军却不会注意阿登山区。德军在这里实现中央突破后,以强大的装甲部队向西北方向直插法国北部海岸线,包抄比利时境内的英法重兵集团,切断其与法国本土的联系,然后南北夹击,一战平定西欧。

二、同盟军将帅——莫里斯·居斯塔夫·甘末林

莫里斯·居斯塔夫·甘末林

莫里斯·居斯塔夫·甘末林(1872—1958)是一名法国将军,军阶为一级上将,其指挥对于法国最终战败有决定性影响。作为二战爆发后的法军总司令,甘末林被认为是一位拥有相当智慧的将军,即使在德国也备受几位将军的尊崇,但在部分具有前瞻性的德军将官看来,甘末林思想保守而古板。历史学家威廉·夏伊勒即指出:甘末林以一战的方式来打二战。

甘末林1872年出生,1893年毕业于圣西尔军校,1899年毕业于参谋学院。他参加过第一次世界大战,曾任法国大本营作战处长、旅长、师长;1925—1928年,任驻叙利亚法军司令官兼副高级专员,曾指挥镇压叙利亚人民反抗法国殖民主义者的民族解放起义;1931年任陆军总参谋长;1935年兼任陆军高级军事委员会副主席;1938年任国防部总参谋长。第二次世界大战开始时,他于1939年9月3日任法国陆军总司令,兼英国远征军指挥,是法

国统治集团投降政策的拥护者之一,因而对 1940 年法国的失败负有责任。1940年 5 月,甘末林被撤职逮捕,1942 年交由维希贝当政府组织的法庭审判,1943 年被运往德国,关押在法西斯集中营,直到战争结束。战后,甘末林在政治上再无积极作为,1958 年去世。

法国战役中,盟军最高统帅部制定的代号为 D 的作战计划重点是防御德军向比利时实施主要突击,把比利时作为双方厮杀的主战场。根据 D 计划,盟军把主力部署在法比边界北端和法国北部各省,如果德军向比利时实施主要突击,则五国盟军协同作战挡住德军进攻;其他部队的大部分部署在南部的马其诺防线上,如德军向马其诺防线实施正面进攻,则依托坚固的工事进行抵御;在中段则自恃有阿登山区天险和马斯河,只留了战斗力较弱的部队驻守,这给德军以可乘之机,成为盟军整个战役崩坏的突破口。

第四节　战役进程

一、德军突入法国北部

1940 年 5 月 10 日,德军精锐部队 A 集团军群向卢森堡和比利时的阿登地区实施突击。只有 30 万人口的卢森堡不战而降,德军顺利通过卢森堡向比利时南部的阿登地区挺进,开始实施入侵法国的作战计划。

位于比利时境内的阿登山脉林茂路峭,南面是坚固的马其诺防线,北面紧接宽阔的马斯河。法国人认为这是一道天然的屏障,是庞大的现代机械化部队无法通过的地区。所以,法军在该地区只部署了少量战斗力较差的部队进行防守。他们万万没想到,正是天险难度的阿登山口却成了德军入侵法国的主要突破口。

德军粉碎法军边境的零星抵抗后,穿越阿登山脉于 12 日前至马斯河。当日下午,德军轻取色当城。至 14 日,德军 A 集团军群的 7 个装甲师均顺利渡过马斯河。盟军陷入危险境地,遂决定于 14 日实施反攻。英法飞机不断轰炸德军在马斯河上架设的桥梁,但都被德军炮火击退,损失惨重。法国装甲部队对色当的反攻,由于未采取空地联合作战,加之指挥失当,亦告失败。

德军挫败英法联军的反攻之后,于 15 日迅速向法国境内纵深突破,然后兵分两路:一路朝巴黎方向逼近,一路向英吉利海峡推进。面对急转直下的局势,法军指挥失灵,无法再组织有效的抵抗。德军装甲部队以每昼夜 20~40 千米的速度日夜兼程向西挺进,18 日,包围了亚眠,19 日,到达贝隆,20 日,占领了阿布维尔,抵达英吉利海峡,从而切断了在北方的英法比军队同其余法军的联系。随后,古德里安的装甲部队转师北上。

为挽回局势,法国总理雷诺改组内阁,任命 84 岁的投降派贝当元帅担任副总理。1940 年 5 月 19 日,任命一战时的名将、投降派魏刚将军替换甘末林的总司令一职。临阵换将导致法军又失去 3 天的宝贵时间。23 日,北上的德军已攻克布伦并包围加莱,将近 40 万英法联军被围困在敦刻尔克地区。盟军面对强敌,背靠大海,处境十分危急。

二、敦刻尔克大撤退

正当德军准备发动最后进攻,歼灭背海作战的英法联军时,希特勒突然于5月24日向已推进至拉巴塞运河的克莱斯特装甲集群下达了停止前进的命令。据称其原因是:为了在法国战局中进行第二阶段作战而保存装甲部队实力;佛兰德的地形不适于使用坦克,担心盟军攻击其南翼;戈林保证空军可担负歼灭敦刻尔克被围盟军的任务。不管出于何种原因,希特勒的叫停命令给联军提供了死里逃生的机会,继而出现了第二次世界大战史上著名的敦刻尔克大撤退的奇迹。

敦刻尔克大撤退

1940年5月26日18时57分,英国海军部下达执行一周前制定的"发电机"计划(敦刻尔克撤退行动)的命令,当晚由850艘各种舰船编成的舰队从敦刻尔克撤出第一批盟军1000余人。至31日,盟军冒着德军的空中打击,在5天内共撤出19.4万余人。6月1日,在德国空军进行最猛烈的一次空袭,炸沉英国驱逐舰3艘和一些小型运输舰的情况下,盟军仍有6.4万余人撤出。2日,德军炮兵已能轰击港口,故联军白天不得不停止撤退。2日和3日夜间,余下的英国远征军和部分法军共5.3万余人成功地撤出。4日凌晨最后一批法军2.6万余人顺利撤出。4日上午9时40分,德军第18集团军占领敦刻尔克,担任掩护的法军4万人成了俘虏。下午2时23分,英国海军部宣布,"发电机"计划业已完成。法国战役第一阶段也就此结束。

在这次撤退中联军共撤出33.8万余人,其中法比军12.3万人,损失舰船243艘;英国远征军撤回了21.5万人,丢弃了几乎全部重型装备:1200门火炮、1250门高射炮、6400支反坦克枪、1.1万挺机枪、7.5万辆摩托车和180架飞机。尽管如此,敦刻尔克撤退仍取得了很大的成功,30多万有生力量逃出虎口,成为日后对德作战的重要力量,堪称军事史上一大奇迹。

三、巴黎沦陷

敦刻尔克撤退后,法军重新设防。由于其精锐部队和精良的装备已经在比利时和法国北部丧失殆尽,此时只有66个师可以用来继续作战。法国将其编为3个集团军群,第2集团军群防守莱茵河防线和马其诺防线;第4集团军群防守埃纳河沿岸;第3集团军群负责防守从埃纳河到索姻河河口一线。

德军共有140个师(其中10个装甲师),分编3个集团军群:B集团军群部署在沿海地区；A 集团军群部署在中央战区；C 集团军群部署在东部战区。法德兵力相差悬殊，法军在缺少反坦克武器和没有制空权的情况下，要守住从索姆河口到马其诺防线这条长达 400 千米仓促构筑的防线，显然十分困难。

6月5日凌晨4时，德军开始执行"红色方案"，向法国发动全面进攻，法国战役的第二阶段开始了。德军计划首先以 A、B 两个集团军群的兵力向索姆河和埃纳河下游地区实施强大突击，突破法军在该地区仓促设置的"魏刚防线"，占领法国首都巴黎，前出至马其诺防线的后方；以部署在马其诺防线正面的 C 集团军群攻占马其

德军通过法国凯旋门

诺防线，配合 A、B 集团军群，围歼该处法军，迅速结束战争。德军于 5 日拂晓在"魏刚防线"的 180 千米的正面，分两路发起进攻。B 集团军群自阿布维尔、亚眠一线实施突击，A 集团军群在瓦兹河、埃纳河之间进攻法军防线，于 12 日进抵巴黎东北的马恩河，继续向南和东南进攻；B 集团军群也于 13 日突破法军防线，渡过塞纳河向南进攻。"魏刚防线"全面崩溃，德军直逼巴黎。6 月 10 日，法国政府匆匆撤出巴黎，迁往图尔。次日，巴黎被宣布为不设防城市。德军于 14 日未经战斗占领巴黎。同日，雷诺政府从图尔迁往波尔多。

当德军向法国腹地胜利推进的时候，意大利法西斯趁火打劫，于 6 月 10 日对法宣战，加速了法国的最后崩溃。腹背受敌的法国最终选择了投降，并于 6 月 22 日和 24 日分别与德国、意大利签署停战协定，但是，部分法军在马其诺防线上的零星抵抗一直持续到 6 月 30 日才停止。

第五节　战役结果及点评

一、战役结果

夏尔·戴高乐

法国战役最终以德军的辉煌胜利而告终。拥有 300 万军队，号称欧洲第一陆军强国——法国在 5 个星期内土崩瓦解，法军惨败。1940 年 6 月 14 日，德军进入巴黎后，法国政府旋即垮台并且分裂，分别是：继续留在法国本土由菲利普·贝当元帅所组成的和平派政府，首都设在南部的小城维希，历史上称为"维希法国"；同时，在英国，由夏尔·戴高乐（1890—1970）建立了法国流亡政府，当时全世界除了英国几乎没有其他国家支持戴高乐。1940 年 6 月 21 日，贝当的"维希法国"政府向德国提出休战并且宣布投降。此役联军共伤亡 35 万人，190 万人被俘，其中法军死亡 8.4

万人,受伤 12 万人,被俘 150 万人。德军死亡 27074 人,受伤 111043 人,失踪 18384 人。根据停战协定,法国被分为"占领区"和"自由区"两部分:占领区占全国领土的 60%,由德国直接占领,但是巨额的占领费则由法国支付;自由区占全国领土的 40%,由贝当政府统辖。法军削减到 10 万人,只可以驻扎在南部。

二、战争评析

(一)同盟军战败原因

法国被德国法西斯彻底击溃,绝不是偶然的。其主要原因有:

第一,法国统治集团内部长期相互倾轧,争权夺利,内阁更迭频繁,造成国内政局不稳,缺乏一条连续而稳定的政治路线。

第二,法国政府长期推行绥靖政策,对法西斯德国的侵略扩张一味躲避退让,甚至牺牲中小国家的利益去安抚德国,以求自身的安全,结果涣散了人民的斗志,助长了侵略者的嚣张气焰。

第三,经济危机的重创。法国在经济上的落后是造成法国失败的重要原因。1929 年的经济危机无疑给了法国重重的一击,经济危机开始时,银行倒闭,企业破产,下岗职工增加,1931 年到 1932 年,工业生产下降了 70%,1935 年法国工业的整体生产都跌入了谷底,这次经济危机使法国的经济状况倒退 20 年,以致在二战前没有得到充足的经济支持。

第四,法国统治集团盲目迷信马其诺防线固若金汤,是攻不破的堡垒,忽视了平时的军队建设,导致部队装备陈旧,纪律松弛,战斗力下降,未能做好充分的反法西斯侵略的准备。

第五,法国最高统帅部军事思想落后,囿于第一次世界大战的阵地战,无视科学技术发展给作战带来的新变化,缺乏诸军兵种联合作战的认识,长期奉行消极防御战略。法军传统的军事观念是以防线为基础进行的阵地战。而这一战略观点在一战应用并战胜了德军。因此,在战争前夕,法国在法德边境上修筑了号称"攻不破"的马其诺防线,并部署了 50 万精锐法军,配有完整的防御系统,妄图用传统的阵地战阻挡德军进攻。然而德军并不买账,他们冲过艰难的阿登山区,绕过马其诺防线,从背后进攻法国,法军防线一触即垮,接连失守从而导致难以挽回的败局。

法国之战的失败给盟国方面带来严重的后果,极大地改变了交战双方的力量对比和战略地位,造成了欧洲和世界格局的重大变化,对后来的战争进程产生了深刻的影响。

(二)德军战胜原因

正确的策略选择和战略战术为德军胜利奠定了基础。曼施坦因的构想经过古德里安和隆美尔等人的行动后,最终变成了一个堪称世界军事史上的"杰作"。

第一,曼施坦因的作战计划精妙。早在 1939 年 10 月 9 日,希特勒就指示陆军总司令部制定进攻西线的"黄色方案"。该方案计划从比利时攻入法国,实际上是一战时的"施里芬计划"的翻版,没有新意。德国人遂重新拟订作战计划,根据德军A集团军群参谋长曼施坦因的建议,改向法国防御最薄弱的阿登山区实施主要突击。希特勒对此倍加赞许。1940年2月24日,德国陆军总司令部下达了进攻西线的新的作战预令(又名"挥镰行动")。经过修改的"黄色方案"规定:德军主力将穿越阿登山区,在突破法军色当防线后,跨越马斯河,直逼巴黎,指向英吉利海峡,然后再会同马其诺防线正面佯攻的德军,对陷入包围圈内的英法比军队进行前后夹击,一网打尽。根据此方案,德军要从法比边境楔入法国,首先就要占领荷兰、比利时和卢森堡三个低地国家,然后南下法国。希特勒将"黄色方案"更改成为新的作战计划,占领低地国家,进而进攻法国本土,成为法国战役胜利的重要一环。

第二,"闪击战"战略战术得当。德军以1700辆坦克为先导,摩托化部队和步兵师随后,大军浩浩荡荡绵延数千米。阿登山区虽然崎岖难行,但德军用工兵开路,翻山渡水,凭着出色的军事素质和高度纪律性,经过两天的艰苦跋涉后,古德里安的第19装甲军轻易突破了比军的松散抵抗,穿越了阿登山脉110千米长的森林地区,攻入法国境内。法军的阿登地区守卫部队根本不是德军的对手,很快就被击溃。在后来的战争中,古德里安装甲兵团在10天中长驱400多千米,俘虏法军25万多人,创造了战争史上的奇观。

三、战役影响

法国战役对第二次世界大战的走向及战后秩序产生了深远的影响,主要有以下几点:

第一,法国战役意味着传统欧洲强国法国的衰落和灭亡。法国吃下了自己当初实施绥靖政策带来的苦果。法国政府也分裂成了贝当元帅领导下的投降派政府和戴高乐领导下的流亡政府,英国成了西欧唯一对抗德国的国家,世界反法西斯斗争陷入了低谷。

第二,法国战役大大刺激了德国纳粹称霸世界的野心。法国在短短一个月内被击败,创造了战争史上的奇迹。德国在西欧大陆上再无敌手,三个月后,德国正式向英国发起空袭打击,而在一年后,德国甚至对世界上领土最大的国家苏联,发动雷霆打击行动。可以说,法国战役的胜利让纳粹德国的野心膨胀到极致,为德军集结兵力向东方苏联进攻奠定了战略基础。最终,战争扩大至整个欧洲、地中海和北非等地区。

第三,法国战役使意大利彻底倒向纳粹阵营,向英法两国宣战。在战争前期,意大利并没有向英法两国宣战,但是随着战局的进展,墨索里尼看到希特勒的战果扩大,内心的法西斯欲望也被激发。在法国战役后期,也就是1940年6月10日,意大利趁火打劫,对英法宣战,给予灾难中的法国最后一击。

第四,法国战役加速了法西斯轴心国的建立。在法国战役结束后三个月,德国、意大利、日本三国在柏林签署三国公约,结成三国军事同盟,法西斯的嘴脸暴露无遗。

第五,法国战役促进了法国人民的觉醒。戴高乐在英国组织流亡政府,继续领导法国人民做斗争,即使是法国沦陷,共和国灭亡,法国人民依然在抗击德国法西斯的最前线。

思考题

1. 如何评价马其诺防线?
2. 什么事件标志着英国正式走上反法西斯道路?
3. 英国与法国在西欧战役中失败的原因有哪些?
4. 如何评价法国战役中交战双方的战略战术?

第四章　不列颠空战

不列颠空战是第二次世界大战期间(1940年7月至1941年5月)纳粹德国对英国发动的大规模空战。这次战争是二战中规模最大的空战,也是迄今为止人类历史上最大规模的空战。最终,英国皇家空军挫败了德国空军,纳粹制定的"海狮入侵计划"被迫无限期推迟。英国取得不列颠空战的胜利犹如黑暗中的一丝光亮,虽然不能改变当时欧洲大环境整体黑暗的现实,却给深陷其中苦苦挣扎的人一丝希望。

第一节　战役计划的出台

一、战役背景

(一)法国战役后英国的境遇:失意但不矢志

随着法国的战败投降,1940年7月,欧洲只剩下英国孤军奋战,对抗德国法西斯的黑暗。然而,当时的英国处境十分不利,陆海空三军力量在之前的一系列战役、战斗中不同程度地受损,亟待疗伤以恢复元气。其中,在法国战役中,英国陆军的战损尤为严重,之前派出的远征军虽经敦刻尔克大撤退,奇迹般地将33.8万余人的部队撤回英伦三岛,但是所有重装备和车辆丢弃殆尽。此时,英国本土只剩下780门火炮、160门反坦克炮和200辆坦克,更可怕的是士气低落和失败主义的情绪在弥漫。英国皇家空军也在法国战役中遭受了重创,损失了约1000架飞机,牺牲了435名富有经验的飞行员,这些损失占到战前一直强调以质量建军的英国皇家空军的一半。作为海权国家,英国的主力兵种皇家海军的情况相对好一些,但面对纳粹德国迫在眉睫的入侵,需要时间从全球收缩力量以拱卫本土,以当时驻留英伦三岛的海军力量在抗击德潜艇部队的海上破交战中,也显得有些吃力。

然而,大敌当前,英国并没有准备束手就擒,向纳粹低头。相反,在战时首相温斯顿·丘吉尔的带领下,英国扫除了笼罩英伦三岛上空的绥靖主义和投降主义的阴霾,上下一心,团结一致,准备与来犯之敌血战到底,并坚信上帝依旧会站在英国这边,最终的胜利一定属于英国,而纳粹德国的战争机器也一定会像16世纪的西班牙无敌舰队、17世纪的荷兰"海上马车夫"、18世纪末19世纪初的拿破仑法西联合(法国与西班牙联合舰队)舰队那样葬身英吉利海峡。与此同时,美国紧急援助的50万支步枪,5.5万支冲锋枪,2.2万挺机关枪,895门野战火炮于6月间运抵英国,英国人在补充战争物资的同时,也看到了来自强大的美国潜在的支持。

(二)法国战役后德国的情况:得意却未忘形

法国投降后,德国占领了法国、比利时、荷兰等西欧诸国,取得了前所未有之军事胜利。德国陆军历经波兰战役、北欧战役和法国战役后,闪击战术越发炉火纯青,加之缴获了大量的敌军坦克、车辆和其他武器装备,部队战斗力和机动力显著提升,士气尤为高涨,跃跃欲试,准备跨海入侵英国,解决西方战线上的最后一个敌人。德国空军在之前的战役中也得到了历练,与地面装甲部队的配合更加娴熟,长期质、量兼修的发展思路得到了回报,应战争之需,规模急剧扩大,并把战线不断前移,陆续进驻西欧沿海机场,此时正摩拳擦掌,准备集中全力打一场空中"闪击战",彻底打垮英国皇家空军,一雪敦刻尔克纵敌脱逃之耻的同时,为后续的登陆作战扫清障碍。德国海军实力较弱,无法与世界第一的英国海军正面对抗,加之前期挪威战役中的损失使得水面舰艇力量雪上加霜,进一步受到了削弱,只有潜艇部队较为突出,可以在破交战中大显身手,但是不足以保障帝国登陆部队横渡英吉利海峡的安全。

  客观地讲,此时的希特勒及德国并没有被胜利冲昏头脑,德军自身的短板也是显而易见的。首先,在战略层面,一系列欧洲大陆上的军事胜利似乎来得太快了,以至于德国还没有来得及做好跨海与英国作战的准备,就连一个统一的作战方案都没有制定。其次,作为陆权国家,德国的主力军种是陆军,核心是装甲突击力量,与海军为主的英军难以正面展开较量,英吉利海峡成为一道难以逾越的屏障,在彼此的优势力量面前,造成的尴尬局面是"英军的军舰上不了岸,德军的坦克下不了水"。唯一能打破这一僵局的军种就是空军,但是德国空军发展的战略布局的局限又使得压垮英国的这一任务难以完成。正如英国在飞机出现后首先考虑的是为其舰队提供庇护、发展航空母舰一样,德国在战前考虑的方向是保障陆军装甲力量,空地一体的"闪击战"应运而生。此时,德国空军虽然拥有3700架作战飞机,但长期以来德国空军的任务定位是配合地面部队提供直接空中火力支援,受此影响,研发的轰炸机以支援前线的俯冲轰炸机为主,能够支撑战略轰炸的重型远程轰炸机数量少,航程短,载弹量小,难以承载战略轰炸之重任。因此,希望依靠空军以战略轰炸来夺取战役制空权对于德国空军而言,是不切实际的,难以完成这样的艰巨任务。鉴于此,希特勒转而希望"不战而屈人之兵"。

(三)德国对英国诱降

  鉴于当时的"日不落帝国"英国仍是名义上的世界头号强国,殖民地遍布全球,拥有世界一流的海军舰队和深厚的战争潜力,希特勒比较犹豫,暂时还不愿意与英国进行硬碰硬的决战,那样的话,可能有三种情况:一是导致两败俱伤,出现骑虎难下的局面;二是即便打败了英国,德国实力也会大大受损,自身忙于舔舐伤口之际,其他列强如美国、日本和苏联等就会趁火打劫,瓜分掉英国的殖民地,这等于是火中取栗,为别人做嫁衣;三是德国最不愿见到的,就是战败,重回第一次世界大战后的局面。这三种可能性是希特勒无论如何都不愿接受的,因此,在对英国施加强大压力下寻求媾和成为此时德国的战略首选。

在希特勒看来,此时的英国孤军奋战,面临的形势十分严峻,通过谈判、和平解决当下的争端对英国是有利的,英国朝野中也有这种声音,张伯伦就是最典型的代表。于是,在法国战役大局已定后,他并没有急于敦促德军总参谋部制定进攻英国的作战计划,而是致力于对英国的诱降。为此,在1940年的5月至8月初,他从三个方面试图实现这一计划:一是通过广播和报纸,不断向英国提出"和平建议";二是通过意大利墨索里尼、梵蒂冈教皇和瑞典国王与英国接触,提出瓜分法国、荷兰的殖民地等优越条件,试探媾和的可能性,这一渠道的尝试一直持续到1940年8月3日;三是启用备胎计划,派出密使与在西班牙的前英国国王温莎公爵接洽,准备扶持这位不爱江山爱美人的前国王重登王位,建立一个亲德的英国新政府。此时,希特勒的目的只有一个:迅速与英国达成停战协议,结束西线战事,然后可以集中全力准备对苏联的作战。

(四)英国拒绝投降

面对德国挥舞的诱降"橄榄枝",英国战时内阁曾发生严重分歧。以张伯伦、哈利法克斯为代表的一派,主张接受意大利墨索里尼的居中调停,体面地结束这场战争。但是,1940年5月10日,接替张伯伦出任首相的丘吉尔是一个久负盛名的鹰派人物,坚决反对妥协投降,要求抗战到底。他在就职仪式上发表演讲明确指出:"我们的政策就是用上帝赋予我们的所有力量,在陆地、海洋和天空,与人类历史上从来没有的黑暗罪恶势力战斗!"5月28日,丘吉尔力排众议,在召开的政府会议上统一了各方人士,"战斗到底"成为英国政府对外发出的响亮战斗口号。英国民众也逐渐觉醒了,欧洲大陆血的教训使他们认清了法西斯的残暴和纳粹图谋世界的野心,走出绥靖主义迷雾的英国人开始全力支持政府血战到底。英国的强硬态度完全出乎希特勒的意料。

二、"海狮行动""鹰袭计划"出台

当一系列的诱降图谋都归于失败后,希特勒才下定决心准备进攻英国。1940年7月16日,他下达了代号"海狮行动"的对英作战第十六号指令。德军统帅部根据这一指令,拟定了作战计划,准备投入由A集团军群司令伦德施泰特元帅指挥的2个集团军25个至40个师,在空军掩护下强渡英吉利海峡,在多佛尔和朴次茅斯之间320千米宽的区域登陆,然后向西、向北攻击前进,直取伦敦。计划中登陆部队分为三个批次登陆,战役进程如下:首先,抢占滩头阵地,继而向内陆推进,切断伦敦与英国其他地区的联系;其次,占领伦敦后,立即由盖世太保逮捕2000名英国的政府官员;最后,将英国所有17岁至45岁身体健全的男子押送至欧洲大陆。

按照"海狮行动"计划,德军要在8月中旬完成所有的战役准备。但是,实力远不及英国舰队的德国海军对计划的可行性表示严重怀疑,表示以德国海军目前的兵力和舰船数量难以保障渡海作战的成功,且在收集渡海船只、后勤补给等方面也存在诸多困难,因此计划的实施不得不一再推迟。在这种情况下,原先踌躇满志、志在必得的陆军也开始向希特勒表示忧虑,要求德国空军先消灭英国皇家空军,之后再发动登陆作战,以避免陆军陷入英国皇家空军和海军编制的"绞肉机"当中。希特勒及统帅部也逐渐意识到夺取制空权是战役胜利的关键。于是,"皮球"传到了德国空军总司令戈林的脚下。

刚刚晋升为帝国元帅的戈林急于洗刷敦刻尔克的耻辱,同时也是为了在陆军、海军以及元首和统帅部面前展现空军的强大威力,一方面讥笑陆海军的怯弱,另一方面急不可耐地接过了传到脚下的"皮球",认为仅凭空军的猛烈轰炸就可迫使英国就范。之前,戈林还提出了一个大胆的计划,即复制挪威战役的部分战法,主张空降占领一个英国机场,再以运输机穿梭运送5个陆军精锐师,一举攻占伦敦,迫使英国投降。由于太过冒险,希特勒及统帅部否决了该计划。戈林不得不接受现实,等待下一次机会的到来。现在,在戈林看来,苦困等待证明自己的机会终于来了。就这样,"海狮行动"逐渐演变成了以大规模空中战役为先导的作战,德军发动空中战役的企图是夺取制空权,扫除登陆作战的障碍;尽最大努力破坏英国的军事战争潜力,迫使英国投降。

法国战役结束后,德国空军曾在英吉利海峡上空针对英国皇家空军展开了一系列的试探性进攻,结果不尽人意。但是,"海狮行动"实施前空战的失败未能打消希特勒入侵英国的雄心。相反,他希望德国空军放开手脚,以绝对的优势实施"对英国的伟大空战"。8月2日,德国空军总司令部发布了发动"不列颠战役"的命令。戈林叫嚣道:"英国南部的空中防御将在4天内土崩瓦解,而英国皇家空军则将在4周之内被逐出英国上空。"8月6日,戈林下令10日开始全面出击。这次进攻计划被称为"鹰袭计划"。急于立功的许多德国飞行员也跃跃欲试,求战心切,他们把不列颠岛的地图画在机身上,并书写上"伦敦-8月15日-完蛋"傲慢的词汇,似乎打败英国空军就如探囊取物一样,是一件很容易的事情,轻敌思想蔓延较为严重,这为其后来的失败埋下了伏笔。

三、英国的对策

(一)提出总体防御策略

大敌当前,作为老牌的列强,英国的国家经验开始发挥作用。早在1940年5月中上旬,正当法国战役如火如荼地进行时,英国就已预见到德国空军会对英国本土进行大规模轰炸。19日,英军参谋长联席会议提出了在法国退出战争的情况下的防御报告,要求切实加强各项防御措施,尤其是防空措施。27日,战时内阁批准了该报告,并立即部署相关的防御工作:第一,组建飞机制造部,尽全力扩大作战飞机(轰炸机和战斗机等)产能;第二,在全国范围内统一调配防空力量,重点加强首都伦敦地区的防空;第三,加紧培训空勤、地勤人员以补充新组建的作战部队。

为了阻止德军登陆英国本土,英军划定了三道防线:第一道防线是"敌人的港口",英国计划用空中侦察和潜艇监视获取情报,而后动用兵力袭击敌方集结的准备运输登陆人员与装备的舰船;第二道防线是英吉利海峡,英军通过组织严密的海空巡逻,发现并截击德国入侵部队;第三道防线是英国的海岸线,英国将组织海空军力量拒敌于滩头,最后使用机动部队对登陆之敌进行反击。从中不难发现,英军计划中的三道防线都离不开空军力量的发挥。

(二)强化防空措施

面对危局,肩负重大使命的英国空军部成立了防空指挥部,爱德华·比尔上将出任司令,统一指挥全国所有的战斗机、高射炮、雷达和观测警报部队等防御力量。其中,道丁上将被任命为战斗机部队司令员,负责从空中拦截德军来袭飞机。紧接着,英军将全国划分为四个防空区,每区又划分为若干个防空分区,各防空区部署一个战斗机大队,防空分区则部署2至3个战斗机中队,一旦德机来袭,防空区只下达出击命令,具体作战指挥由防空分区指挥部负责。此外,英军还机动部署了4000余门高射炮、1500余个防空拦阻气球以及2700余具探照灯等,以配合皇家空军拱卫首都、机场和飞机制造厂等重点关键区域。最后,英国还动员和组建了一支人数达150余万人的国民自卫军,并在沿海地区设置了无数防空监视哨,他们身背猎枪或老式步枪,抑或手持钢叉、棒球棒、高尔夫球杆等简陋的武器,使用双筒望远镜和简易的方位测向仪,担负对空监视、警戒、救护等任务,成为英军正规部队最得力的帮手之一。整体上看,英军本土防空的特点是:兵力上统一指挥,集中使用,全面防御,突出重点,纵深梯次配置;以战斗机为主,高射炮、拦阻气球和探照灯为辅,配合使用。

然而,英军也面临着一系列难题,其中最突出的是飞机特别是飞行员数量的短缺,这是战前长期强调质量建军的后果。为此,英国从多个方面入手,以期解决这个困难:一是在本土紧急开设飞行学校,设立速成班,加紧培训空勤、地勤人员;二是征召在英国的法国、比利时、捷克和波兰等被占领国的飞行员加入英国皇家空军;三是从海外中立国(如美国)高薪招募志愿者加入英国皇家空军;四是从海军航空兵部队借调飞行员暂时加入空军缓解燃眉之急;五是招募英联邦国家的空、地勤人员,并委托其学校培养相关学员等。最终,经过英国的不懈努力,至1940年8月初,英国皇家空军飞行员数量上升到1434人;地勤人员数量也基本能够满足飞机的维护和保养工作,每架飞机均配备了1个地勤小组,包括机械师、机械师助理、钳工、装配工和无线电技工各1名,且其训练水平不断提升,能在35分钟内完成出击检查,12分钟内为刚着陆飞机完成下一次起飞准备。这些都表明,英国已经为即将开始的空战做好了人员准备。

第二节　战前兵力对比

在不列颠空战中,德国和英国均投入了大量的兵力,双方参战的各型飞机总数超过4000架。

一、德国兵力

为了入侵英国,德军计划投入三个航空队:驻荷兰、比利时和法国东北部地区的凯塞林元帅指挥的第 2 航空队,攻击英格兰东南部;驻法国北部地区的施佩尔元帅指挥的第 3 航空队,攻击英格兰西南部;驻荷兰和挪威的施通普夫上将指挥的第 5 航空队,攻击英格兰北部和苏格兰。其中第 2、第 3 航空队作为主力,将投入全部力量(轰炸机 1232 架、俯冲轰炸机 406 架、远程侦察机 65 架、战斗机 1095 架),第 5 航空队配合行动,只投入部分兵力(轰炸机 138 架、远程侦察机 48 架、战斗机 37 架)。8 月初,德国空军为对英作战而集结的飞机已达 3021 架。德军各型作战飞机性能如下。

(一)战斗机

德军的战斗机,主要有两种型号,分别是梅塞施米特-109 和梅塞施米特-110。

梅塞施米特-109　　　　　　　　　梅塞施米特-110

梅塞施米特-109(简称 Bf-109 或 Me-109),总设计师是梅塞施米特,巴伐利亚飞机制造厂(后改称梅塞施米特飞机制造厂)生产,1936 年投产,1938 年起装备部队。该飞机为全金属结构,单发动机,起落架可收放,单座单翼,最高时速 575 千米,升限 11000 米,最大转场航程 665 千米,爬升率 946 米/分,武备为 2 门 20 毫米机炮和 2 挺 7.92 毫米机枪,具有装甲防护、坚固可靠和易于操纵等特点,是一款综合性能优异的轻型战斗机。该机存在的缺陷是座舱设计不合理,空间狭窄拥挤,使得飞行员容易疲劳。

梅塞施米特-110(简称 Bf-110 或 Me-110),总设计师依然是梅塞施米特,1937 年投产,1939 年起装备部队。该机也是全金属结构,三座单翼重型战斗机,装两台水冷活塞发动机,最高时速 548 千米,升限 12800 米,最大转场航程 2800 千米,爬升率 687 米/分,武备为 2 门 20 毫米机炮和 6 挺 7.92 毫米机枪,具有装甲防护、航程远、火力猛等特点,被德军誉为战斗机之花。但是,该机的缺点是机体庞大、笨拙和机动性差。

(二)轰炸机

在不列颠战役中,德军参战的轰炸机主要有四种型号:容克-87、容克-88、亨克尔-111和道尼尔-17。

容克-87

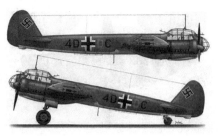

容克-88

亨克尔-111

道尼尔-17

容克-87俯冲轰炸机(简称Ju-87),容克飞机制造厂生产,1936年起投产,1937年装备部队。该机为全金属结构,起落架固定,外有整流罩,双座单翼单发,最高时速410千米,升限7285米,转场航程1535千米,爬升率240米/分,载弹量1800千克,武备为2挺7.92毫米机枪,并可挂载2门20毫米机炮吊舱。该机机翼上装有耶利哥喇叭,在俯冲时会发出凄厉啸叫,以震慑和瓦解敌军的抵抗意志。该机在攻击点状目标时精确度高,是配合装甲部队的绝佳机种,是德军闪击战武库中最有效的急先锋;缺点是航程短,载弹量小,且俯冲时无法进行机动规避。

容克-88中型轰炸机(简称Ju-88),总设计师是埃巴斯,容克飞机制造厂生产,1937年投产,1939年装备部队。该机为全金属结构,双发动机,四座单翼,最高时速470千米,升限8200米,转场航程1790千米,爬升率900米/分,载弹量2500千克,武备为2挺13毫米机枪和3挺7.92毫米机枪。该机性能优异,自卫火力强,俯冲时还能进行机动,提高了生存力,是德军主力轰炸机型。

亨克尔-111(简称He-111),总设计师是杰克弗里德瓦尔塔兄弟,亨克尔飞机制造厂生产,1936年投产,1938年装备部队。该机为全金属结构,双发动机,五座单翼,气动外形十分优异,最高时速434千米,升限8500米,转场航程2000千米,载弹量2500千克,武备为1门20毫米机炮,1挺13毫米机枪和4挺7.92毫米机枪,是德军主力轰炸机型之一。

道尼尔-17(简称Do-17),道尼尔飞机制造厂生产,原型机以客货民航运输机为掩护发展研制,1935年投产,1937年装备部队。该机为全金属结构,双发动机,四座单翼,气动外形酷似铅笔,最高时速516千米,升限9000米,转场航程2800千米,载弹量2000千克,武备为1门20毫米机炮,1挺15毫米机枪,2挺13毫米机枪,2挺7.92毫米机枪。该机是德军速度最快的轰炸机,而且机动性能很好,能低空突防。

二、英国兵力

不列颠空战前,英国皇家空军的全部作战飞机仅1300余架,其中战斗机937架。道丁领导的英军战斗机司令部下辖四个战斗机大队:布兰德少将指挥的第10大队,有战斗机48架,司令部在博克斯,负责保卫英格兰西部地区;派克少将指挥的第11大队,有战斗机228架,司令部在阿克斯布里奇,负责保卫伦敦在内的英格兰东南部地区;马洛里少将指挥的第12大队,有战斗机168架,司令部在瓦特耐尔,负责保卫从泰晤士河入海口至约克郡的英格兰中部地区;索尔少将指挥的第13大队,有战斗机168架,司令部在纽卡斯尔,负责保卫苏格兰地区。在这四个战斗机大队中,第11和第12大队实力雄厚,其中保卫伦敦的第11大队实力最强,拥有228架最先进的"飓风"和"喷火"战斗机,几乎占英军全部先进飞机的40%。此外,英国还预留了289架飞机作为战略预备队。英军各型作战飞机性能如下。

(一)战斗机

在不列颠空战中,英军使用的战斗机机型有四种:"飓风""喷火""英俊战士"和"无畏"式战斗机,主力是"飓风"和"喷火"。

"飓风"　　　　"喷火"　　　　"英俊战士"　　　　"无畏"

"飓风"战斗机由英国霍克公司研发,总设计师是西多尼·卡姆,1936年投产,1937年底开始装备部队。该机为半金属结构,单翼单座,单发,起落架可收,最高时速519千米,升限10424米,最大转场航程1040千米,爬升率800米/分,武备为8挺7.62毫米机枪,有装甲防护和防弹座舱玻璃。该机制造简单,维护简易,操作简便,以火力密集、机身坚固、机动灵活、用途广泛而著称,是英军战斗机的主力机型之一。

"喷火"战斗机是英军另一主力机种,由超马林公司研发,总设计师是雷金纳德·米切尔和史米斯,1937年起投产,1938年夏装备部队。该机为全金属结构,透明气泡式座舱盖,单翼单座单发,最高时速657千米,升限13100米,最大转场航程1060千米,爬升率870米/分,武备为8挺7.62毫米机枪,且重要部位有装甲防护。该机以速度快、机动性好著称,是当时英军乃至欧洲公认的最好的战斗机,因在不列颠之战中出色的表现而被誉为"英国的救星"。但是,该机也存在制造复杂、操控难度大、不能大角度高速俯冲等缺点。

(二)轰炸机

在不列颠空战中,英国投入使用的轰炸机机型主要有三种,分别是汉莱-培基的"汉普登"式、阿姆斯特朗-惠特沃思的"惠特尼"式和维克斯的"威灵顿"式。其中,"威灵顿"式是英国20世纪30年代最主要的双引擎轰炸机,维克斯公司研发,总设计师是巴恩斯·沃利斯,1936年首飞,1938年正式列装部队。该机采用了"最短线"网格结构,有非常出色的强韧度,能承受其他飞机不能承受的损坏,最高时速410千米,最大航程为3540千米,最大载弹量为2040千克,被誉为"飞行的雪茄"。在1941年新式四发重型轰炸机到来之前,"威灵顿"式一直是英国皇家空军的主力轰炸机。然而,与德国不同的是,此时的英国将远程战略轰炸机的研发提上了议事日程,一些飞机研发机构或公司按照空军部1936年提出的技术要求,已为皇家空军设计了首批四发重型轰炸机,那就是肖特的"斯特林"式和汉莱-培基的"哈利法克斯"式。这两种飞机的原型机已于1939年10月底进行过试飞,其生产型于1940年后期开始服役,这为日后对德国展开战略轰炸奠定了坚实的基础。

英国"威灵顿"式轰炸机　　　"斯特林"式轰炸机　　　"哈利法克斯"轰炸机

三、双方战力的对比

(一)战机数量的对比

在战斗机和轰炸机的总数量上,德军是3021架,英军只有1300架,德军是英军飞机总数的2倍还多,显然德军具有数量上的巨大优势。

(二)战机性能的对比

1. 战斗机性能对比

从综合性能上比较,英德双方四种主力战斗机中,英军的"喷火"和德军的梅塞施米特-109性能最佳,在关键性的指标上这两种飞机各有所长,难分伯仲;稍逊一筹的是英军的"飓风";垫底的是德军的梅塞施米特-110。因此,就整体性能而言,英军占优。

在装备的火力上,英军战斗机的标配是8挺机枪,最高射速可达1280发/分钟,火力密集,但口径小的机枪弹杀伤力略显不足,实战中常常命中德机多发,却无法将其击落。反观德国战斗机,火力配备通常是"2+2"的模式,即配备2门机炮加2挺机枪,虽然射速不及英军装备的8挺机枪,但是2门机炮发射的大口径炮弹给英机造成的创伤和破坏是沉重的,实战中遭受航炮打击的英军飞机很快会失去战斗力,不得不退出战斗或被击落。显然,火力上德军优势凸显。

在机载无线电设备方面,英国领先于德国。由于存在机载无线电设备的短板,德机升空以后在空中无法与地面指挥部建立联系,地面指挥部也无法有效指挥空中的飞机,战斗的进行完全靠飞行员自己的经验来支撑。反观英军,机载无线电设备成为飞行员与地面指挥部联系的桥梁和纽带,飞行员可以用无线电将空中发现的信息实时上报给地面指挥部,地面指挥部也可以通过无线电有效指挥调度空中飞机,加上雷达的指引,因此英军优势明显。

在空中格斗的技战术上,德军优于英军。在战斗中,英军通常采取三机"V"字队形,航行中转向时很不灵活,在编队中单机作战受到很大限制,末尾的飞机缺乏保护极易遭到攻击,而且队形在混战中也容易分散。作为对手,德军采取的两机编队,长僚机战术比较先进,通常以12架飞机组成疏散的编队,高度、速度相互交错,机动灵活,进退自如。后者的战术影响深远,战后各国空军一直沿用到今天。

2. 轰炸机性能对比

在不列颠空战中,无论是德国的容克-87、容克-88、亨克尔-111和道尼尔-17轰炸机,还是英国的"汉普登"式、"惠特尼"式和"威灵顿"式轰炸机都是双发轰炸机,与重型战略轰炸机相比,具有航程近、载弹量少等缺点。特别是德国方面,由于研发指导思想的失误,各型飞机以前线战术支援为主,特别是乌拉尔四发远程战略轰炸机的下马,使得现役双发飞机虽然在闪击战中大放异彩,但是转而进行战略轰炸任务时,就显得力不从心了。这是德国空军发展进程中重大的战略失误,也为不列颠战役的失败埋下了隐患。

反观英国,虽然不列颠空战爆发之际装备的主力轰炸机依然是老式的双发机型,但是并没有像德国那样沉醉于双发轰炸机的辉煌胜利之中,几乎完全堵死了四发远程战略轰炸机研发的门路,而是在1936年就提出了远程战略轰炸机的研发计划,各科研机构和飞机制造厂商也是闻风而动,相继拿出了设计方案,制造出了验证机,不列颠空战前后正式投产并陆续装备部队。这些轰炸机虽然在不列颠空战最激烈之时并没有派上多大的用场,但是当战争转入持久的相持阶段后,双方都对对手展开了旨在削弱战争实力和潜力的战略轰炸,这时彼此轰炸机的发展水平高下立分:德国双发轰炸机力不能逮,以"兰开斯特"为代表的英国四发轰炸机成了后期盟军战略轰炸德国的主力机型之一。

四、英军战力的倍增器——雷达

不列颠空战爆发前,虽然英军战机在数量上处于劣势,但是英国有一款新装备可以有效地弥补战斗机数量上的不足,成为英军战力的倍增器,这就是雷达。英国从1936年开始研究将雷达投入实战,至1940年7月全国共建成雷达站51座,其中东南沿海地区有38座,约占总数的75%,形成了严密的雷达警戒体系。该体系分为两个层次:第一层是中高空防空雷达系统,能有效发现飞行高度在4500米以下的飞机;第二层是低空防空雷达系统,能有效发现飞行高度在750米以下的飞机。这样，英军就能通过雷达较早地测出德军飞机来袭的大致方位和时间，并有充足的时间指挥己方战斗机在有利方位和时机迎击，与之前相比较，这大大减少了飞机、燃料和飞行员体力的消耗，很大程度上弥补了飞机数量不足的缺陷。

但是，英国雷达技术的发展并没有引起德国的足够重视。其实，德国也在发展相应的雷达技术，主要交由海军方面组织人力进行研发。结果，相较于主力军种陆军、强势戈林领导的空军，雷德尔领导的海军地位尴尬，长期困扰其的一大难题便是经费紧张，建造船舰的资金本已捉襟见肘，根本不可能挤出过多的经费发展雷达，鉴于此，德国雷达技术的发展水平可想而知。更令人难以置信的是，德军方普遍认为对手英国的雷达技术水平也就如此，对矗立在英国海岸边高耸的雷达天线、情报机关的提醒以及 1940 年 5 月在法国战役中缴获的英军一部车载机动雷达等置若罔闻，结果使德军在不列颠之战中不得不为其无知买单。

第三节　将帅谋略

在不列颠空战棋盘上对弈的双方最主要的将领分别为德国元帅戈林和英国战时首相丘吉尔领导下的战斗机部队司令道丁上将（1940 年 9 月中旬，由斯坦莫尔上将接任）。

一、德军将帅——赫尔曼·威廉·戈林

赫尔曼·威廉·戈林（1893—1946）是纳粹德国的主要军政领导人之一，是纳粹德国中仅次于希特勒的第二号人物，法西斯德国首要战犯之一。1893 年 1 月 12 日，戈林出生于德国的罗森海姆，第一次世界大战期间成了德国的王牌飞行员，出任过著名的王牌飞行队里希特霍芬中队的指挥官，有着击落 22 架敌机的纪录，并获得了德国最高级别的军事勋章——大铁十字勋章。一战结束后，戈林出走丹麦任民航试飞员；1921 年回国进入慕尼黑大学学习，同年结识希特勒，次年加入纳粹党，成为冲锋队的队长；1923 年参加了啤酒馆暴动，失败后流亡国外；1927 年大赦后回国，参加纳粹党竞选活动；1928 年成为国会议员；1932 年任国会议长；1933 年任不管部部长、航空总监、普鲁士总理、内政部长、狩猎部长，

赫尔曼·威廉·戈林

利用国会纵火案镇压共产党人和反法西斯主义者，建立了国家秘密警察"盖世太保"和集中营；1935 年兼任航空部长和林业部长，出任德国空军总司令后，积极发展德国空军，使之成为纳粹德国向外扩张的重要力量；1936 年任扩军备战的"四年计划"的全权总代表；1938 年获"陆军元帅"称号；1939 年被希特勒立为继任人；1940 年获"德国元帅"称号，成为欧洲军衔最高的军官。法国战役后，他就完全沉迷于胜利之中，不列颠空战后不过问空军业务，热衷于骄奢淫逸的享受。战争末期戈林试图取代希特勒与同盟国谈判，1945 年 4 月被希特勒撤职；同年 5 月 8 日被

美军俘获;1946年10月被纽伦堡国际军事法庭判处绞刑,行刑前于10月15日在纽伦堡监狱中服毒身亡。

在不列颠空战问题上,戈林计划是打一场空中"闪击战",计划一开始就"投入全部的力量"在最短的时间内彻底击垮英国皇家空军。为了夺取制空权,确保"海狮行动"的实施,戈林领导的空军将"鹰袭计划"分为三个阶段:第一阶段主要在英吉利海峡上空进行,目的是击沉英国的所有商船,打击英国皇家海军的舰只、基地和设施,将企图阻止德国这些行动的英国皇家空军战斗机予以消灭或逐出天空;第二阶段进攻的重点是大规模地猛攻英国皇家空军,通过庞大的轰炸机和战斗机综合闪击战,摧毁皇家空军的机场、防御工事和飞机制造厂,使英国皇家空军陷入瘫痪;第三阶段,即最后一个阶段,德国空军将掩护协助"海狮行动"的实施,由德国的混合武装部队占领英伦三岛。

二、英军将帅

为了应对即将到来的风暴,英国上下团结一致,战时首相丘吉尔做了国家战略层面的规划,休·道丁上将和斯坦莫尔上将则专注于战役、战术层面的组织。

(一)温斯顿·伦纳德·斯宾塞·丘吉尔

温斯顿·伦纳德·斯宾塞·丘吉尔(1874—1965),英国著名的政治家、演说家、作家、记者,曾于1940—1945年、1951—1955年两度出任英国首相,被认为是20世纪最重要的政治领袖之一,二战期间以战时首相的身份带领英国军民获得最终的胜利。1874年11月30日,丘吉尔出生于英国的一个贵族家庭,1900年开始从政,拉开了61年政治生涯的序幕。二战爆

温斯顿·伦纳德·斯宾塞·丘吉尔

发前,丘吉尔先后游走于保守党和自由党之间,出任过内阁陆军大臣、海军大臣、军需大臣、财政大臣、殖民大臣等要职,1929年至1939年赋闲在家,专注于反对苏联共产主义和纳粹法西斯主义的演讲与著述。二战爆发后,丘吉尔应邀出任张伯伦政府的海军大臣。1940年5月10日,丘吉尔继张伯伦任首相,并兼国防大臣,立即把全国经济纳入战时轨道,并领导英国军民取得反法西斯战争的胜利。战争结束之际,保守党在大选中意外遭遇失败,丘吉尔被迫辞去首相一职。之后,丘吉尔重回反对苏联共产主义的老路,发表了著名的"铁幕演说"。1951至1955年,丘吉尔再度出任首相,但已无力挽回英国衰落的局面。1955年4月5日,丘吉尔正式退休,1965年1月24日去世。

在保卫英国的问题上,时任战时首相丘吉尔制定的战略计划的核心是"以拖待变",并为此打出了一套组合拳:第一,统一国内认识,团结一切力量,坚定抗战到底的决心和意志;第二,丘吉尔政府坚定地拒绝德国的诱和,坚持对德作战,同时积极

奔走,争取美苏加入对德作战,随着《英、苏在对德战争中联合行动的协定》《大西洋宪章》《莫斯科宣言》《联合国家共同宣言》等相继发表,广泛的反法西斯同盟形成了,这样就为英国抗击德国赢得了有力的外部环境;第三,制定了"弩炮计划",解除了昔日盟友法国的海外海军力量,避免其落入德国手中成为英国的威胁;第四,支持德国占领区的反抗组织和力量,牵制德国进攻英国的力量;第五,大力发展英国军事力量,针对眼前的困境则要特别注重壮大空军力量,抗击德国空军的袭击,并为日后的反攻储备实力等。

(二)休·道丁和斯坦莫尔

休·道丁上将和斯坦莫尔上将坚定地执行了战时首相丘吉尔的"以拖待变"的抗战战略。

休·道丁(1882—1970),英国皇家空军上将。1882年4月24日,道丁出生在英国苏格兰的邓弗里斯郡,毕业于桑德赫斯特皇家军官学校和坎伯利参谋学院。道丁原为炮兵军官,1915年学习飞行,转入皇家飞行军团,第一次世界大战中任飞行中队长率部在法国作战;1918年4月皇家空军建立后留在空军,曾任伊拉克、约旦地区英国皇家空军司令、英国航空委员会委员,领准将衔;1936年任英国皇家空军歼击航空兵司令,任职期间致力于研制雷达和"飓风"式战斗机。在第二次世界大战不列颠空战中,他指挥若定,以正确的战略战术应战,保持了英伦上空的制空权,粉碎了德国空军进攻的战略意图。道

休·道丁

丁1940年11月悄然离职,1943年受封男爵,1970年2月15日在英格兰的肯特郡辞世。

1940年被任命为英国皇家空军战斗机部队司令时,道丁上将已经58岁了,在皇家空军有"古董"之称,这与其长期恪守的滴酒不沾的生活作风密不可分。其实,他比年轻人还热衷于空军的现代化工作。面对危局,道丁立即行动起来,主持成立了司令部情报室,并组建了由雷达、防空监视哨和指挥部作战室、情报室构成的空中情报体系,能非常迅速地获知情报,极其有效地指挥作战。道丁的空战计划是:第一,尽可能地争取时间,重建英国皇家空军,特别是战斗机部队,使空军真正成为德军登陆的阻止力量;第二,通过起飞小批次的战斗机与德国空军进行轮战,积累空战经验,最大可能地阻挠、破坏德军的轰炸,同时大量消耗敌方空军力量,进而实现拖延、阻止德军登陆计划实施的战略目的;第三,预留一支由289架飞机及机组与地勤人员组成的战略预备队,不到关键时刻即德军登陆编队进入海峡的最后关头绝不动用,从而保留了一张能最后决战的底牌。

实践证明,道丁的策略是行之有效的,以中队为单位的小编队逐次投入作战的战术虽然在不列颠空战前期使英国皇家空军遭受了一定的损失,但是小的牺牲换

来了巨大的收益,在这套战术的指引下,英国皇家空军得以一天天地壮大,具备了与德国空军分庭抗礼甚至反击的资本。待到 1940 年 9 月中旬斯坦莫尔上将接任战斗机部队司令时,英国皇家空军已经有能力以 3 至 7 个中队组成大编队迎战了,这就是"以拖待变"战略实际效果的显现。

第四节 战役进程

历史地看,不列颠空战经历了试探性进攻、全面进攻、城市空袭、边打边停等四个阶段。

一、试探性进攻阶段

法国战役结束后,经过短暂的休整,1940 年 7 月,德军启动了入侵英国的战前准备工作,大量的航空兵部队从本土向法国、荷兰、比利时等国转场,在等待陆军和海军集结的过程中,德国空军决定以小部分部队进行试探性攻击。7 月 10 日起,德军以英国南部港口和英吉利海峡航行的船只为目标发动了攻击,德军作战目的有二:一是了解英军防空能力,查明英军的部署;二是诱使英机出战,在空战中消耗英军力量。面对德军咄咄逼人的进攻,英国皇家空军在道丁的指挥下,并没有上德军的当,采取避战战略,只以小机群迎战,同时在空战中检验雷达引导截击的战术。

截至 8 月 12 日,德军共出动飞机 5376 架次,投弹 1473 吨,击沉英军 4 艘驱逐舰和 18 艘运输船,德军有 186 架飞机被击落,135 架被击伤,英军损失飞机 148 架。总体而言,这一阶段作战完全是试探性质,英德双方都很谨慎,旨在通过零星的战斗摸清对方的虚实,因此空战规模并不大。

二、全面进攻阶段

由于天气原因,德军原计划 8 月 10 日启动的"鹰袭"计划被迫推迟,8 月 13 日旨在发动第一次大规模空袭的"鹰日"攻击最终到来,目标直指英国皇家空军主力。为此,德军三个航空队全面出击,对划定的目标按计划展开昼夜攻击:德军白天集中攻击英国的飞机场,妄图消灭英国停留在机场地面和起飞到空中迎战的所有飞机;夜晚则将攻击的重点放在了英国的飞机制造厂,以削弱英国的飞机制造能力。这一轮的攻击一直持续到 8 月 23 日,其中以 13 日、15 日和 18 日的空战最为激烈。

8 月 13 日,德军投入 1485 架次,英军出动了 727 架次迎战,在波特兰和南安普敦上空的战斗十分胶着,最终德军有 47 架飞机被击落,80 余架被击伤,英军仅损失 12 架"飓风"和 1 架"喷火"。8 月 15 日,天气突然转晴,留守空军指挥部最高级别的军官第 2 航空队参谋长保罗戴希曼上校,以军人的责任果断下令出击,第 2、第 3 航空队几乎是倾巢而出,第 5 航空队也首次派出飞机参战,这样德军从南北两个方向同时展开攻击。这一天也成为不列颠战役中德军出击规模最大的一天。最终结果是,北线德军第 5 航空队出动的 97 架战机遭到了英军第 13 大队 84 架战斗机的迎头痛击,损失了 29 架飞机,战损率超过 20%,此后退出了不列颠空战;南线第 2、第 3 航空队全天投入了 975 架战斗机和 622 架轰炸机,出动约 2000 架次,英军出动974架次,德军被击落75架,英军损失55架,马特尔夏姆和林尼机场遭到较大破坏,这一天被英国称为"黑色星期四"。8月18日,德军再次发动了强大攻势,同样遭到了英军顽强抗击,被击落71架,而英军仅损失27架。之后,由于天气原因,空战暂停了五天。

在这一阶段,德军付出了被击落367架的巨大代价,使英军损失飞机183架,12个机场和7个飞机制造厂遭到不同程度破坏,6个雷达站一度失去作用,1个指挥中心被炸,1座弹药库和10座储油库被毁,但德军的全面进攻分散了兵力,作战效果并不明显,加之英军顽强的抗击,因此消灭英空军主力的目标没有完成。更令戈林忧虑的是,按照双方的损失比例,德军仅凭借现有的数量优势,是难以消灭英国皇家空军的。因此,戈林在总结前一阶段作战情况的基础上,决定改变空袭策略,改全面进攻为重点进攻,集中全力攻击英国皇家空军主力第11大队的基地。

从8月24日至9月6日,德军对英军第11大队的主要基地和英格兰南部的飞机制造厂进行了大规模空袭,在这两周里,德军每天出动飞机都在1000架次以上,其中8月30日和8月31日两天,更是达到了日均1600架次。连续的空战使德军的数量优势发挥了作用,虽然德军损失了214架战斗机和138架轰炸机,但还有足够的力量继续发动攻势。相应地,英军数量上的劣势使其濒临险境:该阶段,英军被击落的飞机达295架,重伤171架,补充的飞机总数只有269架,英国皇家空军元气大伤;英国南部最重要的5个机场全部遭到严重破坏;英国皇家空军最重要的指挥中枢——地下扇形指挥中心,在南部地区和伦敦附近的7个指挥中心有6个被摧毁。此时,英国皇家空军已经到了崩溃的边缘。

三、城市空袭

就在英国皇家空军濒临崩溃之际,德军两架轰炸机8月24日晚迷航后对伦敦的误炸事件以及英国于8月25日、28日和31日3个晚上对柏林的报复性轰炸措施,彻底改变了战争的走向。希特勒被英国的报复行为激怒了,叫嚣要彻底毁灭伦敦,声称"将以夜袭来回报夜袭,英国人投下一吨炸弹,德国空军将要以十倍、百倍甚至千倍的炸弹去回报!"9月3日,戈林召开了参谋长会议,决定从9月7日起攻击重点转为伦敦,不再攻击英军的机场和指挥中心。9月7日黄昏,德军第2航空队出动了625架轰炸机和648架战斗机,直扑伦敦,空袭一直持续到第二天清晨。空袭后,伦敦有1300多处建筑起火,白金汉宫也在其内;市民死300余人,伤1500余人。之后,一连七天,德军对伦敦不分白天黑夜实施了大规模空袭,使伦敦蒙受了巨大的人员、财产损失。但英国皇家空军得到了极为宝贵的喘息之机,迅速恢复了战斗力。此时,接替道丁担任战斗机司令部司令的斯坦莫尔上将,认为前期小编队作战已经为英军积蓄了足够的力量,反击的时刻来到了,准备以3至7个中队组成大编队迎战来犯之敌。

9月15日,英国复仇的时刻来到了。当日,英国皇家空军先后出动了19个中队300余架战斗机,迎战前往伦敦的德军200架轰炸机和600架战斗机组成的大机群,激烈的空战持续了整整一天。最终,德国损失飞机 68 架,另有 80 架被重创,而英国皇家空军只损失了 34 架。这天被认为是不列颠空战的转折点,丘吉尔将这天称为世界空战史上前所未有的、最为激烈的一天!战后,英国将 9 月 15 日定为不列颠空战日,以纪念这一辉煌胜利!

不仅如此,9 月 16 日和 17 日,英国皇家空军挟胜利之余威,出动轰炸机对德军集结在沿海的准备登陆的舰船和部队进行了猛烈攻击,击沉击伤近百艘船只,并给德军造成了重大的人员和物资损失,迫使希特勒于 9 月 18 日下令停止在沿海集结船只。10 月 1 日开始,为减少飞机损失,德军对伦敦的空袭从白天改为夜间进行。但是,面对德军的疯狂袭击,英国军民并没有被吓倒,反而斗志越发旺盛,德国企图以巨大的物质损失和死亡来迫使英国屈服的阴谋破产了。该阶段,德军共损失飞机 433 架,英军则损失 242 架。10 月 12 日,希特勒决定将"海狮计划"推迟到 1941 年春,实际上就等于放弃了登陆英国的计划。此时的德军已经不愿意再无休止地与英国耗下去,准备全力东向进攻苏联了,这也等于宣告了德国此次空中战役的失败。

四、边打边停

从 1940 年 11 月开始,德军对英国的空袭进入了边打边停的阶段,空袭范围也不仅局限于伦敦,而是扩大到考文垂、伯明翰、利物浦、南安普敦等其他英国城市,带有战略轰炸的意味:一方面,不再以消灭英国皇家空军为目标,转而采取摧毁英国工业城市的方式旨在削弱英国的战争实力和潜力;另一方面,制造进攻英国的假象,既可以牵制英军海陆空的主体力量在本土,又能掩盖进攻苏联的真实意图。其中,德军 1940 年 11 月 14 日对考文垂以及 1941 年 5 月 10 日对伦敦的夜袭最为血腥。

11 月 14 日夜间,德军为了验证埃尼格玛密码的保密性,发动了代号为"月光奏鸣曲"的空袭行动,目标直指英国航空工业基地考文垂。英国获悉后,为了确保千辛万苦破译的"超级密码"的安全,解除德国的怀疑,决定不采取专门措施保卫考文垂。当晚,德军共出动 449 架亨克尔-111 轰炸机如期飞临考文垂上空,投下了 394 吨爆破弹、56 吨燃烧弹和 127 枚延时炸弹。空袭过后,考文垂有 5 万多幢建筑被炸毁,死亡 554 人,重伤 864 人,12 家生产飞机零部件的工厂遭到严重破坏,致使英国飞机减产 20%,考文垂市区的水、电供应中断 35 天才恢复,损失十分惨重。但是,密码保住了,这为之后盟军的行动提供了众多的有价值的情报,考文垂的损失是值得的。

之后,随着冬天的降临,英伦三岛恶劣的天气令德军空袭的规模日益下降。1941 年 3 月起,随着天气的好转,德军的空袭也逐渐加强,但这只是为了掩盖进攻苏联企图而制造的烟幕弹罢了。5 月 10 日晚的空袭,是德国空军主力撤往苏联战场之前对伦敦进行的最后一次大规模空袭,也是德军的泄愤之战。当晚,德军出动飞机 500 余架次,得到的命令是可以将炸弹扔在伦敦任何想扔的地方,最终有 700

吨爆破弹和燃烧弹落在伦敦市区，造成伦敦1436名平民被炸死，1800余人重伤。6月22日，苏德战争爆发，德国空军对英国的战略空袭也终于停息，不列颠空战由此落下了帷幕。

第五节 战役结果及点评

毫无疑问，在不列颠空战中，英国最终取得了胜利，德国遭遇了开战以来的第一个滑铁卢，影响是深远的。正如澳大利亚军事史学家霍格斯指出的那样："希特勒希望不列颠向他在西欧的军事胜利弯腰，结果在铁血首相丘吉尔的领导下成功地击败了德国进攻。"

一、战役结果

从损失来看，据不完全统计，从1940年7月至1941年5月，德军在对英国空袭作战中，损失的飞机超过2000架，英军损失飞机共995架。其中，仅在1940年7月至10月不列颠之战的最关键阶段中，德军出动飞机共约4.6万架次，投弹约6万吨，被击落各型飞机1733架，被击伤943架，损失空勤人员约6000人。英国皇家空军损失飞机915架，飞行员414人，英德双方飞机损失比0.527∶1，飞行员损失比0.069∶1。在空袭中，英国被炸毁的房屋超过100万幢，无辜平民伤亡达14.7万人，占英国在战争中死伤人数的20%。

但最终，英国皇家空军击败了德国空军，成功地阻止了德军的入侵，英国皇家空军挽救了英国。正如英国战时首相丘吉尔于1940年9月20日的演讲中所说的那样："在人类战争历史上，从来没有这么多人从这么少的人那里得到这么多！"毫无疑问，这少的人当然是指英国皇家空军的飞行员、地勤和指挥通信人员，当时他们的总数仅为3000人；这么多的人指的不仅是英国人民，而且还包括所有不愿忍受纳粹暴政的人民。对此，国外的学者卡萨诺瓦·布尔斯坦明确指出：任何理论家所作的学术分析都不能忽视这样一个事实，即英国皇家空军仅以相当于一个步兵旅或一艘战舰成员的兵力，保卫了整个英国免遭德国的入侵。

二、英德胜败的原因

不列颠空战的结果不是偶然的，有很多深层次的原因。

(一)战略层面的考量

不列颠空战关系着英国的生死存亡，英国可以说是背水一战，没有退路，只能全力应对。当中，英国国家经验发挥了重要的作用，在与德国的较量中，战略谋划层面总能做到先敌一步，制定了各种预案，可以从容不迫地应对和化解各种危险。反观德国，在进攻英国的问题上显得手足无措，法国战役结束后，兵锋直指英吉利海峡，但是此时德国连一个进攻计划都没有制定，诱降计划失败后，起草的"海狮"计划仓促上马，漏洞百出，几乎是"摸着石头过河"，缺乏一个战略层面的宏观规划。且后果更为严重的是，以希特勒为首的领导层，也没有深刻认识到打败英国对于德国称霸欧洲乃至世界的重要性，因此，在未解决西线英国问题之前，又准备东向进攻苏联,重走两线作战的老路,而这一战略在之前的一战中早已证明了不可行,失败也是必然的。

(二)战役、战术层面的考量

在不列颠空战进行当中,德军在战役和战术的组织和实施层面出现了一次重大失误,即在战役的第二阶段重点攻击英军第 11 大队基地和飞机制造厂的过程中,德军凭借数量优势一度使得英国空军损失惨重、濒临崩溃,却突然转向袭击伦敦,以报复英国对柏林的轰炸,令英国空军获得了宝贵的喘息之机,迅速恢复了战斗力,德国也与不列颠之战的胜利擦肩而过。反观英国方面,抓住了战役的机遇,利用德军误炸伦敦之机,大做文章,成功地引诱德国转移了袭击目标,将处于死亡边缘的英国皇家空军挽救了回来。在战术的应用上,英国转变及时,实力恢复后,大胆使用大编队作战战术,扭转了空战中的英德态势,开始向有利于英国的方向发展。

(三)武器装备层面的考量

德国空军装备研发的指导思想是配合主力军种陆军,以支援前线装甲突击力量与步兵进攻为主,因此,列装的飞机中绝大多数属于战术支援飞机。其中,轰炸机以俯冲轰炸机和轻、中型轰炸机为主,航程近,载弹量小,根本无法承担起战略轰炸的重任。护航的战斗机中只有梅塞施米特-109 还有能力与英军战斗机对抗,但受到航程和落后的航电系统的限制,加之劳师远征,疲乏的飞行员在作战中难以发挥应有的技战术水平。反观英国皇家空军,由于在本土作战,飞机航程不是作战中考虑的主要因素,先进的雷达预警系统、航电设备和综合指挥系统又可以有效地弥补数量上的劣势,使得飞行员可以以逸待劳,最大限度地挖掘"飓风""喷火"等飞机的潜能,发挥最佳的技战术水平。

(四)地理层面的考量

不列颠空战中,英国皇家空军的一个最不能忽视的巨大优势就是本土作战。英国飞行员熟悉气候、地形,还能得到当地军民的支援,即便空战中被击落,只要飞行员能够平安落地,就能得到各种救援力量的帮助,快速回到部队继续驾机升空作战,因此士气高涨。反观德军方面,远离本土作战,跨越英吉利海峡深入英国领空作战,这意味着德军飞行员要冒巨大的风险,根本得不到地面的强有力的支援,飞机一旦被击落,即便飞行员能够跳伞逃生,但是仍然逃脱不了被俘的命运,这是一种人机俱失的净损失。因而,随着损失的不断加大,德军飞行员的士气日趋低落。正如德军王牌飞行员加兰所说的那样:"我们的轰炸机和战斗机部队在物资、人员和士气方面都蒙受了重大损失。每一个飞行员都对是否能继续展开空中攻势表示怀疑。"

三、不列颠战役的意义

不列颠空战以英国皇家空军的胜利、纳粹德国空军的失败而告终,影响与意义深远。

第一,英国的胜利第一次粉碎了纳粹德国的侵略计划,给骄狂的法西斯军队当头一棒,既鼓舞了英国军民抗战到底的决心,又激发了世界各地反法西斯力量的斗志。

第二,不列颠空战使德国的空军力量受损,特别是近6000名空勤力量的损失消耗了大量战前培养的空军精英,这是德军短期内难以恢复的。

第三,不列颠空战的胜利保全了英国,使之成为欧洲大陆西线抗击轴心国的坚强堡垒和日后同盟国发动反攻的跳板,相反,德国则陷入了最不愿见到的持久战、消耗战和两线作战的困境。

最后,影响更为深远的是,不列颠战役是人类战争史上首次完全以空战为主的战例,印证了杜黑的制空权理论,证明了大规模战略性的空袭将直接影响战争的进程,显示出制空权在现代化战争中的重要地位,并证明了防空的战略意义和价值,从而也就廓清了战前空军理论的许多问题,为之后各国空军的发展提供了指引。

思考题

1. 不列颠空战经历了哪几个阶段?
2. 英国赢得不列颠空战的原因有哪些?
3. 请点评不列颠空战中英军的战略战术。

第五章　阿拉曼战役

　　阿拉曼战役是 1942 年 10 月 23 日至 11 月 7 日在第二次世界大战北非战场上，德意联军司令埃尔温·隆美尔指挥的非洲军团与英国伯纳德·劳·蒙哥马利统领的英联邦军队在埃及阿拉曼进行的战役，这场战役以英军获胜而告终。盟军在阿拉曼的胜利致使纳粹德国占领埃及、控制苏伊士运河及中东油田的希望破灭，彻底扭转了北非战场的形势，是二战北非战场"命运的转折点"。这场战役结束后，德意法西斯军队开始在北非地区节节败退，直至 1943 年 5 月被完全逐出非洲。

位于埃及的阿拉曼战役公墓

第一节　作战计划的出台

一、战役背景

　　1940 年 7 月，意大利趁英法在西欧失败之机从埃塞俄比亚进犯东非英军。1941 年 1 月，英军对意军发动进攻，收复了东非的失地，并在北非重创意军。2 月，隆美尔率德国非洲军团进入北非地区增援意大利军队。在德意联军的攻势下，英军开始从利比亚败退。1942 年 7 月，德意联军自利比亚突入埃及，进抵距开罗只有 350 千米的阿拉曼地区，威胁着英联邦军队的苏伊士运河补给线。由于推进速度过快，德军兵力损耗很大，物资供应和后续援兵也跟不上，不得不停止进攻。此后，英德双方在阿拉曼附近海岸与卡塔拉洼地之间展开血战，英军失利。丘吉尔于 8 月 4 日飞抵开罗撤换英军领导人，由哈罗德·亚历山大将军任英国驻中东部队总司令，伯纳德·劳·蒙哥马利将军接任第八集团军司令，并给英军补充大量的坦克、飞机和枪炮。

　　由于德意的补给线拉得太长且缺乏支援，而盟军的大批援军即将到来，隆美尔决定向盟军发起进攻。1942 年 8 月 30 日，进攻阿拉穆·哈尔发的德军被打败，于是非洲军团开始准备迎击蒙哥马利派来的反击部队。经过 6 个多星期的集结，第八集团军已经作好了出击的准备。

二、阿拉曼概况

北非包括摩洛哥、突尼斯、利比亚、埃及等地,与欧洲隔地中海相望。这里的苏伊士运河是英国从地中海运送物资到远东的关键补给线。英军控制北非,可确保大西洋通往印度洋、太平洋和地中海海上交通线的畅通,并能得到中东重要战略物资石油,以支撑长期战争。德意军队控制北非,可确保对南欧的占领,切断对方地中海交通线,进而夺取中东,获得石油等资源,直接配合苏德战场作战。因而,北非在交战双方的战略中都占有重要位置。

阿拉曼位于埃及北部,距离开罗只有 350 千米,东距亚历山大港 100 千米,和北非其他沙漠不同,阿拉曼的特殊之处在于,北濒地中海,南部则是一片下沉的巨大流沙带和盐沼,叫作卡塔拉洼地。英军从阿拉曼城到卡塔拉洼地布下防线,长 40 千米。德军的坦克根本无法通过,不能绕开英军防线进行袭击。轴心国和盟军主力在此决战,胜负将决定整个北非和中东的前途,意义重大。

三、英军的作战计划

盟军方面,第八集团军司令蒙哥马利力主用进攻将德意军队赶出北非,制定了全歼"非洲军团"的"轻足"作战计划,并着手补充兵员和装备,加强训练,鼓舞士气,采取伪装措施等。蒙哥马利计划调遣两支突击队穿越德军在北部布置的雷场,之后让装甲部队对抗德军的装甲部队;同时派一些部队在南方佯攻牵制轴心国部队,使之不能北上增援。于是,英第八集团军在阿拉曼地区由北向南展开,以主力在战线北段实施主要突击,先由第 30 军突破对方防线,随后由第 10 军实施纵深突击,歼灭德意军主力于滨海地区,由第 13 军在战线南段实施辅助突击。

伪装成补给车的盟军坦克

很明显,盟军使用的是声东击西的策略,在一览无余的沙漠地带排兵布阵而又不被敌人发现是盟军计划成功的关键。对此,在战役之前几个月,英联邦军队使用了代号为"柏特来姆行动"的一系列欺骗战术。比如,盟军在北部利用一些废弃物品伪装成弹药库和粮仓,但是没有发起大规模攻击,这使得轴心国军队虽然发现了它们但并未引起重视,从而放松了警惕,于是盟军趁夜间在前线将那些伪装物换成真正的弹药库、油罐和粮仓,而没有被敌人发现。同时,盟军还开始建造一条假的输油管,让轴心国军认为战役主攻将从南面开始。为了更进一步地迷惑敌人,盟军在南方用胶合板覆盖吉普车,使之看起来像坦克,而北方的真正坦克盖上了胶合板,看起来就像运输队。通过"柏特来姆行动"的一系列欺骗战术,盟军在真正的战役发起地点、时间等方面使对手作出了错误判断,使得隆美尔在开战时措手不及。

四、轴心国军队的计划

德意军队经过阿拉穆·哈尔发战役损失惨重。由于盟军控制了地中海的制空、制海权,德意军队只能靠缴获的盟军给养来维持。到1942年8月,隆美尔的部队在人员和装备上仍然具有优势。但在此之后,英联邦军队从英国、印度和澳大利亚得到了大批人员和装备,并从美国获得了一些坦克和卡车,而隆美尔的部队没有得到任何支援,德意军队的优势很快就失去了。隆美尔一直在向国内请求支援,但是当时苏联的顽强抵抗使德国注意力集中在东线战场,只有很少量的支援到达了北非。

隆美尔将德军与意军交替部署在前线,采取纵深梯次配置,企图依托支撑点式环形防御与大面积布雷相结合的坚固防线,阻滞和粉碎英军的进攻。他们布设了50多万颗地雷,主要由反坦克地雷组成,还混有人员杀伤雷。由于盟军的欺骗战术迷惑了轴心国,他们不清楚英军会在哪一点发起攻击,因此隆美尔在整个前线都部署了军队。这就延长了他们集中兵力抵抗英军进攻的时间,并且也加大了稀缺的石油物资的消耗。

第二节 兵力对比和将帅谋略

一、兵力对比

(一)轴心国兵力

部署于北非的德意联军兵力有:4个德国师和8个意大利师,共计12个师,其中包含4个装甲师和2个摩托化师,装备坦克489辆(德军拥有坦克256辆,但在第一次阿拉曼战役中损失了50辆坦克),火炮1219门,飞机675架,总兵力约10万人(德军5万人、意军5万人)。

(二)同盟国兵力

英国第8集团军下辖3个军,分别是第10、第13、第30军,共有11个师又6个独立旅(4个装甲师、2个装甲旅),装备坦克1200多辆,火炮2311门,飞机750架,总兵力达19.5万人。

从数量上看,英军占有绝对优势,但是英军的坦克以十字军坦克为主,到后期才补充了大量性能优异的"格兰特"坦克和美国的"谢尔曼"坦克,德军有200多辆三号及四号坦克,在战争初期占有优势。

二、将帅谋略

在阿拉曼战役棋盘上对弈的双方最主要的将领为英国的蒙哥马利和德国的隆美尔。

(一)英国将帅——伯纳德·劳·蒙哥马利

伯纳德·劳·蒙哥马利(1887—1976),英国陆军元帅、军事家,第二次世界大战时期盟军最杰出的将领之一。蒙哥马利1887年10月17日出生在伦敦肯宁敦区圣马克教区的一个牧师家庭,1908年12月毕业于桑赫斯特军事学院,参加了第一次世界大战;第二次世界大战初期任步兵第三师师长,参加了在法国、比利时的作战;英国从敦刻尔克撤退后,在英国本土任第5军和第12军军长、东南军区军长。1942年8月起,蒙哥马利任英国驻北非第八集团军司令,在阿拉曼战役中打败了德国军队。1943年7月,他率英军第八集团军在意大利西西里岛登陆;1944年1月被任

伯纳德·劳·蒙哥马利

命为盟军集团军群司令,于1944年6月6日指挥诺曼底登陆,9月1日晋升为陆军元帅;1945年任英国驻德国占领军总司令。二战结束后,他曾先后出任英国陆军总参谋长、西方盟国防务会议总司令委员会主席、北大西洋公约组织驻欧洲武装部队第一最高副司令等职。1958年,蒙哥马利结束了50年的军旅生涯而退休。他是英国历史上服役最久的将领,曾荣获英国各种高级勋章和外国勋章,1976年3月25日,在英格兰汉普郡奥尔顿逝世,终年89岁。

蒙哥马利是英国人眼中的"军事天才"。他性格谨慎,每次出击之前都要在人力、物力上做好充分的准备。阿拉曼战役中,他并没有急于正面进攻德军,而是猛烈打击德军的补给线。蒙哥马利发现隆美尔军团抵达非洲后,尽管进展神速,但有一个致命的问题,那就是补给线过长。德军所需要的水、食物、石油还有武器弹药都得从利比亚的黎波里港口运送,所以掐断德军的补给,等于掐住了控制德军命运的喉咙。蒙哥马利下令攻击德军的补给线,在盟军飞机的轰炸下,德军百分之八十的补给被摧毁,从而陷入困境。除此,蒙哥马利使用了代号为"柏特来姆行动"的一系列欺骗战术,成功地迷惑了隆美尔。他又采用声东击西的策略,根据地形、敌情及时改变部署,集中优势兵力,实施正面进攻,以德意步兵阵地和有生力量为打击重点,迫使德军坦克部队因缺乏步兵支援难以固守阵地而退却,彻底击败了号称"沙漠之狐"的德国名将隆美尔所指挥的非洲军团,赢得了北非作战的决定性胜利。

(二)德国将帅——埃尔温·隆美尔

埃尔温·隆美尔(1891—1944)是第二次世界大战纳粹德国陆军元帅,交战对手称之为"沙漠之狐"。隆美尔1891年11月15日出生于德国符腾堡邦首府海登海姆市的一个知识分子家庭,1910年7月从军,参加过第一次世界大战,先后获得德皇威廉二世授予的二级铁十字勋章、一级铁十字勋章和功勋奖章。一战后,他历任步兵连长、德累斯顿步兵学校战术教员、戈斯拉尔市猎骑兵营营长、波茨坦军事学校教员、维也纳新城军事学校校长等职;1936年9月任希特勒警卫部队指挥官;1937年出版了《步兵攻击》;1938年升任元首大本营司令官,并获少将军衔;1939

年担任希特勒大本营卫队长。第二次世界大战开始时，隆美尔在最高统帅部任职；1940年2月15日升任第7装甲师师长，在法国战场所向披靡，该师被称为"魔鬼之师"；1941年1月担任德国非洲军中将军长。在北非战场上，隆美尔进入了他军事生涯的顶峰，充分显示了他的战术天才，指挥非洲军团数次以少胜多击败英军。1942年1月，隆美尔获橡叶双剑勋章，升任非洲军团司令，5月被授予元帅军衔；1942年11月，在阿拉曼战役中被英军击败，德意法西斯军队开始在北非地区节节败退，直至1943年5月被完全逐出非洲；1943年12月又受命负责西线防务；1944年7月20日，被指控为谋杀希特勒的同案犯，10月14日服毒自尽，终年53岁。

埃尔温·隆美尔

在阿拉曼战役前，隆美尔意识到英军会展开一场进攻，于是利用沙漠草原地带设计了著名的"魔鬼花园"。他在阿拉曼战线正面布置了宽65千米的雷场，埋设了近25万颗反坦克地雷和1.5万颗反步兵地雷，还布下了数不清的陷阱和铁丝网，前沿阵地由德军前哨战斗部队守卫。在布雷区后面大约两千米是步兵防御阵地，后面有布局巧妙的88毫米反坦克炮。防御阵地后方是作为机动后备力量的装甲和摩托化师。通过"魔鬼花园"，隆美尔计划在这一地带大量歼灭英军有生力量，阻止英军集群坦克进攻。同时隆美尔也认识到，机械化战争在很大程度上取决于后勤供应。因此，他强烈要求德军统帅部尽最大可能向非洲战场运送更多的作战人员和武器装备，经过隆美尔的多次请求，德国统帅部才决定给非洲军团运送给养。但是，德国人派出的沿不同航线航行的运输船都被盟军击沉了，导致隆美尔的武器、兵员和物资供给严重不足。因此，从阿拉曼战役开始，隆美尔就面临不利局面。

第三节 战役进程

阿拉曼战役是第二次世界大战中的著名战役。1942年10月底至11月初，在埃及阿拉曼地区，英军对德意联军"非洲军团"发起攻击，双方激战12天，以英军胜利告终。阿拉曼战役一般分为5个阶段，包括英军闯入（10月23日—24日）、英军推进（10月24日—25日）、德军反击（10月26日—28日）、英军增压行动（11月1日—2日）和英军突破（11月3日—7日）。其中，1942年10月29日至30日双方处于僵持状态。

一、英军闯入

1942年10月23日21点40分，英军阵地上的800多门大炮连续五个半小时向德军炮兵阵地、堑壕、碉堡、地雷场轰击，铺天盖地的炮弹砸向德意联军，决定北非战局的阿拉曼战役开始了。

英军第13军在南面进行佯攻,与德军第21装甲师和意大利阿利埃特装甲师交火。在北面主攻方向,英军第30军在德军布设的雷场中为英军第10军的装甲师开辟道路;第30军右翼澳大利亚第9师和英军第51师、中路新西兰师和南非第1师,起初进展顺利,突破德军前沿后迅速在雷区为后续装甲部队开辟通路;左翼印度第4师遭敌顽强抵抗,进攻受阻。

24日凌晨2时,英第10军第1、第10装甲师奉命从正在开辟通路的雷区投入战斗,当日仅第1装甲师的个别部队通过雷区。

二、英军推进

10月24日的早晨对于德军指挥部来说是一场灾难,早先隆美尔因病回国治疗,代理司令施登姆将军得知英军进攻的消息后心脏病发猝死,司令部一度发生混乱。而与此同时,英军第30军只清空了第一片雷场,还不能保证第10军能够安全通过,所以,英军使用空军出动了1000多架次来攻击德意军队,英军的炮击切断了德意军队的通信。德军装甲部队开始攻击英军,但进展很小。到傍晚,德军第15装甲师和意大利里特瑞奥装甲师从基德尼山脊出发去迎击澳大利亚装甲部队,阿拉曼战役中的第一次坦克会战就此开始,双方一共投入了100多辆坦克。这场战斗持续了两天,英军付出了极大伤亡最终夺取了基德尼山脊。

10月25日英军已经穿越了西部的雷场,准备发动一次突袭,当推进到东南方的米特里亚山脊时,战斗进入了僵持阶段。德军第15装甲师和意军里特瑞奥装甲师发动了一系列的进攻,竭尽全力寻找英军的薄弱环节,但是一无所获。英军也损失了500多名士兵,只剩下一个指挥官。直到午夜,英军在空军的支援下,扔下了115吨炸弹,占领了位于泰尔阿尔-艾萨西南部的德军观察哨所"第29点"。

三、德军反击

隆美尔于25日夜回到北非,发现军队损失较大、剩余的油料储备仅够用三天,立即开始评估战役形势,判明了英军主攻方向,决定夺回"第29点",并将第21装甲师调往战场的北线。

10月26日下午3点,德军向"第29点"发起了反击,所有位于基德尼山脊周边的坦克全部移动到"第29点"战场周围,但英军一直坚守阵地。英军在进攻过程中受到了德意军队的阻挠,不得不在27日暂停进攻,同时将第7装甲师北调,以加强主攻方向军事实力。同时,英军击沉了德意向非洲运送燃料的油轮,隆美尔得到补给的最后希望破灭,德军装甲部队因燃油短缺无法再起发起大规模的反击。

四、增压行动

到1942年10月28日,经过5天的战斗,英军尽管突破了德军的前沿阵地,但也付出了沉重的代价:伤亡较大,坦克和车辆也损失不少。蒙哥马利决定改变计划,实施"增压行动":澳大利亚第9师在10月30日夜至31日凌晨前向北猛攻,把德意军注意力吸引到北边,然后,在10月31日夜至11月1日凌晨前,以新西兰师为主力,向意军发起强大攻势,以期打开一个缺口,但由于新西兰师及其增援部队尚未取得协调,故蒙哥马利决定把总攻时间推迟一天。

11月2日凌晨1时,英军在阿拉曼的总攻开始了,目标为攻占轴心国的最后一道防线,消灭德意军队的装甲部队,迫使对手在开阔地上作战,消耗德意军队的油料储备,最终瓦解对手。空军连续7小时对德意的防线进行轰炸,之后是360门炮连续四个半小时的炮轰,一共打出了15000发炮弹。尤其是英军装甲部队使用了数百辆德国人从未见过的美国M-4"谢尔曼"式坦克。这种坦克远比德军坦克厉害,它可以在1000米以外开火,到最后德意部队只剩下32辆坦克还在前线。于是,隆美尔决定撤退。

五、英军突破

1942年11月3日,阿拉曼战役中最后的战斗开始了。英军第1、第7及第10装甲师穿越了德军防线,以前所未有的速度纵深推进了8千米,控制了整个阿拉曼北部地区,意军的阿利埃特装甲师、里特瑞奥装甲师和特利埃斯特摩托化师全军覆没,英军即将完成对德军的包围。隆美尔再也顾不上德国国内不准撤退的命令,下定决心撤退。蒙哥马利指挥英军一路穷追猛打,给德军重大打击。但是蒙哥马利的行动十分谨慎,最终没能完成对德军的包围。11月6日,天降大雨,英军大量坦克和装甲车顿时陷入泥潭。隆美尔见状命令德军扔掉武器装备,最后全部撤到了突尼斯境内。11月7日,蒙哥马利下令停止追击。至此,阿拉曼战役以英国的最后胜利而告终。

第四节 战役结果及影响

一、战役结果

阿拉曼战役以英军的胜利告终,扭转了北非的战争格局,成为法西斯军队在北非覆灭的开端。

在这次战役中,德军4个精锐师不同程度受损、4个意军师被歼灭,伤亡2万人,被俘3万人,损失坦克450辆、大炮1000多门。但英军也付出了不小的代价,伤亡1.35万人,损失坦克500辆、大炮100余门。

此次战役,英军以其海空优势封锁和破坏对方后勤补给线,使德军难于在沙漠地区机动兵力和持久作战。英军根据地形、敌情及时改变部署,集中优势兵力,实施正面进攻,以德意步兵阵地和有生力量为打击重点,使德军坦克部队因缺乏步兵支援难以固守阵地只得退却。德军则利用沙漠草原地带布雷迅速的特点,广泛设置雷区,依托高地进行防守,以近战火力重创英军,曾取得过杀伤英军1.35万人,击毁坦克500辆的战绩,对阻止英军集群坦克进攻起了很大作用。但德意联军由于兵力、武器、油料、弹药、粮食和饮水都得不到补充,最终被英军击败。

阿拉曼战役,英军歼敌5万人,击毁坦克装甲车450辆。但是英军最后的冲击不果敢,行动迟缓,以致未能全歼德意联军,使隆美尔的"非洲军团"逃脱。尽管如此,阿拉曼战役仍是第二次世界大战非洲战场的转折点,使北非战场出现了有利于盟军的态势。从此,该地区战争的主动权落入英军手中。

二、战役影响

1. 战役胜败的原因分析

阿拉曼战役是一场很典型的陆地战役。

从英军方面讲,在阿拉曼战役中,英军占有绝对的优势,主要体现在以下几个方面:第一,英军与德意军队的兵力人数对比悬殊,英军拥有近20万兵力,而德意军队真正有战斗力的只有10万余众;第二,后勤保障方面,英军具有良好的后勤保障,蒙哥马利十分注重物资的储备,在地中海的海上运输路线并未被德意海军切断,可以源源不断地得到补给,相比之下,隆美尔的"非洲军团"不但在弹药、油料等重要的战略物资上极度匮乏,而且地中海上的运输航线受到英军强大海军的威胁,物资的补给远远跟不上,战斗力锐减;第三,英军掌握"超级机密",破译了德军的无线电情报,使英军指挥官可以比较全面地了解敌我力量的对比,以及敌战术性质的部署,在战斗中占有优势地位,而德军由于物资紧缺,不能进行有效的战前侦察,不能及时了解英军的情况,处于被动挨打的境地;第四,英军在战前的欺骗计划非常出色,在开战后的一两天内,战场德军指挥官没有准确把握主攻方向,造成了进攻的突然性,使英军占有主动的地位;第五,经过阿拉穆·哈尔发战役,第八集团军与德军战斗的胜利使英军士气达到最高,战士们的战斗积极性高涨。

相应的,德意军队失败的原因除了以上几点,还有另外的几个重要原因:第一,希特勒的高级指挥机关不重视非洲战场的战争局势,专注于苏德战场,使非洲战场上德意军队失去空中支援和物资、兵员的补充;第二,隆美尔由于身体状况并不是太好,需要回国疗养,没有时刻在战场的第一线,对前线形势的判断反应可能会有迟疑和失误;第三,德意军队的预备队过早地投入到战场中,在后来的作战中,没有充足的预备队作为补充;第四,阿拉穆·哈尔发战役后,德意军队士气低落,没有了战争初期的战斗积极性。

总而言之,在英军压倒性的优势面前,德意联军的失败绝非偶然,各种综合因素的发力使之成了必然。

2. 阿拉曼战役的意义

第一,阿拉曼战役的胜利提振了英国在内的世界反法西斯力量的战斗意志。盟军在阿拉曼的胜利使纳粹德国占领埃及、控制苏伊士运河和中东油田的希望破灭了。阿拉曼战役的胜利保证了盟军从中东通往苏伊士运河这条供应线的畅通,在士气上对盟军的意义更是非同小可。英国前首相丘吉尔曾这样评价阿拉曼战役的意义:"在阿拉曼战役前,我们从未打赢过一仗;但在阿拉曼战役后,我们所向无敌。"

第二,阿拉曼战役是第二次世界大战中北非战场的转折点,扭转了北非战场的形势。这次战役结束了"非洲军团"的攻势,使德意军队无力在非洲战场上进行主动性的攻击,直至 1943 年 5 月被完全逐出非洲。阿拉曼战役与斯大林格勒战役、瓜达尔卡纳尔岛战役成为第二次世界大战期间同盟国进入战略反攻的开始。

思考题

1. 阿拉曼战役经历了哪几个阶段?
2. 英军赢得阿拉曼战役的原因有哪些?
3. 请点评阿拉曼战役中英军和德意联军的战略战术。

第六章 诺曼底登陆战役

诺曼底登陆战是盟军于1944年6月6日至7月18日间(后续战斗一直持续到8月25日)在法国北部的诺曼底地区进行的一次规模最大,也是最困难的登陆战役。亦是人类有史以来最大规模的登陆战役,战役的胜利对于盟军在西欧开辟第二战场,加速纳粹德国灭亡起了决定性的作用。

诺曼底登陆纪念碑

第一节 作战计划的出台

一、"霸王"行动

苏德战争爆发后,斯大林于1941年7月要求盟军立即在法国北部开辟第二战场,以支援苏联红军。丘吉尔虽多次表示要开辟第二战场,但他心中的主张始终是让德国同苏联拼得筋疲力尽,因此他认为进攻法国北部的行动应该是在德国即将溃败时才发动的最后一击。因此,开辟第二战场问题一直悬而不决。

1942年3月至4月间,美陆军参谋部拟定了一项进攻法国北部的计划,名为"围歼"行动,计划于1943年春季实施,同时还准备进行一个规模较小的代号"痛击"的试探性行动,定于1942年9月实施。1942年5月,盟军联合司令部成立,其主要成员有美陆军中将艾森豪威尔、英皇家海军中将拉姆齐以及英本土各部队司令官等。联合司令部开始着手研究在西欧北部登陆问题,商定认为在1944年春季以前不可能发动大规模的进攻。1943年1月,美英首脑在北非摩洛哥卡萨布兰卡会晤,决定建立一个专门的计划参谋部拟订西欧作战计划。1943年3月,英国摩根中将被任命为盟军最高司令官的参谋长,摩根将参谋部命名为"科萨克"(COSSAC)。1943年5月中旬,美英首脑和盟国参谋长联席会议成员在华盛顿召开会议,预定1944年5月1日为进攻法国北部的日期,并于当月底命名该军事行动代号为"霸王"。1943年8月,美英首脑第一次魁北克会议又重申了"霸王"行动的实施时间。1943年9月7日,英海军部又将计划称作"海王"行动,因此便有"海王-霸王"之称。

第六章　诺曼底登陆战役

此时苏德战场上的苏联红军取得了辉煌战绩,盟军的形势也日趋好转,战局对开辟西欧战场极为有利。1943年11月至12月间,德黑兰会议召开,苏美英三国首脑对开辟第二战场的地点、时间和规模等方面的争论相当激烈,但英国终于同意"霸王"行动的预定日期。这标志着第二战场开辟问题的争论告一段落,计划进入了具体准备和实施的阶段。

关于登陆地点,参谋部倾向于法国北部的两个地带,一是加莱海滨,一是诺曼底地区,经权衡利弊,1943年6月26日,最终决定集中力量制定在诺曼底登陆的作战计划。艾森豪威尔被任命为盟国远征军最高司令官,并于1944年1月14日抵达伦敦就职,史密斯上将任参谋长、摩根中将任副参谋长。随后英国拉姆齐海军上将、蒙哥马利陆军上将、利·马洛里空军上将被分别任命为盟军海、陆、空军司令官。在1944年年初艾森豪威尔离开地中海到伦敦赴任之前,曾和蒙哥马利、史密斯一起研究了魁北克会议通过的登陆计划,认为该计划所提出的狭窄登陆正面和3个师的登陆是不够的。艾森豪威尔坚决要求同盟国参谋长联席会议加宽登陆正面和进行5个师的登陆。接到艾森豪威尔的指示后,计划军官提议把登陆正面从40千米加宽到80千米,同时要把登陆的第一梯队增加到2至3个空降师和5个步兵师,并用两个师作为在海上的预备队。最终经过修改的"霸王"计划包括了如下要点:在海上登陆开始前不久,将空投2个空降师在海滩的内陆着陆,用舰艇运送5个步兵师在诺曼底海滩登陆,部分第二梯队将在"D日"第二次涨潮时迅速上陆,第二梯队的其余部队则必须在第二天上陆;在此之后,盟军将力争以每天1.3个师的速度增强地面部队,建立牢固的联合登陆场之后,应尽早夺取瑟堡港,除此之外,还应力争在5至6个星期内占领布列塔尼半岛各港。此次行动的长远目标是粉碎西线的德军,攻占巴黎和解放法国全境。艾森豪威尔在1月中旬到职时,就批准了这个计划,并将此计划正式命名为"霸王"作战计划,并于1月23日呈送到同盟国参谋长联席会议后获得批准。

由于登陆规模的扩大,并且考虑到气象条件,统帅部决定把登陆日期向后推迟一个月,将时间确定在6月5日至7日间,具体登陆日取决于当时的气象预报。

至1944年上半年,"霸王"行动的准备工作大大加快,盟军加紧集结部队和物资,加紧海军基地的建设,建造人工港,还实施了大规模轰炸和频繁侦察,以及频繁的登陆作战演习,除此之外,还采取多方伪装以迷惑敌人等。为了登陆计划的成功,各项准备工作正在有条不紊地进行着。

二、德军的准备与计划

德军方面,希特勒认为西线的登陆战自1943年夏季之后,不仅对盟军的进攻,而且对整个战争的胜负都将起到决定性作用。他于1943年5月20日提出:"我们一定要像网上的蜘蛛一样保持警觉",并补充认为,"感谢上帝,我对此类事件有着敏锐的嗅觉,一般都能预见事态的进展。"在1943年11月3日的第51号元首令中,希特勒指出:东线的危险依然存在,但更大的威胁来自西线,也就是盎格鲁-撒克逊人登陆作战,在东线,最坏的情况就是,即使失去大片土地也不会给我们造成致命的打击;但在西线完全不同! 就是那里,敌人将在那里发起进攻,如果我们不上当的话,决定性的登陆战将在那里打响。希特勒认为,各种迹象表明敌人计划最迟在1944年春入侵法国,最大可能的登陆地点是加莱海滨,必须最大限度地加强该处的防御。

其实早在1941年12月,希特勒就担心盟军可能在西部海岸登陆,便下令从挪威到西班牙构筑一道由互相支援的坚固支撑点构成的"大西洋壁垒"。为了修建法国境内"大西洋壁垒"防御工事,约200万名劳工工作了近两年时间,使用了1800万吨的混凝土,建造了地底深处的防空洞和高大的工事。海水中和沙滩上都埋下了地雷,被称作"隆美尔竹笋"的、用树干做成的防滑翔机障碍杆也被树立在地面上。1944年1月,隆美尔被任命为B集团军群司令,负责防守法国,应对盟军进攻。但其主张与西线总司令发生了冲突,伦德施泰特主张将防御力量集中部署于海岸,这与隆美尔的观点截然不同,隆美尔主张将装甲师配置在浅近纵深内,以歼敌于海岸。这一争执在盟军登陆时还相持不下,严重地削弱了德军的作战力量。对于盟军登陆地点,德国军事首脑也从未得出正确的判断,伦德施泰特认为可能在英吉利海峡最窄部分,隆美尔则认为可能往西一些,但大多数德国将领都认为盟军不可能在诺曼底这个灌木丛生的荒凉海滩登陆。

在登陆时间方面,德国也做出了错误的判断,1944年6月4日那天天气恶劣,这使得所有德军将领都放松了警惕。德军西线舰队司令克朗克认为当时不会有大规模的登陆,隆美尔也认为5至8天内不会有登陆。当盟军登陆的消息传来时,隆美尔还远在德国,而负责诺曼底防卫的第七集团军的师团级军官都去参加预定在6日举行的雷恩演习,至登陆日凌晨时,盟军空降部队着陆后,德军这才发出了紧急警报。

第二节 战前兵力对比

在诺曼底登陆战役中,无论是盟军方面还是德军方面,都出动了大量的兵力,堪称史上规模最大的登陆战役。

一、盟军兵力

盟军方面,参加这次战役的除美国、英国和加拿大外,还有法国、比利时、荷兰、波兰、挪威、捷克斯洛伐克、澳大利亚和新西兰,共11个国家。在登陆日当天,参加突击登陆的部队达17.6万人。

按照"霸王"计划,美国把大量部队和作战物资源源不断地运到英国。到1943年秋末,美国驻英国的军队就有150万人。盟国陆、海、空三军中,有2876439名官兵被编成远征军,加上英国、法国、加拿大、比利时、荷兰、波兰等国的部队,总兵力达350万人,共配有坦克几千辆,大炮上万门。

第六章 诺曼底登陆战役

参加作战的部队计八个集团军,被编为三个集团军群(见表6-1)。参加登陆的部队除强大的陆军力量外,还有美国陆军第九航空队、英国皇家空军第二航空队、法国空军第一航空军、盟军第一空降集团军、英国皇家空军轰炸机总队,各种作战飞机达11000架,各种舰船6000多艘,其中作战舰艇1000余艘,包含战列舰7艘、巡洋舰23艘、驱逐舰150艘,其余为护卫舰、巡逻艇和扫雷艇等。

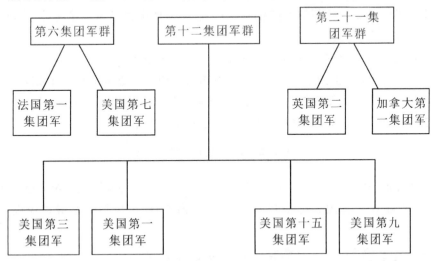

表6-1 诺曼底登陆盟军参战兵力表(集团军下辖军、师、预备队略)

二、德军兵力

德军方面,1944年5月,在西线的法国、比利时、荷兰,只有归西线总司令陆军元帅伦德施泰特指挥的58个师,其中33个海防师,15个步兵师,8个装甲师,2个伞兵师。再加上由希特勒亲自指挥的战略预备队2个装甲师,共60个师,约76万人。部队编为B和G两个集团军群,下辖4个集团军和1个独立军。B集团军群原由陆军元帅隆美尔指挥,1944年7月17日后由京特·冯·克卢格元帅接任,1944年8月18日后由瓦尔特·莫德尔元帅接任。B集团军群共41个师,其中5个师在荷兰,属第88独立军;18个师在加莱至勒阿弗尔之间,属第十五集团军;18个师在塞纳湾与卢瓦尔河之间,属第七集团军。G集团军群指挥官为布拉斯科维兹上将,驻守法国卢瓦河以南,共17个师,属第一集团军和第十九集团军。

在诺曼底战役中,德军最优秀的部队要远远好于盟军最优秀的部队,但是德军真正的优势是他们质量上乘的坦克。德军坦克优于盟军的坦克,尤其是虎式坦克、黑豹坦克以及新型虎王坦克,它们的射程比盟军的坦克射程要远得多。坦克质量上的差距对诺曼底战役产生了很大的影响。在诺曼底的德国地面部队,因为作战经验丰富,多多少少弥补了他们的一些劣势。但德国在诺曼底的各支队伍战斗经验差别很大,像党卫军第1装甲师和警卫旗队师这样的队伍久经沙场、经验丰富、装备精良,而像党卫军第12希特勒青年团装甲师虽然装备精良,但是完全没有经验,其他很多部队则在二者之间。

西线德军装甲部队总共有10个装甲师和3个重型坦克营,其中6个装甲师由希特勒亲自指挥。德军统帅部认为坦克不适宜于在海滩使用,所以1944年3月德军部署在法国的装甲部队只有一个满员的装甲师,即第21装甲师。希特勒1944年4月判断诺曼底将是盟军的登陆地点,要求加派兵力。隆美尔根据这一指示,将原驻圣洛的第352步兵师调到诺曼底,正是这个新调来的精锐师给登陆"奥马哈"滩头的美军带来了灭顶之灾。

相比之下,德军海空军兵力甚为薄弱。海军有潜艇约100艘、驱逐舰和大型鱼雷艇8艘、5艘小型鱼雷艇、30艘电动鱼雷艇以及约500艘战力很弱的扫雷艇、巡逻舰和炮艇。空军为第3航空队,登陆日当天只有180架飞机,其中可以参战的飞机只有107架,与盟军作战飞机数目相比,处于绝对劣势。

第三节 将帅谋略

在诺曼底登陆战役的棋盘上,对弈双方最主要的将领为盟军最高统帅德怀特·D·艾森豪威尔和德国元帅格尔德·冯·伦德施泰特、B集团军群司令隆美尔元帅。

一、盟军将帅——德怀特·D·艾森豪威尔

德怀特·D·艾森豪威尔(1890—1969)是所有参加诺曼底登陆和解放西欧的盟军部队的最高统帅。他具有非凡的组织才能,这在策划复杂如诺曼底登陆的行动中十分关键。同时他也是个出色的外交家,能够解决在他领导下的英美将领之间的任何纠纷。艾森豪威尔生于得克萨斯,并参加了一战。二战之前,他在数个军事院校学习过。在美国于1941年12月参战前不久,艾森豪威尔晋升为准将。1943年11月,他作为盟军司令指挥在北非的登陆。在策划了盟军进攻西西里和意大利内陆后,艾森豪威尔来到英国,担任盟军远征部队最高

艾森豪威尔

统帅,并负责计划进军法国。艾森豪威尔协调着盟军所有部队,直至战争结束。战后,他继续担任高级军事职务,直至1952年,他被选为美国总统,此后在总统职位上连任两届。

1944年初,艾森豪威尔到伦敦赴任之前,曾与蒙哥马利等人一起研究了"霸王"行动计划草案。经认真考虑后,艾森豪威尔认为该计划所提出的狭窄登陆正面和3个师的登陆是不够的。他命令先于他到达伦敦的两位军官,坚决要求同盟国参谋长联席会议加宽正面和进行5个师的登陆。正是在艾森豪威尔的全面统筹指挥下,诺曼底登陆才最终取得了胜利。

二、德军将帅

(一)德·冯·伦德施泰特

伦德施泰特(1875—1953),德军西线总司令、德国陆军元帅,出身于世袭的普鲁士军阀家庭,年轻时他义无反顾地投入军队,成为严峻、倔强的普鲁士军官,在其军事生涯中功勋卓著。1939年9月,伦德施泰特率领南方集团军群,仅用30天时间就穿过波兰平原,直抵华沙。而后,他率A集团军群于1940年5月越过比利时,绕过法国人苦心修建的马其诺防线,在1个月内大败法军,横扫西欧大陆。1941年夏天,他又率军东进苏联,重创斯大林的精锐师团。

伦德施泰特

伦德施泰特不认同隆美尔的海滩阵地防御战略,他主张纵深防御。他从来不相信阵地防御,因为他指挥的坦克装甲集群曾轻松地绕过法军精心修筑的马其诺防线。他坚决反对把装甲兵前移,他认为隆美尔根本不懂战略。伦德施泰特认为,对付盟军登陆应主要依靠大量步兵和装甲快速预备队,并将其配置在离海岸线一带相当远的后方,以便在敌人组织好登陆场后立即进行机动反击。在他看来,地雷和抗登陆障碍物毫无价值,"大西洋壁垒"也不会起到多大作用。关于登陆地点,伦德施泰特认为盟军为了在法国北部平原展开,很可能选在英吉利海峡最窄地方的勒阿弗尔和敦刻尔克之间某处登陆。

(二)隆美尔

此时的隆美尔担任德军西线B集团军群司令,他谙熟盟军的作战特点,对盟军创造的合成战法,特别是广泛使用空军力量有深刻的体会,他深知现代战争空军力量的作用,因此要求对战术空军的指挥权。他认为盟军登陆地点可能更往西一些,但大多数德国将军不同意他的看法。与伦德施泰特意见相反,隆美尔坚信"大西洋壁垒"的作用,他特别重视地雷场和登陆障碍物的作用。隆美尔认为,对盟军的防御线有四道,分别为水下雷区、抗登陆障碍物、筑垒火炮和机动火炮构成的大西洋铁壁以及参加抗登陆作战的步兵师和装甲师。隆美尔认为抗击盟军登陆的主要战线应位于登陆点的海水高潮线。他认为盟军首先会进行大规模空袭,然后在军舰和空中力量掩护下,用数以万计的突击艇和坦克登陆舰在广阔战线登上海滩;与此同时,在离海岸不远的内陆大量空投部队,里应外合,迅速建立桥头堡,确保登陆成功。隆美尔反对伦德施泰特的纵深防御战略,认为主要的战线就在海滩上。他还特别强调,入侵的最初24小时是决定性的,这一天对于作战双方来说,都将是最长的一日。

第四节 战役进程

诺曼底登陆的战役进程大致可分为三个阶段:第一个阶段以1944年6月6日

当日五个滩头阵地的抢滩登陆作战开始,到 6 月 12 日几个滩头连接成一线为止;第二个阶段从 1944 年 6 月 13 日至 7 月 18 日,登陆场进一步扩大,战略桥头堡建立;第三个阶段从 1944 年 7 月 19 日至 8 月 25 日,最终以盟军占领巴黎结束。

一、抢滩登陆

1944 年 6 月 6 日凌晨,美军和英军出动了 2395 架运输机和 847 架滑翔机,载着 3 个空降师从英国的机场起飞,到诺曼底海岸的重要地区实施空降。当日黎明,英军出动上千架飞机,对勒阿佛尔和瑟堡之间敌军海岸的十个炮台投下数千吨炸弹。天亮后,在盟军登陆半小时前,美军第 8 航空队出动上千架飞机对德军海岸防御工事投弹近两千吨。随后,盟军各类飞机同时出击,轰炸德军海岸目标以及内陆炮兵阵地。在这之后,盟国海军战舰对德军沿海阵地实施猛烈炮击。

盟军的登陆点是在勒阿佛尔和瑟堡之间的诺曼底海滩,从东到西依次是五个滩头,即剑滩、朱诺滩、金滩、奥马哈滩、犹他滩,全长大约 80 千米。1944 年 6 月 6 日清晨 6 时 30 分,美军开始于奥马哈和犹他滩头登陆。在犹他滩,美第 7 军第 4 师没有遭遇大规模抵抗就登上了海岸,并于数小时内肃清了海岸的敌人,当日登陆部队达 23000 人。

在奥马哈海滩,巨浪、悬崖和德军更顽固的抵抗使得美军的登陆行动严重受阻。美军损失惨重,但美军第 1 师官兵经过浴血奋战,终于占领了一条纵深不到 3 千米的滩头阵地。到 6 日夜晚,陆续有 34000 名美军在此登陆。

在金滩,英国第二集团军于 7 时 20 分开始登陆,英军第 50 师开始时遇到一些困难,但逐渐摧毁了德军的抵抗。到当日黄昏,英军第 50 师进入内陆大约 8 千米。

在朱诺滩,加拿大第 3 师虽然遭遇德军顽强抵抗,但在肃清了滩头敌军之后迅猛推进,当晚就推进到了卡昂-贝叶公路。

在剑滩,英国第 3 师也遇到德军激烈抵抗,但到黄昏时,他们与英军第 6 空降师完成会合。

到 1944 年 6 月 6 日傍晚,盟军已在欧洲大陆建立了牢固的登陆场。近十个师的部队连同坦克、火炮和其他武器登陆成功,后续部队正源源赶来,希特勒所仰仗的"大西洋壁垒"已被突破。

诺曼底登陆

二、德军的反应

登陆日凌晨 5 时前,德国第 7 军参谋长向 B 集团军群发出警告:盟军真的发动了进攻。但隆美尔因当天回国给妻子庆祝生日而不在前线,当晚 6 时才赶回前线。隆美尔的参谋长斯派达尔中将命令党卫军第 12 希特勒青年团装甲师在拂晓发起反攻,但被盟军空中力量挫败。

盟军登陆开始后,希特勒仍不能确定这究竟是真正的进攻还是佯攻,伦德施泰特也不能确定。当德军两个装甲师被派往 160 千米之外的海滩时,作战时机已经丧失。这主要是因为盟军让德军最高统帅部和陆军总司令部搞不清主攻方向而使用的欺骗行动取得的胜利,另外也是因为伦德施泰特和隆美尔在防御方面存在意见分歧。

6 月 7 日天亮以后,德军组织了反击,并出动了装甲部队,但因规模有限,无法扭转局势。盟军后续部队也源源不断地赶来,补给物资不断增加,登陆场逐渐扩大,到 1944 年 6 月 12 日,几个滩头已连成一线。在战役的最初六天中,有 326547 人、54186 辆军车和 104428 吨物资通过海滩运到岸上。

三、扩大登陆场

当盟军将登陆滩头巩固为统一的登陆场后,就开始按预定计划向内陆推进,美军第一集团军主攻瑟堡,英军第二集团军猛攻卡昂。

德军虽然最初的反击已告失利,但并不甘心,隆美尔调整部署重新组织反击。但还没等新的部署调整好,英军就先发制人发动了攻势,打乱了德军的计划,有力地保障了美军对瑟堡的攻击。

1944 年 6 月 14 日,美军突破圣索沃地区的德军防线,最终于 6 月 16 日攻占了圣索沃。6 月 20 日,美军有 3 个师推进到距瑟堡仅 8 千米处,瑟堡位于科唐坦半岛北部,是法国北部最大港口。6 月 22 日,盟国空军对瑟堡实施密集轰炸,随后美军 3 个师从南面发起猛攻,德军殊死抵抗。1944 年 6 月 25 日,美第 7 军冲入瑟堡市区。次日,德军宣布投降,但个别据点仍负隅顽抗。7 月 1 日,最后据点里的德军被迫投降,美军占领整个科唐坦半岛。

与此同时,蒙哥马利指挥英军第二集团军于 6 月 26 日以 4 个师猛攻卡昂。6 月 29 日,德军集中 5 个装甲师发起反击,盟军空军对德军装甲部队实施了极其猛烈的轰炸,瓦解了德军的攻势。英军第 11 装甲师乘机占领卡昂西南的战略要地 112 高地。德军随即组织多次反扑,但均未成功。6 月 30 日,德军全力炮击 112 高地,英军难以坚守,只好放弃 112 高地撤到奥登河岸边。

1944 年 7 月 3 日,盟军集中 14 个师的兵力,向登陆场正面德军约 7 个师发动猛攻,但伤亡巨大。7 月 6 日,直属盟军最高司令部指挥的美第三集团军,在巴顿率领下踏上欧洲大陆。7 月 9 日,德国党卫军装甲教导师被调到维尔河地区,抗击美军的攻势,尽管该师全力奋战,但仍阻止不了美军的推进。7 月 11 日,西线美军向诺曼底地区重要的交通枢纽圣洛发动钳形攻击,7 月 18 日圣洛被美军攻克。

与此同时,东线的英军对卡昂发动第二轮攻势,最终于 1944 年 7 月 10 日占领卡昂。在随后的一周里,盟军一边补充兵力物资,一边不断向正面德军施加压力,使其无法重新调整部署。7月18日,英军继续由卡昂向东南推进,但受到德军阻击,伤亡巨大。此时,盟军已进至冈城—考蒙—圣洛—莱索一线,形成正面宽150千米、纵深15~35千米的登陆场,建立并巩固了战略性质的桥头堡,完成了大规模地面总攻的准备。

四、进军巴黎

在巩固了登陆场地后,盟军又夺取了一系列胜利,并且长驱直入,向法国首都巴黎进逼。1944年8月15日,法军和美军从法国南部登陆,德军从整个法国全线溃退。8月19日,盟军占领了塞纳河西岸的芒特,这一天巴黎人民举行了武装起义,解放自己的首都。1944年8月25日,法国第2装甲师从巴黎的南门和西门进入首都。当天下午,法国的勒克莱尔将军奉艾森豪威尔之命接受德军投降。至此,巴黎解放,诺曼底战役宣布结束。

第五节 战役结果及影响

一、战役结果

1944年8月25日,巴黎被盟军攻占,诺曼底登陆以盟军取得全面胜利而结束。就德军方面的战损来看,诺曼底登陆战役,德军有8个步兵师和2个装甲师全部束手就擒,希特勒用来粉碎西线盟军的整个部队已被彻底击溃。德军在诺曼底登陆战役中损失的兵力总数超过40万人(其中包括约一半兵力成为俘虏),仅登陆阶段(6月6日至7月8日)就被歼灭11.4万人(其中4.1万人被俘)。此外,德军还损失1300辆坦克,2万辆军车,以及3500架飞机和1500门火炮。盟军方面,在诺曼底登陆战役中,共损失20.9万人,其中36979人阵亡,仅登陆作战阶段伤亡就达12.2万人(其中美军7.3万人、英军和加拿大军4.9万人)。

诺曼底战役后,巴黎获得解放。之后盟军兵临莱茵河,在阿登战役中,希特勒的德军部队彻底落败。希特勒先击垮盟军,然后再出兵东线的美梦彻底宣告破产。

二、盟军与德军成败的原因分析

(一)盟军胜利的原因

1. 国际形势有利于盟军

在诺曼底登陆前,东线的苏军已对德国发动大规模进攻,德军一再溃退,希特勒不得已调动大量兵力赶赴东线。另一方面,由于意大利政府已经投降,德国不得已在意大利部署大量兵力以对付美英军队。在亚洲太平洋战场,日本军队接连失败,无法在东方配合德军行动。在西欧各国以及地中海和大西洋,德军也已日薄西山,这些都是盟军在诺曼底实施登陆的有利外部条件。

2. 登陆时间地点的正确选择

在拟定登陆作战计划时,盟军认为可供登陆的方向有法国北部和南部两个方向,为了实现快速击败德国的战略意图,应以法国北部为主要登陆方向。在诺曼底还是加莱地区作为登陆地点的抉择上，盟军也做出了正确判断。对于登陆时间，也是经过了周密的调查研究之后做出的正确选择，以确保登陆万无一失。

3. 情报工作的作用

诺曼底登陆前，盟军对德军进行了广泛而周密的侦察，对希特勒的部署方案了如指掌。这些情报对制定登陆战役计划起到举足轻重的作用，仅在登陆前的两个多月内，盟军侦察机出动 4560 架次，为登陆作战提供了大量情报。此外，盟军还派出潜艇抵近法国海岸进行侦察，通过取回登陆海滩上的泥沙样品来分析海滩地质情况，此举对于坦克和装甲车辆等重型装备的登陆尤为必要。

4. 伪装与欺骗手段的实施

盟军在诺曼底登陆中，故意显示出将要在加莱地区登陆的假象以迷惑德军，为了达成这一目的，盟军采取了种种瞒天过海的欺骗手段。这些欺骗活动顺利达到了预期目的，使得希特勒无法对盟军登陆点做出准确判断。直至登陆战役开始时，德军统帅部仍然错误地认为那只不过是一种牵制性行动而已，误认为盟军的主要突击方向仍在加莱地区。而部署在加莱地区的大量德军始终按兵不动，不能发挥应有的作用。

此外，盟军对制空权和制海权牢牢掌控，在制空和制海权方面所具有的优势也是登陆能够成功的重要前提。

(二) 德军失败的原因

德军诺曼底抗登陆作战之所以失败，主要有以下几个方面的原因。

1. 战争形势的影响

总体来看，诺曼底登陆前，以德国为主的法西斯势力已陷入世界反法西斯战争的汪洋大海之中，战争形势对德国非常不利，失败几乎成为必然。德军曾于 1941 年 12 月开始修建从挪威到西班牙的"大西洋壁垒"，因工程量过大，防线至 1943 年底时还未完成。各区域构筑工事的进度不一，而且质量很差，不符合抗登陆作战的要求。因此，当盟军在诺曼底地区实施登陆时，德军被打了一个措手不及，终致失败。

2. 德军的战略失误

在 1942 年春天时，希特勒及其最高统帅部已经预感到盟军将会在西欧登陆，而且对这一问题的严重性也做出了一定的判断。但最高统帅部还是在对盟军登陆地点、抗登陆作战组织实施以及指挥官等问题上，犯下了严重错误。尤其是在指挥协调上，德军没有建立一个统一的指挥中心来协调德军行动，并且还自设障碍，致使各级指挥机构混乱不堪，难以做出正确的决断。

3. 制空权与制海权的缺失

拥有制空权和制海权是登陆和反登陆作战的重中之重，诺曼底战役开始之前的几个月里，盟军就开始对德军实施强大的海上和空中行动，以夺取制海权和制空权，为登陆胜利创造条件。盟军对制空权和制海权的掌握，不仅使德国西线原本很少的海空军难以发挥作用，而且严重阻碍了德军作战部队的机动、预备队的调动以及补给品的输送,对德军的行动造成严重影响。

总而言之,在诺曼底战役中,总的战争形势对德国不利,这决定了德国注定失败的命运:防御准备不足埋下了失败的种子,战略上的判断决策失误是其失败的根本原因,缺乏制空权、制海权又使德军的防御无法得到有效保障。以上这些成为德军在诺曼底战役中失败的主要原因。

三、诺曼底登陆战的影响

诺曼底登陆作战的成功,在现代战争史上留下了光辉的一页。斯大林曾经称赞道:"这次行动按其计划的周密,规模的宏大和行动的巧妙来说,在战史上还从未有过类似的先例。"并且指出,"这件事将作为头等业绩载入史册。"诺曼底登陆后,艾森豪威尔曾说:"毫无疑问,诺曼底战场是战争领域所曾出现过的最大屠宰场之一,那儿一带的通道、公路和田野上,到处塞满了毁弃的武器装备以及人和牲畜的尸体,甚至要通过这个地区也极为困难。我所见到的那幅景象,只有但丁能够加以描述。一口气走上几百码,而脚步全是踩在死人和腐烂的尸体上……"美国史学家萨姆尔·纽兰德对诺曼底登陆则做出这样的评价:"从日军偷袭珍珠港到巴黎陷落、从斯大林格勒保卫战到攻克柏林,第二次世界大战中没有任何一次战斗的意义能够与诺曼底登陆相媲美。"

诺曼底登陆的胜利,宣告了盟军欧洲大陆第二战场的成功开辟,同时也意味着纳粹德国已陷入两面作战的深渊,从而减轻了苏联方面的压力,进一步协同苏军最后攻克柏林,迫使纳粹德国无条件投降。在此之后,美军可以腾出手来,与太平洋战场上的日军全力作战,加快了第二次世界大战的结束。

思考题

1. 诺曼底登陆经历了哪几个阶段?
2. 诺曼底登陆战役德军出现了哪些方面的战略决策失误?
3. 请分析诺曼底登陆战役中盟军获得胜利的原因。
4. 诺曼底登陆战役对后世产生了哪些影响?

第三编　苏德战场战役

　　苏德战争是世界反法西斯战争的重要组成部分，也是第二次世界大战中规模最庞大、战况最激烈、伤亡最惨重的战场。本编选取了莫斯科保卫战、斯大林格勒战役、库尔斯克战役和柏林战役，揭示了斯大林领导下的苏联军民发挥社会主义制度的优越性，并联合世界反法西斯力量，不惧强暴，奋勇抗击，最终在以朱可夫为代表的红色将帅的指挥下，依靠正确的战略战术，攻克柏林，赢得战争胜利的全过程。

第七章 莫斯科保卫战

莫斯科保卫战是1941年10月至1942年4月苏德战争中进行的一次重要会战,是迄今为止人类战争史上规模最大的一次城市保卫战,最终以苏联红军的胜利而告终。此役苏军的胜利宣告了"德军不可战胜"和"闪击战战无不胜"等一系列神话的破灭,大大提高了苏联的国际威望,同时也极大地鼓舞了世界反法西斯人民抗击侵略的信心和决心。

第一节 作战计划的出台

一、"巴巴罗萨"计划

希特勒东向图谋苏联乃至整个东欧的想法由来已久,早在20世纪20年代《我的奋斗》一书中,他就鼓吹所谓的"德意志民族生存空间"在东欧。后来,随着纳粹种族主义政策的泛滥,其所谓的理论家们更是抛出了俄罗斯和其他斯拉夫民族的人是下等民族的论调,主张应该加以杀害、驱逐出境或奴役,其土地应属于高贵的雅利安人——德国人。最后,不列颠空战的失利标志着纳粹德国西向战略的搁浅,于是希特勒将目光转向东方的苏联,占领苏联是其图谋已久的称霸欧洲乃至世界的重要一环。纳粹德国坚信:只要击垮苏联,欧洲大陆将再无强劲的对手,那么孤悬海外的英国将受到进一步孤立,很有可能就无力支撑下去了;占领苏联可以解决此时困扰德国战争机器的资源缺乏问题,即大量复员的德国士兵和来自东欧占领区的奴隶劳工可以缓解国内劳动力短缺的状况,乌克兰大粮仓可以提供充足的食物,而巴库的石油可以保障德国战车的开进等。

基于上述考量,希特勒在1940年7月31日贝尔格霍夫的高级将领会议上,就迫不及待地提出对苏联作战的问题。8月1日,马克斯少将向总参谋长哈尔德呈报了对苏作战的第一份确切方案,依然以"闪击战"为基础,计划组建两个突击集团,用9~17周的时间,分兵推进至顿河—高尔基城—阿尔汉格尔斯克一线,尔后攻占乌拉尔,重点是占领莫斯科,迫使苏联停止抵抗。在此方案的基础上,德军总参谋部又进行了修订,进攻分为三个集团群:中央集团群由博克元帅指挥,下辖第4、第9集团军,第2、第3装甲集群等部队,由卢布林—苏伐乌基一线出发,担负的主要任务是消灭白俄罗斯的苏联红军,然后向斯摩棱斯克—明斯克—莫斯科方向挺进,目标是占领莫斯科;北方集团军群由勒布元帅指挥,下辖第16、第18集团军及第4装甲集群,从苏伐乌基和波罗的海出击,目标是摧毁波罗的海各国内的苏联红军,然后和曼纳海姆元帅指挥的芬兰军队一道拿下列宁格勒,切断与摩尔曼斯克之间的交通;南方集团军群由伦德施泰特元帅指挥,下辖第6、第11、第17集团军及第1装甲集群,部署在卢布林和喀尔巴阡山脉之间,任务是向基辅—第聂伯河河曲方向突击。8月底,最终方案完成,取名"巴巴罗萨"计划。12月5日,参谋部呈送希特勒,18日,希特勒正式签署"第 21 号指令——巴巴罗萨计划",预期在 1941 年 5 月 15 日开始施行,几经推迟,于 6 月下旬才得以实施。

1941 年 6 月 22 日,纳粹德国撕毁《苏德互不侵犯条约》(又名《莫洛托夫—里宾特洛甫条约》),伙同仆从国匈牙利、罗马尼亚、芬兰、意大利等,集结数百万大军(其中德军 305 万人),从北方、中央、南方三个方向对苏联发动突然袭击,二战中规模最庞大、战况最激烈、伤亡最惨重的苏德战争全面爆发。在最初数月内,德军将闪击战术应用到了极致,横扫了大半个东欧平原,歼灭数百万准备不足且技战术欠佳的苏联红军。其中,中路进攻最为迅猛,8 月末,中央集团军群完成预定任务,业已向前推进 800 千米,距莫斯科仅 400 千米,但是南北两路的德军在列宁格勒和基辅遭到了顽强的抵抗,进攻受阻。希特勒被迫下令中央集团军群停止进攻,就地转入防御,并抽走其装甲集群加强给北方集团军群和南方集团军群。即便如此,北方集团军群在列宁格勒的攻势仍被遏制,始终无法突破苏军在列宁格勒接近地的防御,南方集团军群直到 9 月 26 日才完全拿下基辅,这就意味着"巴巴罗萨"作战计划中预定目标未能实现。

二、"台风"计划

莫斯科是苏联的首都,也是苏联最大的城市和全国政治、经济、军事、文化和交通中心,具有极为重要的战略地位。鉴于德军前期的行动未能完全实现"巴巴罗萨"计划中的预定目标,斯摩棱斯克和基辅战役结束后,德国统帅部调整进攻战略,决定加强中央集团军群,实施"中间突破",集中兵力攻占莫斯科,迫使苏联屈服。9月 30 日,希特勒签署了进攻莫斯科的军事行动计划,代号为"台风"。"台风"作战计划由德军最高统帅部和博克指挥的中央集团军群于 9 月 29 日才最终协商确定,各项计划都由希特勒审定批准,计划 10 天内以惯用的闪击战术和钳形攻势拿下莫斯科。纳粹党人叫嚣:"莫斯科将在冬季来临之前被毁灭,完全从地球上抹掉!"为了加强中央集团军群的进攻力量,希特勒下令除了归建之前支援列宁格勒和基辅战役的中央集团军群装甲部队,还将北方集团军群和南方集团军群中能抽调出的部队全部用于莫斯科方向,以攻占苏联首都莫斯科,并围歼附近的苏联红军。一场以莫斯科为目标的大战即将拉开帷幕。

三、苏联的应对策略

面对纳粹德国的突然袭击,惊愕中的苏联军民很快就走出了慌乱,在以斯大林为首的苏维埃政府的领导下,苏联全面转入战时体制,坚壁清野,搬迁工厂,严肃法令,补充兵员,在各个战场节节抗击入侵的德军,迟滞其进攻的步伐,争取时间,为之后的一系列决战和大反攻做准备。

莫斯科保卫战事关苏联的生死存亡,莫斯科不相信眼泪。面对德国中央集团军群的来犯,苏联政府紧急动员,最高统帅斯大林亲自坐镇莫斯科指挥,并向前线发布命令:"要不惜一切代价,坚决将德军顶住,在莫斯科未做好战争准备之前,一定要阻止德军坦克的前进!"苏联红军将士用鲜血和生命构筑起一道道钢铁长城,为莫斯科的防御争取了宝贵的时间。在这段时间里,苏联还动员了 530 万名预备役兵员，仅莫斯科就征召了数十万人，此外还组建了25个工人营、12万人的民兵师、169个巷战小组和数百个反坦克班。同时，苏联从中亚、远东抽调兵力保卫莫斯科。工厂也相继转入战时体制，莫斯科市属的670个企业中的654个转型生产军工产品，在"一切为了前线""一切为了消灭敌人"的口号声中，炮弹、冲锋枪、手榴弹、飞机、火箭炮、大衣、军靴等源源不断地运往前线。

莫斯科居民修建防御工事

自7月起，苏联政府征用45万民工在莫斯科以西两道防线上夜以继日地加紧构筑工事。民工中有四分之三以上是妇女。前一道防线称作维亚兹马防线，北起奥斯塔什科夫以东约48千米处，距瓦尔代山不远，中间穿过维亚兹马以西地区，最南端在基洛夫以南，全长320千米。后一道防线叫莫扎伊斯克防线，在莫斯科以西约130千米，自沃洛科拉姆斯克至提赫文，长约260千米。此外，在莫斯科以西还有四道弧形防线，一个防御体系被初步建立了起来。

第二节 战前兵力对比

在莫斯科战役中，苏联和德国均投入了大量的兵力，双方搏杀的军队总人数超过300万，坦克近3000辆，火炮2万多门，飞机2000余架。

一、德军兵力

进攻莫斯科的主力是德国中央集团军群，还有从北方集团军群和南方集团军群抽调的装甲部队，统一归博克元帅指挥，12月19日之后由克卢格元帅接任指挥。中央集团军群辖第9(司令为施特劳斯上将)、第4(司令为克卢格元帅)、第2集团军(司令为阿道夫·魏克斯上将)，装甲第3(司令为霍特上将)、第4(司令为霍普纳上将)、第2集群(司令为古德里安上将；1941年10月起装甲第2集群改称装甲第2集团军，1942年1月起装甲第3、第4集群分别改称装甲第3、第4集团军)，共76个师又3个旅，内含14个装甲师和8个摩托化师又2个摩托化旅，即约占苏德战场步兵师总数的38%，装甲师和摩托化师的64%。陆军由第2航空队进行支援。此时，中央集团军群总计约有180万人，坦克及装甲车辆1700辆，火炮和迫击炮1.4万余门，飞机1390架。

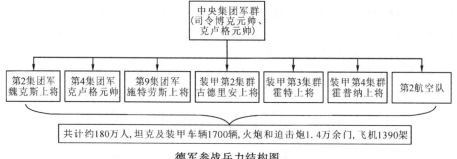

德军参战兵力结构图

二、苏军兵力

参加莫斯科会战的苏联红军有：西方面军、预备队方面军、布良斯克方面军、加里宁方面军和西南方面军右翼。1941年10月10日，朱可夫接管了西方面军和保卫莫斯科的指挥工作。

截至9月底，苏联红军西方面军（司令为科涅夫上将）辖第22（司令为沃斯特鲁霍夫少将）、第29（司令为马斯连尼科夫中将，12月为什韦佐夫少将）、第30（司令为霍缅科少将，11月为列柳申科少将）、第19（司令为卢金中将，10—11月为博尔金中将，11月改编为突击第1集团军）、第16（司令为罗科索夫斯基中将）、第20集团军（司令为叶尔沙科夫中将）在奥斯塔什科夫、叶利尼亚西北宽达300余千米的地区进行防御。

预备队方面军（司令为苏联元帅布琼尼）以第24（司令为拉库京少将）、第43集团军（司令为索边尼科夫少将，10月为阿基莫夫中将，10月为戈卢别夫少将）在罗斯拉夫利方向100千米正面进行防御，而将其余第31（司令为多尔马托夫少将，10月为尤什克维奇少将）、第49（司令为扎哈尔金中将）、第32（司令为维什涅夫斯基少将）、第33集团军（司令为奥努普里延科旅长，10月为叶夫列莫夫中将）置于西方面军后方。

布良斯克方面军（司令为叶廖缅科上将）辖第50（司令为彼得罗夫少将，10—11月为叶尔马科夫上校，11月为博尔金中将）、第3（司令为克列伊泽尔少将，12月为普申尼科夫中将）、第13集团军和1个集团军级集群，扼守布良斯克以西及其以南宽达300余千米的地区。总计在西方向上的3个方面军共有125万人，坦克990辆，火炮和迫击炮7600门，飞机677架。

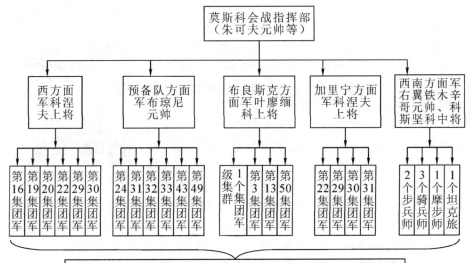

苏军参战兵力结构图

三、双方兵力对比

通过对战前德军与苏军兵力的对比,我们不难发现:德军人员比苏军多40%;德军火炮和迫击炮比苏军多80%;德军坦克是苏军的1.7倍;德军飞机是苏军的2倍;战场上悬殊的伤亡比也说明了此时德军的兵员素质和技战术水平也高于苏联红军。苏联红军在多个方面处于劣势地位,但士气高涨。莫斯科是俄罗斯民族生活了几百年的核心地区,此时俄罗斯人高昂的反抗精神转化为对来犯者的激烈抵抗,并坚信历史会重演,希特勒匪军必将重蹈一个世纪前拿破仑侵略军的覆辙。德军部队同样士气高涨,几乎所有人都认为战争会在冬季来临之前全面胜利结束,莫斯科战役会像他们元首所说的那样是"最后一战"。但是,与苏联军民本土作战不同的是,德国军队劳师远征的隐忧开始显现:首先,数月的激战造成各部队不同程度的伤亡减员与装备的损耗,兵员与新装备补充却不到位;其次,连续作战,部队疲乏不堪,未得到充分休整;最后,随着战线拉长,后勤补给同样不到位,战报中一再提到"补给品供应中断",特别是冬装严重储备不足。这些都为德军在之后莫斯科战役中的失败埋下了隐患。

第三节　将帅谋略

在莫斯科战役棋盘上对弈双方最主要的将领分别为德国元帅博克(1941年12月19日克卢格元帅接任)和苏联大将朱可夫。

一、德军将帅

(一) 费多尔·冯·博克

费多尔·冯·博克(1880—1945),纳粹德国的军事将领、元帅军衔,出生于一个贵族家庭、军人世家。家庭的熏陶使得博克从小就立志从军,成为一名有大作为的职业军人。之后,随其所愿,在家族的安排下,经过个人的不懈努力,博克出色地完成了一名德国军官标准的培训科目和历程,即以初中级军校为出发点,毕业后基层带兵历练,选拔入高级军校深造,毕业后进参谋本部锻炼培养战略思维与全局观念,最后统领大兵团作战力量。从军之后,博克表现出极高的军事素养和职业素养:军校期间各门课程成绩优异;一线带兵则身先士卒、作战勇猛;

费多尔·冯·博克

担任参谋职务时,正如德意志第二帝国皇太子威廉所评价的那样"凭着无穷无尽的精力,即使在最艰困和最严苛的情势下,这位天赋异禀的军官对我和我参谋长的支援从未动摇过";战略战法上,开明、勇于接受"闪击战""装甲突击"等新鲜事物,并很快就运用得炉火纯青,后来德国内外的军事家和历史学家评论道"在德军诸多优异的装甲战将领中,博克与古德里安无疑是'人中之龙'","为德国第一流的军事智囊人物,同伦德施泰特和曼施坦因一样,具有指挥大规模作战的才干";职业素养上,博克的信条是谁支持德国军队发展,支持他在军界施展才华,那么他就支持谁,为此,他虽从不参与政治活动,却千方百计与德国各个时期的最高层保持良好的关系。因而,博克的仕途坦荡,第一次世界大战爆发前军衔至上尉,战争结束时晋升少校,二战全面爆发前升至大将,1940年升为元帅。1945年5月5日,赋闲在家多年、乘坐汽车出行的博克遭遇英军战斗机的袭击,伤重身亡。

1941年6月22日,苏德战争爆发后,博克担任中央集团军群司令。博克指挥中央集团军群对苏军发动"闪击战",运用装甲突击力量左右迂回的钳形攻势大量歼灭包围圈中的苏联红军有生力量。至8月末,博克指挥的中央集团军群长驱直入,在三路大军中率先完成预定任务,距最终目标莫斯科仅剩400千米。在夺取莫斯科的问题上,1941年8月末博克的战略是一鼓作气,不给苏联喘息之机,迅速占领。但是,遭到了希特勒的反对,后者为了策应南北两路大军攻占列宁格勒和基辅,强令博克就地转入防御,并分兵北上和南下支援两处的作战。在这一阶段,莫斯科方向的苏联红军借机集结了大量兵力、后勤补给,构筑了坚固的防御体系。博克眼睁睁地看着苏联红军一天天地恢复元气,一步步地壮大,只能退而求其次,起草"台风"计划:以各坦克集团实施突击,割裂苏联红军防御,并在维亚兹马、布良斯克两地域合围歼灭西方面军、预备队方面军和布良斯克方面军,尔后以强大快速集群从北面和南面包围莫斯科,在步兵兵团实施正面进攻的同时,攻占苏联首都。博克的战略指导思想是尽可能地在野外歼灭苏联红军有生力量,为之后的城市巷战扫清道路;战役、战术指导思想依然是"闪击战"和钳形攻势,即利用装甲突击力量左右包抄,截断包围圈中苏联红军的退路,再实行中央突破战术,对当面之敌施加强大的压力,进而消灭敌人。

(二)贡特尔·汉斯·冯·克卢格

贡特尔·汉斯·冯·克卢格(1982—1944),纳粹德国的军事将领,元帅军衔,出生在一个军人世家,从小受到军国主义思想的熏陶,与博克一样接受了德国军官完整的教育与历练,一战结束时军衔为上尉,二战爆发前晋升为上将,1940年7月升为元帅。但是,与博克不同的是,克卢格的军事才能总是受到希特勒、戈林等纳粹高官的质疑。久而久之,克卢格在波兰、法国战役中用骄人的战绩证明自己的同时,也逐渐养成了政治上唯上(唯希特勒之命是从,成为希特勒的传声筒,极力揣摩元首的心思,注重察言观色)、摇摆的性格。为此,时人讥讽其为"聪明的汉斯"。1941年12月19日,莫斯科战役崩坏的危局下,克卢格从博克手中

贡特尔·汉斯·冯·克卢格

接任中央集团军群司令。与前任不同,克卢格不遵循军事原则,放弃撤退,转而坚定地执行希特勒固守待援的命令,造成了一些不必要的损失。在之后的东线防御战中,当希特勒的干预较少时,他可以得心应手地从容指挥,胜多败少;反之,当希特勒直接控制时,他就成了驯服的工具,败多胜少。1944年7月,身为西线德军总司令的克卢格清楚地看到战争进程已不可逆转,德国战败已成定局,开始游走在希特勒与反希特勒集团之间,后者刺杀希特勒的行动失败后,克卢格被指控参与其中,8月19日克

卢格服毒自杀。

二、苏军将帅——格奥尔基·康斯坦丁诺维奇·朱可夫

格奥尔吉·康斯坦丁诺维奇·朱可夫(1896—1974)，苏联著名的无产阶级军事家、战略家、苏联元帅。朱可夫是苏联历史上战功最为显赫的将军之一，特别是在第二次世界大战中，朱可夫可谓是苏联的中流砥柱，几乎每一场重要的战役中都能看到朱可夫指挥的身影。朱可夫先后荣获"苏联英雄"称号四次、列宁勋章6枚、十月革命勋章1枚、红旗勋章3枚、一级苏沃洛夫勋章2枚、"胜利"最高军功勋章2枚、图瓦共和国"共和国"勋章1枚、蒙古人民共和国英雄奖章及外国勋章多枚，他也被公认为是第二次世界大战中最优秀的将领之一。斯大林后来曾高度赞扬

格奥尔吉·康斯坦丁诺维奇·朱可夫

朱可夫："朱可夫是我的麦克莱伦！和麦克莱伦一样……他从没有打过败仗！"美国前总统、时任欧洲盟军最高统帅的艾森豪威尔曾赞颂道："牺牲的军人们到达天堂时，一定会得到另一枚荣誉勋章，那就是朱可夫勋章，这种勋章将被每一位赞赏军人的勇敢、眼光、坚毅和决心的人所珍视。"凭借赫赫战功，朱可夫不但在军方有着极高的威望，在苏联民间也有着极高的声誉，这与其长期秉持的"热爱人民、将人民作为母亲"的政治理念和军人职业道德是分不开的。

关于军人的职业道德，朱可夫在回忆录写到：各行各业，各个领域都有自己的职业道德，犹如教师教书，必不能误人子弟；企业家要生产，你就不能生产出伪劣产品；政府管理者就不能以权谋私；作为军人，军人的职业道德就是在战争中打得赢，不使人民遭受战争的苦难。军人最大的痛苦和失职就是不能保护好人民，使得他们在战争中遭受苦难。军人的道德理念通常转化为对战争艺术的追求，对军事领域工作的热爱。这就是一个能征善战的名将的原动力！战后，朱可夫虽然在政治上遭遇了种种的不公对待，但是人民不会忘却他，称其为"苏沃洛夫、库图佐夫式的伟大统帅"，即让像拿破仑、希特勒那样强大的侵略者都望而生畏的伟大统帅，他的塑像至今依然屹立在苏联许多地区和东欧国家的街头，其墓碑前常年摆放着寄托人民哀思的鲜花。

在保卫莫斯科的战役中，朱可夫于1941年10月10日临危受命，其应对的总体战略思想是先防守而后反击：依托坚固的工事、六条防线以及城市街道，逐次抗击，大量地杀伤和疲惫德军有生力量，与此同时，苏联红军从全国各处特别是远东和中亚地区调集生力军，组建强大的反击兵团，待时机成熟后，发动反攻，对敌形成反包围之势，进而消灭当面之敌；战役战术层面，在全面总结前期各战场特别是列宁格勒城市攻防战经验的基础上，提出了火力集中、宽阵线、大纵深的防御策略，即在敌人可能发起突击的方向集中己方火力，大量杀伤其进攻中的有生力量，加宽阵线、扩大纵深则意味着敌方突击力量不会轻易穿越阵地迂回侧后形成包围之势，相反会陷入大纵深防御力量构建的多方向的火力打击之网。

第四节 战役进程

莫斯科保卫战包括苏军为保卫莫斯科并粉碎向莫斯科进攻的德军中央集团军群各突击集团而实施的一系列防御作战(1941年10月2日—12月5日)和进攻作战(1941年12月5日—1942年4月20日),最终以苏联红军的胜利而告终。

一、防御作战

德军"台风"计划的第一阶段任务就是在维亚兹马、布良斯克两地域合围歼灭苏联西方面军、预备队方面军和布良斯克方面军,即在野外尽可能多地歼灭苏联红军保卫莫斯科的有生力量。1941年10月2日,博克正式下令中央集团军群发起攻击。其实,德军行动在几天前就已经展开了,第2装甲集群在布良斯克方向,第3、第4装甲集群在维亚兹马方向,相继开始了进攻。尽管苏联红军进行了顽强抵抗,德军仍然突破了防御。德军第2集团军突破了苏联红军第50集团军的防线,于1941年9月下旬夺取布良斯克。10月3日,奥廖尔陷落。德军沿着奥廖尔—图拉的公路推进。莫斯科以西的维亚兹马方向,西方面军和预备队方面军进行了艰苦的防御战斗。德军10月7日则进抵维亚兹马地域,两方面军大部分军队在此陷入合围,一直顽强抵抗到10月12日至13日。13日,苏联红军维亚兹马集团大部被歼,被围军队一部后来突出重围,有的留在敌后开展游击斗争。布良斯克方面军陷于战役合围的困境后也向后退却,23日,苏联红军布良斯克集团大部被歼。德军在维亚兹马—布良斯克战役中包围了苏联红军58万人,当中只有8.5万人突出重围,其余被歼、被俘。至此,德军突破了苏联保卫莫斯科构筑的第一道以维亚兹马为核心的防线,歼灭了大量的苏联红军,基本上完成了第一阶段的任务。

接下来,以莫扎伊斯克为核心的第二道防线成为抵御德军进犯的屏障,双方都意识到其重要性,均投入重兵进行攻防。苏联率先调整部署,朱可夫临危受命后,立即着手巩固防线:第一,强化第二道防线,在沃洛科拉姆斯克—莫扎伊斯克—小雅罗斯拉韦茨—卡卢加一线建立新的防线;第二,调整部队架构体系,原西方面军和预备队方面军合编为新的西方面军,朱可夫大将任司令员,原西方面军右翼部队第22、第29、第30、第31集团军组建为加里宁方面军,由科涅夫上将出任司令员,撤销布良斯克方面军等;第三,重组部队,进行针对性的部署,将新组建的5个机枪营、10个反坦克炮兵团和5个坦克旅重新编成了第5集团军,由列柳申科将军指挥,将抽调的14个步兵师、16个坦克旅和40多个炮兵团,重组为第5、第16、第43、第49四个集团军,第5集团军负责莫扎伊斯克的防御,第16集团军负责沃洛科拉姆斯克的防御,第43集团军负责小雅罗斯拉韦茨的防御,第49集团军在卡卢加等地展开防御,另外,第33集团军负责纳罗福明斯克方向的防务。

10月中旬至11月初,秋雨连绵,道路泥泞,极大地限制了双方的军事行动。

在莫扎伊斯克防御地区展开的多次激烈战斗中，苏联红军对德军优势兵力进行了顽强抵抗，将其阻止于拉马河、鲁扎河、纳拉河等地区。德军唯一的进展就是古德里安的装甲集团尾追突出重围的叶廖缅科上将指挥的布良斯克方面军剩余部队，于10月29日逼近莫斯科左翼重要军工城市图拉，但遭遇了苏联第50集团军将士和当地民兵顽强抵抗，德军始终无法突破图拉防线。

与此同时，苏联后方也被紧急动员起来：莫斯科疏散了许多政府机关和最重要的企业；近15万人加入了军队和民兵组织；莫斯科城内外大量的野战和巷战防御工事被修筑了起来，其中仅妇女儿童构筑的反坦克堑壕就长达700千米，临时和固定火力点多达3800余个；其他地区又调来了10万人的军队、300辆坦克、2000门火炮的增援。更为鼓舞民心士气的是，11月7日，苏联党政国家领导人在红场举行了盛大的阅兵仪式，最高统帅斯大林发表演讲："我们的国家正在遭到入侵，全体苏维埃公民和军队都要不惜用尽每一滴鲜血来保卫苏维埃土地和村庄……我们的事业是正义的！胜利属于我们！"深受鼓舞的参阅队伍经过红场后，直接开赴前线杀敌。红场阅兵和斯大林的演讲意义就在于苏联向全世界表明了战斗到底的决心，极大地振奋了苏联在内的全球各地反法西斯力量的斗志。

红场阅兵

进入11月，莫斯科周围地区天气转冷，原先秋雨造成的泥泞道路被冻结，困扰德军装甲力量前进的难题似乎迎刃而解。11月13日，德陆军总参谋长哈尔德在中央集团军群总部召开了各军团参谋长会议，下达了"1941年秋季攻势命令"，核心完成"台风"计划第二阶段任务，即以强大快速集群从北面和南面包围莫斯科，在步兵兵团实施正面进攻的同时，攻占苏联首都。中央集团军群为此集结了51个师的兵力：克卢格的第4集团军担任正面攻击的任务；左翼是霍特的第3装甲集团军和霍普纳的第4装甲集团军，其任务是分别从北方和西方包围莫斯科；右翼是古德里安的第2装甲军团，负责从南面包围莫斯科。战役展开后，各个方向的战斗异常激烈，德军左翼占领了克林和索尔涅奇诺戈尔斯克向伏尔加河挺进，进至距莫斯科西北不到30千米的亚赫罗马、克留科沃，其先头部队已抵近莫斯科近郊，看到克里姆林宫尖顶,右翼占领了图拉,中路已在纳罗福明斯克突破苏军防御。但随后在苏联红军顽强地防御以及多次反突击的打击下,德军成为强弩之末,在各个方向上的进攻都被遏制。此时,德军还面临一个更大的敌人,就是苏联严寒的天气。德军的越冬物资严重不足,在严寒的打击下,德军因冻伤、冻毙减员,坦克和其他车辆都因为低温而不能动弹,手中的武器装备也不能正常使用,更为糟糕的是后勤保障时断时续,使得处于饥寒交迫中的德军士气低落。

与此同时,随着冬季的到来,适应严寒气候且越冬物资充足的苏联红军越战越勇,大纵深防御的战术运用得越发熟练,不断跃出阵地打击和消耗蜷缩于战壕之中瑟瑟发抖的德军。在1941年11月16日到12月5日的战斗中,苏联红军毙伤德军15.5万余人,击毁坦克约800辆、火炮300门、飞机近1500架。经过一系列消耗,此时德军虽经补充,但剩余兵力不足170万人、火炮13500门、坦克1170辆、飞机近700架;而不断得到补充的苏联红军兵力为102.17万人、7652门火炮、774辆坦克、1200余架飞机。虽然德军兵力要多于苏军,但是士气低落、补给困难,宛如一只被绑缚住手脚的困兽,抵近崩溃的边缘。苏联红军则恰恰相反,宛如雪地中的猛虎,随时准备撕咬对面那只饥寒的困兽。苏联红军转入反攻的时机到来了。

二、反攻作战

随着苏联红军反击时机的成熟,斯大林任命华西列夫斯基中将任代理总参谋长,并负责拟定反攻作战计划。苏联红军反攻的指导思想是,同时粉碎德军中央集团军群分别从北面和南面威胁莫斯科的最危险的突击集团,待辨断德军南北两个钳子后,两翼部队左右迂回包围当面之敌,并予以歼灭。反攻的基本任务赋予了西方面军,为此将预备队第10、第20集团军和第1突击集团军调拨入其建制,以加强其力量。加里宁方面军和西南方面军分别在西方面军北面和南面实施突击和迂回。

作战计划拟定后,11月29日,在朱可夫的建议下,斯大林下达反攻命令。而此时的德国中央集团军群盲目自信,认为苏联没有能力发起一场大规模的反击行动。相反,苏联红军经过几天的秘密准备,于12月5日正式拉开了大反攻的序幕。隶属于加里宁方面军的第30集团军率先转入反攻,担任北翼攻击任务的德军突遭打击,无力反击,惊愕之余只得向克林方向撤退。很快,西南方面军也加入战团,对古德里安领导的南翼德军展开反击。12月6日,为了策应加里宁方面军和西南方面军的反攻,西方面军在南北两个方向上对德军发动反击。德军中央集团军群伸出的南北两个进攻方向处于腹背受敌的状态,加之严寒气候的夹击,撤退以保存实力成为其唯一的选择。于是,博克急忙下令撤退,以免遭更大损失。6日晚,在没有得到授权的情况下,图拉的古德里安部决定退守原来的防线,受其影响,莫斯科附近的德军全线动摇,接连撤退。苏联红军展开追击,12月9日解放了罗加切沃,11日解放了伊斯特拉,12日解放了索尔涅奇诺戈尔斯克,15日解放了克林,16日解放了加里宁,20日解放了沃洛科拉姆斯克。

12月19日,希特勒免去了布劳希奇陆军总司令的职务,他亲自兼任陆军总司令,免去了古德里安和赫普纳等擅自撤退的将领的职务,接受了主张撤退的博克的辞呈,令克卢格接任中央集团军群司令。他发布命令:"每一个人应站在其现在位置上打回去。当后方没有既设阵地时,绝对不许后退。"希特勒的这一系列动作和命令,目的只有一个:防止重蹈拿破仑的覆辙。但是,这一切都改变不了德军在莫斯科的颓势。到12月底,在莫斯科西南方向,苏联红军收复了卡卢加。在西北方向,加里宁也被苏联红军收复。东南方向,苏联红军解除了德军对图拉的包围。1943年1月7日,苏联红军重夺了莫斯科以北的加里宁。与此同时,西部战略方向的反攻也告完成,精疲力竭的德军已经撤退到100至250千米外,德军15个装甲师和摩托化师遭重创,进攻莫斯科的突击集团被击溃。

　　然而,此时的苏联红军进行大规模围歼战的经验不足,且缺少执行快速行进与穿插任务的兵团,故反击计划中歼灭德国中央集团军群主力的任务未全部完成。2月初,来自西欧的德军增援部队和中央集团军群北翼部队,分别实施反突击,连续作战的苏联红军面临的形势不利。于是,苏联最高统帅部命令西方面军部队转入防御,撤回外线作战部队,会战至此结束,但是零星的战斗一直持续到4月。莫斯科保卫战中,苏联红军取得了苏德战争爆发以来的第一次大胜利,反观德军则损兵折将,被苏联红军赶到了距离莫斯科100乃至350千米以外的地带,被迫改"闪击战"为持久战。

第五节　战役结果及影响

一、战役结果

　　在为期4个多月的莫斯科保卫战中,苏联红军遵循朱可夫将军制定的防守反击的战略战术,于宽阵线、大纵深的新型阵地上展开了艰苦卓绝的防御战,在后方的大力支持下,红军将士用血肉之躯抵挡住了德军的钢铁洪流,并待大量杀伤、疲惫德军后,在自身熟悉、适应的寒冬里,集结重兵出其不意地向当面之敌发动了大反攻,以伤亡、被俘、失踪70多万人代价最终取得了莫斯科保卫战的胜利,先后解放了罗加切沃、亚穆加、亚赫罗马、红波利亚纳、白拉斯特、索城、克林、沃洛科拉姆斯克、晓基诺、阿列克辛、塔鲁萨、卡鲁加和别廖夫等地。此役,德军伤亡50余万人,损失坦克1300辆、火炮2500门、汽车1.5万辆以及大量其他技术装备,战线在苏联红军的强大压力下被迫后撤100至350千米,与莫斯科并非失之交臂,而是成了遥不可及的战略目标。莫斯科会战结束后,苏联红军在战火中迅速成长,技战术水平不断提升,士气高昂,越战越勇;相反,失败的阴霾开始笼罩德军,冬季来临前结束战争妄想化为泡影,"闪击战"破产,旷日持久战成为现实,官兵的士气愈发低落。

莫斯科战役中伤亡、被俘的德军官兵

二、苏、德成败的原因分析

(一)德军失败的原因

莫斯科战役结束后,德军官兵将失败归咎于糟糕的天气,而希特勒则认为更多的是前线将帅的无能,因此在其所谓的秋冬季战役中,先后撤换了35名高级将领:陆军总司令布劳希奇元帅被停职;博克元帅被取消中央集团军总司令的头衔,由克卢格取代;霍普纳被开除军籍,剥夺身穿军装和领取养老金的权利;古德里安上将被停职,直到1943年2月才重返部队;施特劳斯上将等被撤职或停职。然而,这些都无法改变德军失败的结局,更深层次的原因被其忽视了。

1. 德军轻敌思想蔓延

二战爆发后,德军横扫波兰、北欧和西欧,一路所向披靡,特别是号称"世界第一陆军强国"的法国的陷落,使得德军骄狂无比,自认为天下无敌。加之,1939年11月30日至1940年3月13日苏芬战争暴露了苏联红军指挥和技战术水平不佳的缺点。这些令德军上下根本就没有将苏军放在眼里,认为只需要几个月的作战,在冬季来临之前就可以轻易地降服这只东方的红色巨兽。希特勒就曾轻松且狂妄地认为:"我们只需要踢开门,里面整个腐烂的结构就会垮掉!"受其影响,德军后勤部门连最起码对苏作战的越冬物资都没有认真准备。苏德战争前期的狂胜似乎也印证了德军战前的认知,因此,自负的德军认为拿下莫斯科打败苏联的最后一战,10天就可以完成作战任务。在此次战役中,坚韧的苏联军民给轻敌的德国上下好好地上了一课。德国陆军参谋长哈尔德事后承认他们把苏联人估计得太低了。

2. 德军战略战术失当

在莫斯科战役中,德军战略战术的失误表现在三个方面:第一,1941年8月末,德军中央集团军群完成初期既定任务后,准备一鼓作气进攻莫斯科之际,希特勒却电令博克就地转入防御,并分兵两部,北上和南下支援其他两路大军作战,从而坐失宝贵的战机,相反苏联在这段时间里动员力量构筑了坚固的防线;第二,在朱可夫宽阵线、大纵深的防御新战术面前,德军"两翼包抄、中央突破"的战术失去了之前的效力,而新的应对战术此时还没有研究出来;第三,12月,面对苏军的大举反击,撤退、保存实力是德军的上选之策,然而,希特勒固执己见,坚决反对后撤,要求各路大军就地组织防御,克卢格也机械地执行了这一命令,造成了德军大量伤亡。正如英国战时首相丘吉尔所指出的那样："迫使德军撤离莫斯科的不是冬季，而是苏联军队，除了苏联军民的顽强抵抗外，希特勒过高估计德军的实力，以及希特勒在作战指导上的一系列失误，都是造成莫斯科会战结局的重要原因。"

3. 严寒天气及后勤保障乏力

德军普遍认为是严寒的天气在关键时刻帮助了苏联红军。例如德军第2装甲集团军司令古德里安曾将兵败莫斯科城归咎于俄罗斯的严冬，认为如果不是严寒的阻遏，德国人11月份就在克里姆林宫里饮酒庆功了。由于冰雪严寒天气，蜷缩在战壕里瑟瑟发抖的德军官兵战斗力大减，冻死、冻伤减员严重，德军的技术兵器如坦克、装甲车、火炮甚至枪支等无法正常使用，攻击力大打折扣。严寒还使本就糟糕的德军后勤补给雪上加霜。苏德战争爆发后，苏联的辽阔疆域、宽轨铁路、相对落后的公路基建设施等使得因战线拉长、补给线不断延伸的德军后勤部队苦不堪言，严寒天气更使其运输负担加重。参谋总长哈尔德在11月19日呈送希特勒的报告中一再提到由于天气恶劣，补给品供应中断，兵力补充不足等后勤保障问题。当时，德国为后勤部门准备运输卡车有50万辆，但是30%已损坏得无法修复，另有40%需要大修或全面检修，只有30%仍在使用。中央集团军群每天至少需要26列火车运送补给品才能维持下去，但实际上只提供了8～10列火车的军需品。众所周知，现代战争打的就是后勤。此役中，德军后勤保障乏力，焉能不败。

(二) 苏军胜利的原因

1. 对敌斗争的意志坚决、士气高涨

莫斯科是苏联的首都，是苏联的政治、经济和文化中心，也是连接境内陆运、水运和航运的交通枢纽，历史上也是俄罗斯人生活了几百年的核心地区，因而莫斯科在苏联军民心目中的重要性和战略地位不言而喻。无论从哪个方面考虑，丢失莫斯科都是苏联军民难以承受之痛。此时的苏联退无可退，破釜沉舟，背水一战既是形势所迫，也是政府与军民发自内心深处的呐喊。相应地，集结全国力量，誓死捍卫首都，拼死一战，以雪几个月来失败之辱，并最终打败法西斯匪徒，成为苏联自上而下将战争进行到底的强大力量之源泉。以斯大林为首的苏联最高统帅部，坐镇莫斯科指挥，并在极端困难的情况下照例举行红场阅兵，以及铿锵有力的演讲等，明确无误地向苏联乃至全世界表明了抗战到底的决心和意志。受其鼓舞，苏联军民对敌斗争的意志坚决，士气高涨，团结一致，奋勇向前，最终向德军发动了反攻。正如朱可夫将军所说的那样："不是雨和雪在莫斯科附近阻止了法西斯军队，而是受到苏联人民、首都和祖国支撑的苏联红军的不屈不挠、坚忍不拔的精神和英雄主义打败了德军百万以上的精锐部队。"

2. 战略战术得当

苏联红军在战争中学习战争。以朱可夫将军为代表的苏联红军，将对人民的热爱与对法西斯的仇恨转化为对战争艺术的追求，从失败中总结经验与教训，不断提升自身的指挥能力和技战术水平，并最终提炼出了应对德军闪击战与装甲钳形突击的新的战略战术,即宽阵线、大纵深梯次配置的防御体系;加强对空和对坦克防御,重视战略预备队的组建和适时集中使用,组织炮兵进攻,及各军兵种和游击队的协同,坦克作为火力支援,布置在纵深防御体系里,不再进行反突击等。实践证明,朱可夫在此役中制定和执行的"防守反击"战略与宽阵线、大纵深防御战术是有效的,成功地瓦解了德军对莫斯科进攻的同时,也宣告了德军原先战术的失灵,更说明此时的苏联红军已经摆脱了之前的慌乱与不知所措,逐渐掌握了应对德军的策略,并为下一步夺取战争主动权奠定了坚实的技战术基础。

3. 得天独厚的地理气候优势

莫斯科是俄罗斯人生活了几百年的核心地区,苏联军民对该地区的山川地形非常熟悉,本土作战的优势是德军所不具备的。适应严寒的气候条件是苏联军民抗击德军的又一大优势。当德军因寒冷而动弹不得时,苏联红军却恰恰相反,他们早已习惯了寒带生活,有着足够的冬季作战装备,各种武器均配备了保暖套和防冻润滑油;官兵也配发了足够的棉衣、皮靴和护耳冬帽用来御寒。两相对比,德军与苏军的战斗力出现了此消彼长的转变态势。

4. 苏联民众的支持及强大的后援力量

在莫斯科保卫战中,苏联民众响应政府的号召,积极参军、参战,扩大生产,奋勇支前,为战役的胜利作出了不可磨灭的贡献。其中,该时期包括莫斯科在内全国各地应征入伍、参加民兵组织的人员超过500万人,另有妇女、儿童在内的数十万民工被组织起来在首都城内外修筑防御工事,很多工厂工人也是夜以继日、加班加点生产各种所需物资,源源不断地运往前线。在得到潜伏东京的神奇红色特工佐尔格发送的日本不会入侵苏联的情报后,驻防远东的苏联红军与来自中亚等地的红军部队一道相继开赴莫斯科,成为保卫莫斯科不可或缺的生力军。在国际层面,1941年9月29日,苏美英三国会议在莫斯科召开;10月1日,三国签订议定书,规定美英两国从1941年10月至1942年6月每月向苏联提供400架飞机、500辆坦克及其他武器装备,苏向英美提供原料;10月30日,罗斯福宣布向苏联提供10亿美元贷款;11月7日,美国把《租借法案》扩大到苏联。来自英国与美国的援助使得在欧洲大陆上的苏军不再孤军奋战,同时也表明世界范围内的反法西斯联盟逐步形成。

三、莫斯科保卫战胜利的意义

莫斯科保卫战以苏联红军的胜利、纳粹德国的失败而告终,影响与意义深远。

第一,莫斯科保卫战的胜利宣告了"德军不可战胜"神话的破灭,给德国最引以为傲的主力军种——陆军当头一棒,震撼了德军的心理防线。

第二,莫斯科保卫战的胜利宣告了德军"闪击战"破产,之后的旷日持久战也为重蹈两线作战覆辙的德国埋下了失败的种子。

第三,莫斯科保卫战的胜利使得之前一边倒的苏德战争态势开始发生微妙的变化,德军再也无力发动全线进攻,相反,苏联红军依托新的战略战术,开始稳固战线,并于局地发动反击,为转折点的到来奠定了基础。

第四,莫斯科保卫战的胜利极大地鼓舞了苏联人民和全世界人民反法西斯侵略的信心和决心。

第五,莫斯科保卫战的胜利彰显了社会主义制度的优越性,即党和政府可以快速发动和动员一切力量,迅速转入战时体制,集中全力抵御外敌的侵犯。

第六,莫斯科保卫战的胜利提升了苏联的国际威望,英美等国意识到苏联在反法西斯战争的力量、地位和作用,相互接近,最终促进了反法西斯同盟的形成和实质化建设的推进。

思考题

1. 莫斯科保卫战经历了哪几个阶段?
2. 苏联赢得莫斯科保卫战的原因和意义有哪些?
3. 请点评莫斯科战役中双方的战略战术。

第八章　斯大林格勒战役

斯大林格勒战役是 1942 年 7 月至 1943 年 2 月苏联红军为保卫南部重要城市斯大林格勒而与德军展开的一场规模宏大的殊死较量，最终以苏联红军的胜利而告终。斯大林格勒战役是苏德战争爆发以来纳粹德国遭遇的最严重的失败，苏联与德国总体力量对比开始发生根本性变化，因此，此役也被认为是第二次世界大战东部战线的转折点。

第一节　战役背景

一、苏德双方争取战争主动权

1942 年初莫斯科保卫战结束，苏军虽胜，但亟须修整，无力继续反攻；德军虽败，但也未全线崩溃，同苏军相比总兵力仍占优势。在这种情况下，苏德双方都在加紧准备，以夺取下一阶段的战略主动权。此时德军已无力发动全线进攻，希特勒认为攻击莫斯科目标过于明显，并且中央集团军群已经受到了很大削弱，德军应放弃再次进攻莫斯科的计划。此外，由于美国在遭到珍珠港偷袭之后对日本宣战，德国意识到时间紧迫。希特勒希望能够在美军有机会加入欧洲战场之前结束东线战争或尽可能削弱苏联。在德军的利好情势的刺激之下，希特勒不顾总参谋长哈尔德和前线指挥官们的劝告，作出了拿下斯大林格勒的狂妄决定，德国开始筹划集中兵力在北部和南部战线发动新一轮局部攻势。

二、斯大林格勒的重要战略位置

斯大林格勒原名察里津，后来改称伏尔加格勒（战时再次改名为斯大林格勒），位于伏尔加河下游西岸，战前居民约 60 万人。它是苏联内河航运干线——伏尔加河上的重要港口，又是苏联南方的一个铁路交通枢纽和重要工业城市，拥有一家大型拖拉机厂——斯大林格勒拖拉机厂（又称捷尔任斯基拖拉机厂，该工厂是当时苏联最大的拖拉机厂，产量占全苏的一半，长期以来扮演兵工厂的角色，战争时期主要生产坦克）。斯大林格勒以西、以南是广阔富饶的顿河下游流域、库班河流域和高加索地区，是苏联粮食、石油和煤炭的重要产区。1941 年，德军占领乌克兰后，斯大林格勒成为苏联中央地区通往南方重要经济区域的唯一交通咽喉，战略位置极为重要。

如果德军占领这一地区，苏联就会失去战争所需要的石油、粮食和重要的工业基础，而德国此时也迫切需要这些资源。在即将发动攻势之前，希特勒曾对第 6 集团军司令保卢斯将军说："如果我拿不到迈科普和格罗兹尼的石油，那么我就必须结束这场战争。"

苏联和德国的较量又在斯大林格勒拉开了序幕。斯大林决定要保住这座以自己名字命名的战略城市；希特勒却要在这个坚固的苏军堡垒前血洗前耻。因此，斯大林格勒保卫战一揭幕就迅速进入白热化状态。

第二节 战前兵力对比

一、德军兵力

按照希特勒的要求,德军最高统帅部拟定了1942年夏季南方作战计划,代号"蓝色行动"。为达成战略意图,德军对兵力进行了重组,撤销了原南方集团军群番号,新组建了A、B两个集团军群。A集团军群由利斯特元帅指挥,下辖克莱斯特上将的第1装甲集团军和鲁夫上将的第17集团军,由空军第4航空队进行空中支援,其任务是攻占高加索地区;B集团军群由博克元帅指挥,下辖霍特上将的第4装甲集团军、魏克斯上将的第2集团军和保卢斯上将的第6集团军,由空军顿河地区航空队进行空中支援,其任务是攻占斯大林格勒,掩护A集团军群的北翼。在A、B两个集团军群的后方,又有第二线兵力,由匈牙利第2集团军、意大利第8集团军和罗马尼亚第3集团军组成。此外,在克里米亚地区,还有曼施坦因上将的第11集团军和罗马尼亚第4集团军。总兵力计60个德国师,其中10个装甲师、6个摩托化师,还有43个师的附庸国部队,共有1200辆坦克和突击炮,1.7万门大炮和迫击炮,1640架作战飞机。其中,仅担负主攻斯大林格勒任务的第6集团军就拥有14个师、3000门火炮和迫击炮、近500辆坦克和1200架飞机,兵力约27万人。

二、苏联兵力

参与斯大林格勒保卫战的主要为在西南方面军基础上组建的斯大林格勒方面军。该方面军编成内有从大本营预备队调来的第62、第63、第64集团军,原西南方面军的第21、第28、第38、第57集团军残部,第13、第22、第23坦克军,以及空军第8集团军和海军伏尔加河区舰队,计12个师约16万人、2200门火炮和迫击炮、近400辆坦克和454架飞机。

在整个会战期间,根据统计,苏联铁路职工向斯大林格勒地域运送了30万车皮的军事装备。整个会战期间,共消耗弹药9568车皮,其中炮弹8353车皮,超过攻克柏林战役消耗炮弹量的百分之十三。斯大林格勒的各个工厂企业都成立了歼敌营,并有8万多人补充到红军部队中。留在工厂的工人继续坚持生产,如基洛夫区的各个工厂最多只留下百分之十到百分之十五的工人,却为前线生产了5000吨食品、100吨芥子油、67吨肥皂、1.2万瓶混合燃料、5000具军用炉灶、1300个地雷;斯大林格勒的各工厂仅在1942年7月8日就供给前线坦克、大炮和迫击炮4800多件。

此外,斯大林格勒保卫战期间,苏联方面实行全民动员。斯大林格勒城防委员会发出告人民书:

> 亲爱的同志们,亲爱的斯大林格勒公民们:狂暴的敌人已经逼近我们亲爱的城市。24年前遭受的苦难今天又在重演了。嗜血成性的德国鬼子要闯进充满阳光的斯大林格勒,要玷辱我们伟大的俄罗斯河——伏尔

第八章 斯大林格勒战役

加河。红军战士们正在奋不顾身地保卫着斯大林格勒。到处都布满了法西斯强盗的尸体……大家都去构筑街垒吧！大家组织起战斗吧！将手边的石头、木料、铁器、旧车厢都利用起来,构筑街垒工事。为保卫城市,我们将竭尽全力支援你们；决不后退一步。狠狠打击敌人。德寇犯下了许多兽行,为了被毁掉的家园,为了孩子、母亲、妻子流的血和泪,向德寇报仇雪恨。所有能拿起武器的人,都要走上街垒,保卫城市家园。

斯大林格勒全民动员起来。他们走上街头,冒着敌人的炮火和枪弹,加入抗击德军的行列中。德军陷入了人民战争的汪洋之中,他们每前进一步,都遇到更加顽强的抵抗。德军每占领一块阵地,都会招来更多的苏联军民的反攻。

三、双方兵力对比

德军为快速拿下该地区,派出精锐的第 6 集团军,不惜一切代价也要攻克,先后百万德军参与血战。苏军投入兵力也非常巨大。但就整体而言,苏军尽管部队数量庞大,但是机械化装备质量低下,而且人员缺乏有效的训练。苏军的强大战斗力更取决于苏联人民庞大的数量和顽强的斗志。在动员预备役部队之前,苏联红军在欧洲战场上的兵力大约 350 万人,全国总兵力多达 500 万人,正是这些巨大的人力资源储备,才使得苏联得以生存下去。也正是由于苏军士兵顽强不屈的战斗意志,才能够不断消耗德军的战斗力。

第三节 将帅谋略

斯大林格勒会战前期,对阵双方先后参与指挥的将领有德国名将曼施坦因、苏联的铁木辛哥元帅、总参谋长华西列夫斯基等。但是,随着战役的演进,最终成为苏联朱可夫与德国保卢斯之间的较量。

一、德军将帅——弗雷德里克·威廉·保卢斯

弗雷德里克·威廉·保卢斯(1890—1957),纳粹德国元帅,第二次世界大战期间历任德国第 10 集团军参谋长、德军副总参谋长和第 6 集团军司令。第一次世界大战时期,保卢斯历任第 3 巴登步兵团营副官、第 2 普鲁士步兵团参谋和阿尔卑斯军作战参谋,先后在东线、西线和罗马尼亚参战,1915 年晋升为上尉。尽管凡尔赛条约对战败国德国的军队规模实行限制,但保卢斯不仅保留了军职,并且在军队中不断升迁。1941 年 12 月 3 日,被任命为德国南方集团军群总司令的赖歇瑙元帅迅即向希特勒推荐保卢斯接替其第 6 集团军司令之职。长期渴望得到野战指挥职务的保卢斯对此项新的任命甚感荣幸。1942 年元旦,保卢斯晋升为装甲兵上将,4 天后接任新职。1942 午 5 月,保卢斯在哈尔科夫一带包围 20 万苏

弗雷德里克·威廉·保卢斯

军,到 5 月 28 日,据称俘虏苏军 24 万人,击毁和缴获坦克 2026 辆、大炮 1249 门,保卢斯因此获得骑士十字勋章。

在具体谋略方面,1942 年 8 月,保卢斯率第 6 集团军(辖第 4 军、第 8 军、第 11 军、第 51 军和第 14 装甲军)25 万人马在德国第 8 航空军和第 4 装甲集团军一部的协同下向斯大林格勒进军。保卢斯先是在夏季作战中,以攻对攻,以精锐部队穿插苏军防线,尔后分割围歼。接着在伏尔加河,保卢斯又娴熟地运用了经典战法,采用两路穿插迂回的战术,因为德军在飞机、坦克上占很大优势,这一战法屡获成功。同任何智慧型军人一样,保卢斯的长处是以谋略见长,思虑周详,但有时又容易患得患失,缺少果断勇强作风,意志不够坚强,在斯大林格勒战役中便是如此。他料到了苏军的抵抗会越来越激烈,尤其是听说苏军悍将朱可夫来到了斯大林格勒,于是他的心情也开始时好时坏,影响了战役的实施。最终,1943 年 2 月 2 日,保卢斯连同 9 万多名德军官兵被朱可夫指挥的苏联红军俘虏。保卢斯本人成为第二次世界大战中第一位被俘的德军元帅。1957 年,保卢斯患病去世。

二、苏军将帅——格奥尔基·康斯坦丁诺维奇·朱可夫

格奥尔基·康斯坦丁诺维奇·朱可夫(1896—1974)在斯大林格勒会战之前接到斯大林的召见,被任命为最高副统帅。朱可夫几乎百战百胜,在谈及斯大林格勒会战时朱可夫提道:"斯大林格勒地域的会战是极其激烈的""我个人认为只有莫斯科会战能与之相提并论……敌人在顿河、伏尔加河、斯大林格勒地域共损失 150 万人,3562 辆坦克和突击炮,12000 门火炮和迫击炮,3000 架飞机和大量其他技术兵器。"苏军在斯大林格勒的胜利,极大地鼓舞了苏联人民和全世界反法西斯力量,使轴心国内部出现严重危机。从此苏军从战略防御转入战略进攻,苏德战争和第二次世界大战开始转折。朱可夫还谈道:"在这里,在组织反攻的过程中我取得了比 1941 年在莫斯科地域多得多的实际经验。因为当时我军在莫斯科兵力有限,不足以实施旨在合围敌集团军的反攻。"此役,朱可夫应用的依然是防守反击的战略战术,与之前的战役相比较,愈发成熟自如。

朱可夫因斯大林格勒一役的卓著战功而第一个被授予一级苏沃洛夫勋章(以俄国伟大统帅苏沃洛夫命名的勋章,是当时苏联最高的军功勋章)。朱可夫在这场规模宏大的会战中所显示的统帅才能闻名天下。美国研究人员索尔兹伯里在《朱可夫指挥的几次大会战》一书中写道:"在生死攸关的时刻,斯大林再次求助于朱可夫。斯大林格勒的命运系于一发,甚至连全体苏联人的命运都寄托在朱可夫一人身上。此前,莫斯科会战已经使朱可夫成为民族英雄……斯大林格勒战役之后,谁也不再怀疑,苏联由朱可夫作自己军队的统帅,终将战胜德国。"

第四节 战役进程

一、序幕:哈尔科夫战役

哈尔科夫战役拉开了斯大林格勒会战的序幕。1942 年 5 月 8 日,德国曼施坦

因上将指挥的德军第 11 集团军首先在克里米亚发起了攻势,一周后占领了刻赤半岛,俘虏苏联红军 17 万人。7 月 4 日,守卫塞瓦斯托波尔要塞的近 10 万苏联红军被迫向德军投降,德军占领了整个克里米亚。5 月 12 日,当刻赤半岛正在激战之际,铁木辛哥元帅指挥西南方面军和南方方面军,共约 45 个师,分别从哈尔科夫的东北和东南两面发起进攻。进攻开始时进展顺利,苏军突破了德军防御,并于 3 昼夜内前进了 25~50 千米。但是,战场形势突变,5 月 17 日,德军克莱斯特第 1 装甲集团军在第 17 和第 6 两个集团军支援下,从哈尔可夫南面向苏联红军侧翼发起反攻,并于 5 月 23 日合围了苏军南方方面军的第 9、第 57 集团军,西南方面军的第 6 集团军和博布金战役集群,至 5 月 29 日,被围苏联红军大部被歼。苏联红军西南方面军副司令员科斯坚科中将、第 57 集团军司令员波德拉斯中将、第 9 集团军司令员戈罗德扬尼斯中将、战役集群司令员博布金少将阵亡。苏联红军共有 25 万人被俘,损失坦克 1249 辆、火炮 2026 门。

哈尔科夫战役拉开了斯大林格勒会战的序幕,德军在克里木和哈尔科夫的胜利使苏联来之不易的预备队消耗殆尽,南翼受到严重削弱,德军重新夺回部分战略主动权,暂时处于优势地位。德军夺取了巴尔文科沃突出部,为即将发动的攻势占据了有利的进攻出发阵地。

二、正面交锋:斯大林格勒会战

1942 年 7 月 17 日,苏德双方在斯大林格勒接近地展开了激烈的交战,会战正式开始。德军第 6 集团军在保卢斯上将指挥下,以第 8 步兵军和第 14 装甲军为北突击集团,以第 51 步兵军和第 24 装甲军为南突击集团,突击苏联红军第 62 集团军防御实施包围,向卡拉奇方向发展进攻。同时,以部分兵力向苏联红军第 64 集团军发起佯攻,以吸引苏联红军的注意力。7 月 23 日,德军突破苏联红军第 62 集团军右翼防线,合围了该集团军的 2 个师,前出到斯大林格勒西面的顿河河岸。1942 年 7 月 25 日,德军对苏联红军第 64 集团军的右翼阵地发起攻击,企图在卡拉奇附近强渡顿河。1942 年 7 月 29 日,苏军第 64 集团军被迫退过顿河。面对败绩,斯大林走马换将,撤销了铁木辛哥元帅斯大林格勒方面军司令员的职务,由第 64 集团军司令戈尔多夫中将接任,并派总参谋长华西列夫斯基上将作为最高统帅部代表前往斯大林格勒协助指挥战事。斯大林还决定将预备队的坦克第 1 和第 4 集团军火速调往斯大林格勒地域。随后,为了增强斯大林格勒守军的斗志,斯大林于 1942 年 7 月 28 日发布了第 227 号命令,凡是不服从命令而离开战斗岗位或者撤退的军人都将被枪毙,并严厉要求苏联红军部队"绝对不许后退一步!"而此时,德第 6 集团军由于缺少装甲兵力的支援,也被迫转入防御态势。德军在行进间占领斯大林格勒的计划被粉碎。与此同时,顿河西岸苏联红军的处境也非常困难,两翼都陷入了德军包围。

1942 年 7 月 30 日,希特勒又做了一个影响命运的决定。他宣布:"因为高加索的命运是将要在斯大林格勒决定,所以由于这个会战的重要性,遂有从 A 集团军群抽调兵力以增强B集团军群之必要。"于是,霍特的第4装甲集团军又归还给B集团军群,并于1942年8月1日奉命沿科捷尔尼科沃—斯大林格勒铁路向东北方向进击,当天迅速突破了苏军第51集团军的防线,占领了蒙特纳亚。1942年8月3日,霍特攻占了科捷尔尼科沃,接着又于5日突破了苏军第64集团军的防御,前出到阿勃加涅罗沃地域,但之后遭到了苏联红军越来越顽强的抵抗和反击,霍特只好放弃了独立攻占斯大林格勒的想法,于1942年8月9日转入守势。

1942年8月5日,苏联红军最高统帅部决定将斯大林格勒方面军改组为东南、斯大林格勒两个方面军,由华西列夫斯基上将统一指挥。东南方面军由叶廖缅科上将指挥,包括第64、第57、第51集团军,以及坦克第1集团军、坦克第13军和空军第8集团军。斯大林格勒方面军仍由戈尔多夫中将指挥,下辖第21、第62、第63集团军,以及坦克第4集团军、坦克第28军和空军第16集团军。

1942年8月19日,保卢斯和霍特重新发起了进攻。保卢斯第6集团军从斯大林格勒西北面的特列赫奥斯特罗夫卡亚向东南攻击,22日突破苏军第62集团军在韦尔加奇和彼斯科瓦特卡地段的防线,强渡顿河,占领了卡拉奇,23日第14装甲军推进到斯大林格勒北郊的叶尔佐夫卡地域,前出到伏尔加河,将苏军第62集团军与斯大林格勒方面军主力分割开来。霍特第4装甲集团军从南面的阿勃加涅罗沃地区向北进攻,突破了苏军第64集团军的防御,29日进至城南的加夫里洛夫卡地域,其前锋已前出到京古塔车站。1942年9月2日,保卢斯第6集团军右翼与霍特第4装甲集团军左翼在旧罗加奇克地区取得了联系。与此同时,德军第4航空队出动飞机几百架次,入夜又出动2000架次飞机对斯大林格勒进行狂轰滥炸。

鉴于斯大林格勒异常严峻的形势,斯大林任命朱可夫为最高副统帅,并决定立即调拨第24、第66集团军和近卫第1集团军开赴斯大林格勒。1942年8月29日,朱可夫飞到斯大林格勒并着手组织第24、第66集团军和近卫第1集团军的反击行动。1942年9月3日,斯大林致电朱可夫要求立即对斯大林格勒进行突击,以缓解当地紧张局势。

1942年9月5日拂晓,朱可夫将3个新锐集团军投入反击,由于准备仓促,反击未达到预期目标。当晚,斯大林命令朱可夫继续冲击。1942年9月6日,苏联红军再次发动进攻,但以失败告终。1942年9月10日,苏联红军试图从北面实施突击,恢复同第62集团军的联系,又遭到失败。1942年9月12日,苏联红军撤至市区,外围防御地带已全部丧失,德军突破斯大林格勒城防,从南面突进到伏尔加河,把守卫城市的第62集团军同战场上的其他部队分隔开来。

三、城市巷战

9月13日,德军开始攻城。保卢斯第6集团军担当主力,从城北实施猛烈突击。霍特第4装甲集团军则从城南推进,策应保卢斯在城北的主攻。14日,德军从城北突入市区,与守卫该城的苏军第62集团军展开了激烈的巷战。进入斯大林格勒市区的德军遭到了苏军第62集团军的顽强阻击,离开了顿河辽阔的草原,德军机动作战的优势减弱了。当坦克进入残破建筑物之间的狭窄街道后,很容易遭到在它们头顶上发射出的反坦克枪和手榴弹的袭击。保卢斯被迫改变战术,把部队拆成小股,整营整营地向四面八方投入兵力,去争夺每一条街,每一个坍塌的建筑物,每一寸毁坏的城区。

苏联方面,在朱可夫的指挥下,苏军的战术也变得高明起来。两三人一组或独自作战,他们隐蔽在地下室、被炸毁的瓦砾里,甚至弹坑中,出其不意地向德军射击。当德军摆开阵势围攻时,要么久攻不下,要么对手已消失了。结果形成这样一种格局:德军可以凭借优势兵力占领一个大的区域,但区域中总有几座建筑物被苏军士兵占据着。

德国空军轰炸斯大林格勒

进入巷战的斯大林格勒已无战线可言,城市的每一条街,每一栋楼甚至每一楼层每一房间都成了两军交战的场所。斯大林格勒60万苏联军民与几十万德军陷入了一场真正的大混战中,对死亡的恐惧早被抛到九霄云外。势均力敌的双方面对面地拿着机枪扫射,子弹打光了就拼刺刀,刀断了就拉响手榴弹同归于尽。敌我距离不再是用米来丈量,而是用尸体。经过3个月血腥的战斗,至1942年11月初,德军终于缓慢地推进到了伏尔加河岸,并且占领了整座城市百分之八十的地区,将留守的苏联军队分割成两个狭长的口袋状,德军始终未能完全占领斯大林格勒。

四、苏联红军反攻——天王星行动

1942年11月19日,苏联红军开始实施"天王星行动"。朱可夫的策略是将德军继续牵制在城内,然后通过打击德军虚弱的外侧来将德军包围在斯大林格勒市区。1942年11月13日,斯大林批准了朱可夫和华西列夫斯基拟制的反攻计划,并亲自给这个计划取代号为"天王星行动",这与针对德军中央军群的"火星行动"相呼应。该计划规定:西南方面军由瓦杜丁中将指挥,其任务是从顿河西岸的谢拉莫菲维奇和克利茨卡亚地域桥头阵地实施主攻,突破罗马尼亚第3集团军防御,直插顿河东岸的卡拉奇;斯大林格勒方面军由叶廖缅科上将指挥,其任务是从斯大林格勒南面向西北突击,突破罗马尼亚第4集团军防御,与西南方面军在卡拉奇会师,完成对德第 6 集团军的合围；顿河方面军由罗科索夫斯基中将指挥，其任务是从斯大林格勒西北面向东南实施辅助性突击，掩护西南方面军的主攻。反攻日期定为：西南方面军和顿河方面军为 1942 年 11 月 19 日，斯大林格勒方面军为 1942 年 11 月 20 日。

苏军发起反攻后，至 1942 年 11 月 30 日，苏联红军 3 个方面军将德第 6 集团军的 5 个军 22 个师，罗马尼亚和意大利部队以及部分克罗地亚军队共约 27 万人合围在斯大林格勒 1500 平方千米的地域内，第 6 集团军只有约 5 万人的部队被分割在包围圈之外。希特勒强调被围困的部队决不能投降，而曼施坦因必须杀开一条血路，打到斯大林格勒。1942 年 12 月 12 日，曼施坦因元帅怀着沉重的心情，发起了代号为"冬季风暴"的反攻。德军以霍特第 4 装甲集团军为先导，于 1942 年 12 月 16 日突破了苏联红军第 51 集团军在阿克赛河上的防线。至 1942 年 12 月 19 日，德军第 4 装甲集团军所属的第 57 装甲军已突进到离南面包围圈 50 千米以内的地方。此时，曼施坦因发现自己也有被数倍于己的苏联红军包围的危险。于是，他决定不顾希特勒的命令，下令保卢斯立即向南突围与第 4 装甲集团军会合。然而保卢斯在没有接到希特勒的直接命令之前，没有突围的意图，他以燃料不足为由拒绝了曼施坦因的命令，放弃了这最后一次机会。

1943 年 1 月，苏联红军发起了又一轮攻势，1943 年 1 月 8 日，苏军向德第 6 集团军司令保卢斯上将发出最后通牒，敦促其投降。1943 年 2 月 1 日，被包围的第 6 集团军司令部向柏林发出了最后一封电报，最后用国际电码写上"CL"，表示"本台停止发报"。保卢斯接受投降。1943 年 2 月 2 日，被围困在斯大林格勒城北的第 11 军残部也宣布投降。至此，斯大林格勒会战结束。

第五节　战役结果及点评

一、战役结果

双方在这场战役阵亡人数超过 100 万。以德军第 6 集团军为例，总兵员 26 万人，其中 9.1 万人被围，战后仅 5000 人活着回到德国。在会战最激烈的阶段，双方投入兵力超过 200 万、坦克 2000 辆、飞机 2300 多架、大炮和迫击炮 2.5 万门。在 1942 年 9 月和 10 月两个月中，苏军只有 5 个步兵师渡河增援，而德军却投入了不少于 27 个步兵师和 19 个装甲旅的增援部队。其第一线作战师，常常伤亡达到百分之七十，一个连队只剩下三四十人。德军先后投入斯大林格勒的兵员，由最初的 25 个师陆续增加到 51 个师，仅 1942 年的 7 月到 11 月，德军就伤亡 70 万名官兵，损失 1000 多辆坦克、2000 多门大炮和 1400 多架飞机。

举世瞩目的斯大林格勒战役是第二次世界大战中规模空前的一次会战，这次战役历时 160 天左右，德军伤亡人数约占其在苏德战场作战总兵力的四分之一，战役以德军的彻底失败而告终。斯大林格勒会战后，德军完全丧失了苏德战场的战略主动权，正如德国陆军总参谋长蔡茨勒将军所说的："我们在斯大林格勒损失了

25万官兵,那就等于打断了我们在整个东线的脊梁骨。"苏军在斯大林格勒的胜利,对苏德战场,乃至对整个第二次世界大战进程都产生了巨大影响。斯大林格勒战役是苏德战场的根本转折点,也是第二次世界大战的一个具有决定性意义的转折点。

此役,苏军的损失仍然超过德军,不同的是,德军是被整建制消灭,战斗力不复存在,而苏军残存的部队经过补充新兵,以老带新,可以迅速恢复战斗力。德军人员和物资补充速度远低于苏军,德国的实力也因此而衰弱。

二、战争评析

(一)德军战败原因

希特勒狂妄自大,过高估计德军作战能力。在战前,虽然德军取得了一些战绩,然而在赢得胜利后,德军并没有足够的兵力来巩固已有的战果,德军发动战役时,前线距斯大林格勒近500千米,距高加索550千米以上,两地也相隔550千米以上。这使得德军当时的兵力捉襟见肘。虽然希特勒征调了大量的仆从国部队,但后者的战斗力不强。例如担任德军两翼掩护的都是罗马尼亚和意大利的部队,而苏军的反攻正是从德军薄弱的两翼突破的。可以说,战前德军的战略部署为自己最终的失败埋下了伏笔。

德军最高统帅部在斯大林格勒战役上就缺乏明确的战略指导。斯大林格勒战役最初的战略目的是牵制性战役。当时的主要战略目标是A集团军的高加索方向,目的是切断苏联的石油供给线,打击苏联的战略动员能力。而B集团军的斯大林格勒战役,仅仅是为了掩护A集团军的侧翼,即牵制斯大林格勒的苏军。但是随着战役的推进,越来越多的政治考量被掺杂其中,希特勒和最高统帅部被之前的一系列胜利蒙蔽了双眼,认为自己能够同时拿下高加索和斯大林格勒,既切断苏联的石油线,又攻占苏联的重工业命脉,最终导致斯大林格勒战役由原计划的牵制战,演变成了后来的攻坚战。

希特勒忽略客观敌情的变化,从而葬送了第6集团军。在苏军准备发起反攻之前,德陆空军总参谋部有关部门联合情报机关和前线德军司令部对苏军的战略动向进行了联合侦察,通过侦察发现苏军在德军的两翼已经集结了大量装备精良的军队,反攻态势明显。但是,在大量的情报面前,希特勒不为所动,执意要求预备队按兵不动,对苏军有可能的反攻没有进行有效的准备。在德军被围之后,希特勒不顾前线的客观实际,在后勤保障难以到位的情况下,要求被围部队继续坚守。这一系列的错误决策动摇了前线官兵对希特勒的信任,被围的部队也难逃覆灭的命运。

(二)苏军战胜原因

莫斯科保卫战的胜利带来了积极影响。在莫斯科战役之前,德军在苏德战场上可以说所向披靡。反观苏联,不仅在基辅、明斯克损失了上百万部队。并且由于接连的失败,整个军队的士气也落到了最低谷。到德军兵临莫斯科城下时,苏联已经有了灭国的危险。莫斯科的胜利,使得苏联军队士气回到顶峰。整个苏联上下一心,重新拧成了一股绳。这样一种必胜的信念,在斯大林格勒战役中起到了至关重要的作用。尤其当战役进入到巷战阶段后,苏军战士个个不畏死亡,前赴后继。而德军因为莫斯科的失败,军队士气受到影响,开始表现得畏首畏尾。

正确的策略选择为苏军反攻胜利奠定了基础。最初苏军建立了三层弧形防线,力图在斯大林格勒外围阻击德军的进攻。然而对于缺乏优势兵力和装备的苏军来说,这样的决策是不明智的。虽然在外围一定程度上减缓了德军的进攻速度,但是苏军自身损失较大。之后苏军调整战略,将德军引入城区进行巷战的角逐。在密集的城市建筑群中,苏军与德军展开近距离的肉搏战。这种拥抱敌人的策略抵消了德军的火力装备优势,迫使德军进行逐房逐屋的争夺,极大地杀伤了德军并使德军陷入巷战的泥潭无法自拔。苏军趁机利用德军被拖住的时机集结部队,做好反攻的准备。

强大的精神意志支撑苏军战斗直至胜利。在这场旷日持久的战斗中,绝大部分时间是在艰苦的巷战中度过的。可以说斯大林格勒战役是二战中的一部"绞肉机",斯大林格勒的每一寸土地都被鲜血浸泡过。挺过这样艰苦的战斗需要顽强的意志精神作支撑。从1942年7月中旬开始,希特勒集中了将近40个师的精锐部队,每天出动上千架次的飞机,把100多万颗炸弹投向这座城市,整个城市硝烟弥漫,陷入一片火海,并一度中断与莫斯科的联系。苏联人民经历了最可怕的战火考验,大量平民死于战火,然而不屈不挠的苏联军民奋力反击,把每一条街道、每一幢房屋都变成了消灭敌人的战场。斯大林格勒会战中苏联军民的光辉伟绩,将永垂青史!

三、斯大林格勒会战的意义

斯大林格勒会战是第二次世界大战苏德战场的重要转折点,斯大林格勒会战的胜利给予德军沉重打击,使德军在战场上失去了主攻的实力,从根本上改变了苏德双方的力量对比,沉重地打击了纳粹的嚣张气焰,极大地鼓舞了苏联人民的士气,也增强了全世界人民反法西斯的信心,是二战中极其重要的胜利,会战主要有以下几点意义。

第一,斯大林格勒会战是苏联卫国战争中的一次决定性战役,也是第二次世界大战中关系人类命运和世界前途的一次决战。这次会战从1942年7月17日开始至1943年2月2日结束,历时六个半月。在战役某些阶段,双方投入兵力200多万,坦克2000辆,飞机2300多架,大炮和迫击炮2.5万门,在广大地域展开激烈战斗,反复拼杀。斯大林格勒会战是一场人类历史上无与伦比的空前血战。在这次战役中,德军被歼33万人,其中被俘9.1万人;以保卢斯为首的24名将军全被俘虏;加上整个顿河、伏尔加河地域的战斗,德军总共损失150万人、3500辆坦克、1.2万门火炮、3000架飞机,纳粹德国从此一蹶不振。

第八章 斯大林格勒战役

第二,苏联军民斯大林格勒保卫战的胜利,引发了法西斯集团内部的深刻政治危机和军事危机。而对第二次世界大战爆发以来德军在苏德战场的空前失败,德军士气一落千丈,在德军内部甚至在部分高级将领中,对打赢战争的信心产生严重动摇。在希特勒大本营里,怨声四起,一些纳粹将军还暗中策划了推翻希特勒的政变。德国与其伙伴和仆从国的关系显著恶化,这些国家的离心倾向日趋明显,不愿再听命于德国。

第三,斯大林格勒会战的胜利大大提高了苏联的国际地位,扩大了社会主义制度的影响,巩固和扩大了国际反法西斯统一战线。1942至1943年,苏联同澳大利亚、古巴、埃及、哥伦比亚、埃塞俄比亚等许多国家建立了外交关系,还同卢森堡、墨西哥和乌拉圭先后恢复了外交关系。会战的胜利促进了在反法西斯同盟国团结合作道路上,具有重要意义的苏美英三国首脑第一次会议——德黑兰会议的召开。

第四,斯大林格勒会战的胜利,还极大地鼓舞了正在进行反法西斯战争的世界各国人民,增强了他们战胜法西斯侵略者的决心,欧洲各被占领国家人民的抵抗运动进入了新的阶段。"斯大林格勒"一词,众口相传,已成为奋起抵抗和夺取胜利的代号。具有光荣革命传统的法国人民,广泛开展了反法西斯武装斗争。南斯拉夫人民在铁托同志的领导下,奋起战斗,给德寇以沉重打击,解放了大片国土。希腊人民解放军也在斗争中发展壮大,总之,在欧洲希特勒的后院里,一个伟大的人民起义已经发动。

思考题

1. 请分析斯大林格勒保卫战的重要意义。
2. 请评析朱可夫将军在斯大林格勒保卫战中的指挥艺术。
3. 请分析斯大林格勒战役中苏德双方胜败的原因。

第九章　库尔斯克战役

库尔斯克会战(1943年7月5日—8月23日)是二战期间苏德战场上具有决定性和转折意义的战役之一,双方投入近300万大军、8000辆坦克和5000架飞机,创下了史上规模最大的坦克会战记录。此役过后,苏德战场的态势发生了根本性的转换：德军完全丧失了战略主动权,在东线苏德战场上转入了守势；苏联红军则夺取了战争主动权,在胜利的鼓舞下向德军发动了一系列收复失地之战。

第一节　作战计划的出台

一、战役背景

1943年初,苏联红军在斯大林格勒战役中取得决定性的胜利,歼灭了被希特勒在东线给予极大期望的保卢斯元帅领导的第6集团军,使德国丧失了一支重要的机动力量。苏联红军乘胜追击,通过一系列进攻,收复了大片国土。然而,溃败中的德军并没有坐以待毙,而是在积蓄力量,伺机反扑,企图重夺丢失的战争主动权。为此,不甘心失败的德军南方集团军群司令曼施坦因元帅开始制定反击计划,核心是诱敌深入,拉开苏军之间的空当,歼灭孤立冒进的苏军有生力量,稳固阵线进而伺机反扑、重夺南方战线的战争主动权。

为此,曼施坦因下令主动放弃了一些重要据点,诱使苏联红军深入。大意的苏联红军在不断进攻中,战线越拉越长,彼此之间出现了间隙,冒进的部队一步步落入德军精心布置的口袋阵中。待调整战术后的德军在退却中完成了兵力集结后,曼施坦因指挥刚组建的南方集团军群向顿涅茨河和第聂伯河之间的苏联西南方面军突然发起反击,打了追击中的苏军一个措手不及。苏联西南方面军遭重创,麾下的第5集团军几乎被全歼。德军则乘胜攻占哈尔科夫,苏联红军被迫后撤至库尔斯克南面的奥博扬地区,战场形势恶化。为防止战线继续恶化乃至崩溃,苏军最高统帅部紧急调整部署,下令将驻防于列宁格勒的第1坦克集团军、斯大林格勒的第21、第64集团军均加强到这些方向。待援军抵达后,苏联红军顽强地抵挡住了德军的进攻,战线逐步趋于稳定。这就是曼施坦因在东线战场创造的著名的"反击一手"。

曼施坦因指挥的这次反击战,大大出乎苏军的意料,给苏军造成一定的损失。就双方对峙的阵线而言,德军的反击造成以库尔斯克为中心的突出部(其正面长约400千米,而底部却不到110千米)的形成。在突出部北面,德国中央集团军群控制了奥廖尔一带。在南面,曼施坦因领导的南方集团军群控制了别尔哥罗德地区。在突出部内,苏联集结了两个方面军与德军对峙,即中央方面军和沃罗涅日方面军。筋疲力尽的苏德双方暂时在此形成僵持,但是,彼此都清楚,下一场规模宏大的战役必将就此展开。

二、"堡垒行动"计划的出台

以库尔斯克为中心突出部的存在令德军如鲠在喉,它有如一把尖刀插入德军阵线,时刻威胁着后方和南北两翼的安全,且400千米蜿蜒曲折的阵地布防耗费了德军大量的兵力,使得兵力本就捉襟见肘的德军大伤脑筋。为了铲除战线上的"毒瘤",希特勒要求德军统帅部制定相应的作战计划,夺回失去的主动权,代号为"堡垒行动",计划通过以中央集团军群和南方集团军群联合发动的一次南北两翼协调的钳形攻击,合围并歼灭整个突出部内的苏联红军重兵集团,预计此役成功后将缩短德军的战线,使德军部队的机动性大大增加。

但就如何制定和实施这一计划,德军将领发生了分歧。对于"堡垒行动"只限于库尔斯克突出部的做法,曼施坦因认为其太保守,主张扩大歼击苏军的范围,具体设想是重演一次之前哈尔科夫战役,希望通过一次诱敌进攻后的防守反击来歼灭苏军。为此,他提出了一个行动方案,主张迂回到在亚速海的罗斯托夫以包围和歼灭当中的红军。结果,希特勒并没有采纳曼施坦因的方案,坚持实施"堡垒行动"。曼施坦因只得放弃自己的计划,接受"堡垒行动",但在实施上,提出了两套方案供希特勒抉择:一是抢先进攻,即趁苏联红军立足未稳,德军率先发动进攻;二是防守反击的战术,即让苏军先进攻,德军进行防守,待疲惫和大量消耗苏军有生力量后,转入反攻,并包抄苏军后路。曼施坦因个人倾向于后者,但是,希特勒选择了前者。

然而,鉴于前期战役的消耗,希特勒对发动进攻的德军力量有所担忧,希望等待力量加强后再发动进攻。德国中央集团军群司令克卢格元帅和陆军总部参谋长蔡茨勒上将主张尽快实施"堡垒行动",发动进攻,但遭到了第9集团军司令莫德尔上将和装甲兵总监古德里安上将的反对。后者反对的最主要的理由是:德国在东线坦克损失巨大,与对手数量上的差距短期内难以拉平,古德里安更是指出库尔斯克战役会导致其改编装甲兵的计划破产。希特勒对此也犹豫不决,加之当年雨季结束较晚、德军进攻准备工作拖沓,使得计划的实施一推再推。5月份,莫德尔上将提供的航空侦察照片显示,苏军恢复能力惊人,在德军进攻路线上构筑了大量的防御工事,德军错失了进攻的最佳时机,"堡垒行动"已没有实施的必要。但在克卢格、蔡茨勒和曼施坦因等人的坚持和劝说下,希特勒最终还是启动了"堡垒行动",但他曾对古德里安说:"自从我开始考虑这次进攻,我一直心情不好。"

三、苏军的应对

正当希特勒与德军围绕"堡垒行动"计划的执行犹豫不决、举棋不定时,苏联红军方面也在积极筹划下一步的行动计划,但在攻防问题上存在分歧:沃罗涅日方面军司令瓦图京大将主张发动一场先发制人的进攻,以打乱德军的进攻准备并夺回在哈尔科夫战役中失去的战略主动权,这一方案一度得到了斯大林的支持;朱可夫、华西列夫斯基等将领则认为苏联红军应先保持防御状态,以坚强的防御消耗掉德军进攻能量,摧毁其装甲兵力,然后再发动反攻,即继续使用之前的"防守反击"策略。就在双方争执不下之际,前线的侦察和隐蔽战线潜伏的谍报人员传回的情报相互印证了一条重要信息:德军也做好准备,即将对库尔斯克突出部的苏联红军展开大规模进攻。在这种情况下,苏联红军进行先发制人的进攻已经不可能了,最终斯大林在一次会议上被说服,采纳了朱可夫、华西列夫斯基等将领的计划。随即,苏联红军在库尔斯克转入了积极的防御准备。

库尔斯克战役前夕,经过莫斯科保卫战、斯大林格勒战役等战火的历练,苏联红军"宽阵线、大纵深"的防御策略已经应用到炉火纯青的地步。在阵地前沿,苏联红军精心地设计他们的防御工事,构筑了数道防线,防御纵深达250~300千米,整个防御体系由大量互相紧密配合的战壕、铁丝网、反坦克火力点、反坦克沟壕、防空火力网、反步兵火力点以及雷区等组成,并在德军最可能的进攻方向上,部署和集结了大量的兵力和火力。苏联红军的广大指战员在战争中学习战争,经过一系列战火的洗礼,技战术水平大为提升,并在斯大林格勒战役胜利的鼓舞下枕戈待旦,随时准备出击歼灭一切来犯之敌。决定苏德战场双方战略走向的一场关键性的战役即将打响。

第二节 战前兵力对比

一、德军兵力部署

为了实施"堡垒行动",德国方面计划动用两个集团军群,分别是中央集团集群和南方集团军群,具体部署如下:

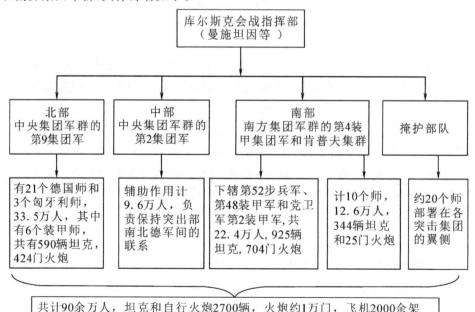

库尔斯克战役中德军兵力

第九章 库尔斯克战役

(一) 中央集团军群

中央集团军群抽调了第2和第9两个集团军,分别部署在突出部的北面和中部,总兵力约43万人。

莫德尔上将指挥的第9集团军部署在库尔斯克突出部北部,该集团军共有21个德国师和3个匈牙利师,兵力约33.5万人,其中有6个装甲师,共有590辆坦克,424门火炮。第9集团军将担负起从突出部北部发起主攻的任务。

第2集团军部署在突出部的中部,兵力约9.6万人,在这个攻势中,将起辅助作用,主要任务是保持突出部南北德军间的联系。

(二) 南方集团军群

曼施坦因指挥的南方集团军群部署在突出部南部,包括霍特将军的第4装甲集团军和肯普夫集群,兵力约35万人。其中,第4装甲集团军下辖第52步兵军、第48装甲军和党卫军第2装甲军,兵力约22.4万人,925辆坦克,704门火炮;右翼的肯普夫集群,拥有10个师,兵力约12.6万人,344辆坦克和25门火炮。

此外,还有约20个师部署在上述各突击集团的翼侧。第4、第6航空队的航空兵负责支援陆军。这样德军的进攻总兵力达到90余万人,火炮和迫击炮约1万门、坦克和自行火炮2700辆、飞机2000余架。德军为这次进攻还投入了大量新式兵器,包括"虎"式坦克、"豹"式坦克、"斐迪南"式反坦克歼击车、"胡蜂"自行火炮、"福克沃尔夫190A"战斗机和"亨克尔129"攻击机等。

二、苏军兵力部署

在库尔斯克战役中,苏联红军动用了三个方面军,分别是中央方面军、沃罗涅日方面军和草原方面军,具体部署如下:

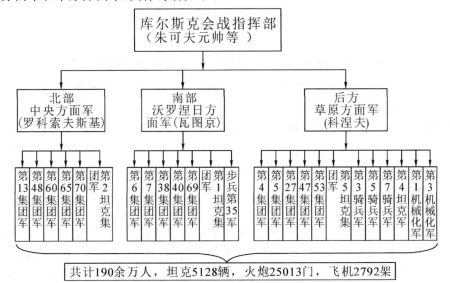

库尔斯克战役中苏军兵力

(一)中央方面军

罗科索夫斯基指挥的中央方面军部署在库尔斯克突出部北部,对手是德中央集团军群,下辖第 13、第 48、第 60、第 65、第 70 集团军以及第 2 坦克集团军,总兵力达 71.1 万人,1.1 万门大炮和迫击炮,1785 辆坦克和自行火炮。战前,苏军认为对面强大的德中央集团军群可能会承担主攻任务,因此在这一方向苏联红军配属的力量最强,朱可夫元帅也亲自在此坐镇指挥。

(二)沃罗涅日方面军

瓦图京指挥的沃罗涅日方面军部署在库尔斯克突出部南部,对手是德国南方集团军群,下辖第 6、第 7 近卫集团军、第 38、第 40、第 69 集团军、第 1 坦克集团军以及步兵第 35 军,总兵力 62.5 万人,8718 门大炮和迫击炮,1704 辆坦克和自行火炮。

(三)草原方面军

科涅夫指挥的草原方面军部署在中央方面军和沃罗涅日方面军的后方,是此次战役苏军的预备队。草原方面军的任务是:中央方面军和沃罗涅日方面军形势吃紧时,向它们提供增援;一旦库尔斯克防线被德军突破,它将成为最后一道防线;当苏联红军转入反攻时,它将提供有生力量。该方面军下辖近卫第 4、第 5 集团军、第 27、第 47、第 53 集团军,近卫第 5 坦克集团军,近卫第 3、第 5、第 7 骑兵军,近卫第 4 坦克军,近卫第 1、第 3 机械化军,总兵力为 57.3 万人,8510 门大炮和迫击炮,1639 辆坦克和自行火炮。

此外,索科罗夫斯基的西方面军、波波夫的布良斯克方面军以及西南方面军的第 57 集团军和第 2 坦克军也被部署到了库尔斯克地区,以应付随时可能出现的复杂局面。

三、苏德兵力对比

围绕此次战役,德国方面集结了 90 余万人,火炮和迫击炮约 1 万门,坦克和自行火炮 2700 辆,飞机 2000 余架;苏联方面出动了 190 余万人,坦克 5128 辆,火炮 25013 门,飞机 2792 架。在数量上,苏联红军处于优势地位,共集结了 22 个强大的诸兵种合成集团军、5 个坦克集团军和 6 个空军集团军;兵力比德军多 100 万人,比例为 2.1∶1;坦克比德军多 2400 余辆,比例为 1.9∶1;火炮比德军多 15000 余门,比例为 2.5∶1;飞机比德军多 700 余架,比例为 1.4∶1。除飞机外,其他方面几乎是德军的两倍左右。

在兵力构成上,苏军炮兵团首次超过了步兵团,比例为 1.5∶1,在威胁最大的中央方面军第 13 集团军的正面,每千米防御正面可以得到近百门火炮支援,远远超过了德军为发动进攻而拼凑的数目。在军工方面,到了 1943 年,搬迁到远东的苏联军火工业终于开始达到并超过战前水平,同时英美等西方盟国的援助也开始大量抵达。在技战术水平上,苏联红军官兵在战争中学习战争,经过一系列战役的锤炼,与德军之间的差距不断缩小,并在一些战术方面已经超越了后者。

第三节 将帅谋略

在库尔斯克战役棋盘上对弈的双方最主要的将领分别为德国元帅曼施坦因、莫德尔和苏联元帅朱可夫。

一、德国将帅

(一)埃里希·冯·曼施坦因

在库尔斯克战役问题上,如前所述,曼施坦因认为"堡垒行动"过于保守,希望借助之前哈尔科夫反击战的战术,主张扩大歼击苏军的范围,迂回到在亚速海的罗斯托夫以包围和歼灭当中的红军。但是,希特勒没有采纳。曼施坦因只得退而求其次,接受"堡垒行动",并提出自己的两套方案,即"先发制人"方案和"防守反击"方案。希特勒选择了前者。"堡垒行动"开始后,曼施坦因坚决果敢地执行计划,于突出部南线发起攻击,并基本实现了战役目标。但是,北线的失败以及盟军登陆西西里岛等因素最终促使希特勒放弃继续进攻的想法。对此,曼施坦因坚决反对,认为德军不应该草草收兵,德军还有充足的力量,可以继续以优势的坦克交换比消耗掉苏联红军装甲力量,以便使苏联红军至少不能在德军撤出进攻后立即发起强力反击,所以在这个战役刚进行到决战时刻取消"堡垒行动"是不明智的。希特勒没有采纳。

(二)奥托·莫里茨·瓦尔特·莫德尔

奥托·莫里茨·瓦尔特·莫德尔(1891—1945),德国陆军元帅,擅长组织防御作战,被称为"防守大师"。莫德尔被希特勒誉为"东线的救星",在德军中以"元首的消防队员"而著称,被视为"转危为安"的将领。1891年1月24日,莫德尔出生在德国根廷的一个普通家庭,1909年,参军服役,开始了军旅生涯。与其他德国将领不同的是,莫德尔是从一名普通士兵逐步成为德国元帅的,在其军官道路上没有进行过军校教育,却经历过参谋本部的训练。他参加过一战,希特勒上台后,莫德尔成为狂热的纳粹信徒,经戈培尔引荐,受到希特勒接见,并得到赏识和重用,二战爆

奥托·莫里茨·瓦尔特·莫德尔

发后,在德军每一次重大军事行动中,都能见到莫德尔指挥的身影。1944年12月16日,他在西线指挥了阿登攻势,一度令英美盟军战线濒临崩溃,从而向世人展示了其另一面,即高超的组织进攻的能力和才华。1945年4月,鲁尔战役失败后,莫德尔自杀身亡。

在战争中,莫德尔表现出极高的职业素养:不畏权贵,坚持军事原则。他曾指出:"一名指挥官如果失去自主权,被捆在命令上,充其量只能打顺利仗,但永远不

能打赢硬仗、恶仗。"在库尔斯克战役问题上,莫德尔是不同意发动进攻的,主张放弃"堡垒行动",理由客观充分:经过前期的作战消耗,德军实力还未恢复,苏军实力恢复速度惊人,鉴于力量对比悬殊,对进攻的成败没有把握。但是,希特勒没有听从莫德尔的建议,仍然命令莫德尔的第9集团军从奥廖尔突出部向南进攻,结果正如莫德尔预料的那样,德军未达到战役突然性,进攻锐势大减,战役没有取得成功,并损失了大量的兵员和装备。

二、苏军将帅

斯大林格勒战役结束后,朱可夫晋升为元帅。此时的朱可夫审视苏德战场全局后,将目光锁定在库尔斯克突出部,并作出战略判断,认为希特勒下一步很有可能会进攻库尔斯克,企图重新打开通往莫斯科的道路,夺回战场主动权。不出朱可夫所料,德军果然制定了"堡垒行动",计划以第9集团军和第4集团军等部队分别从奥廖尔和别尔哥罗德实施南北夹击,合围和歼灭库尔斯克突出部的苏军。

1943年3月中旬,朱可夫来到库尔斯克,迅速查明了德军的进攻企图。4月20日,他回莫斯科向最高统帅部建议,在即将进行的库尔斯克战役中,继续采取苏军惯用的打法,即"防守反击"战术:苏军暂不开始进攻,而以优势兵力进行防御,在阵地上疲惫和消耗敌人,然后再投入精锐预备队,转入反攻,最后歼灭德军主力。最高统帅部采纳了朱可夫的建议,下令按此战法迅速准备库尔斯克战役。

第四节 战役进程

库尔斯克战役包括苏军为粉碎德军中央集团军群和南方集团军群南北两翼进攻而实施的一系列防御作战(1943年7月5日—7月12日)和进攻作战(1943年7月12日—8月23日),最终以苏联红军的胜利而告终。

一、苏联红军防御作战

1943年7月5日凌晨,库尔斯克战役正式打响。但令世人惊奇的是,战争的序幕并不是德军进攻前的炮火准备,而是苏联红军从俘虏口中获悉德军即将进攻的情报后率先向对手阵地实施的炮火反准备。苏军的炮火打了德军一个措手不及,集结于一线的南北进攻部队均遭受了不小的损失,攻击不得不比原计划推迟两三个小时。

在南线,霍斯指挥德军南方集团军群的第4装甲集团军于预定计划的3小时后向对面瓦图京指挥的苏军沃罗涅日方面军发动进攻。在第一天的作战中,德第4装甲集团军在空军近1000架次飞机的支援下,接连突破了苏军的两道防线,强渡了佩纳河。瓦图京紧急调整部署,投入了方面军预备队填补防线缺口,并请求最高统帅部将草原方面军第5近卫集团军的第2和第10坦克军353辆坦克调过来增援沃罗涅日方面军。傍晚时分,苏军防线终于稳固下来。第二天,德军继续保持猛攻的态势,但收效不大。在制空权的争夺上,苏联空军开始扭转劣势。接下来,双方都准备调整部署以求突破。苏联瓦图京将军指挥部队继续在正面抵挡德军向奥博扬推进，同时在两翼连续发动反击以期迟滞德军的进攻步伐，为后续援兵草原方面军的第5近卫坦克集团军和第5近卫集团军到来和大反攻赢得时间。德军第4装甲集团军司令霍斯将军见无法从正面突破奥博扬，便决定先从右翼突破，他命令党卫军第2装甲军转向东北的普罗霍罗夫卡。7月12日，在普罗霍罗夫卡城下，德军和苏军爆发了迄今为止人类战争史上最大规模的坦克大会战，双方投入的坦克和自行火炮超过1000辆。虽然苏军的损失要高于德军，但是德军没能攻占普罗霍罗夫卡，而随后赶到的苏联红军援兵使防线越发坚固。

对于这场坦克大会战，时任苏联近卫坦克第5集团军司令罗特米斯特罗夫描绘："普罗霍罗夫卡附近的坦克交战特别残酷和激烈……在这块不怎么宽的地段上，双方参战的坦克和自行火炮约有1200辆。夜幕降临前，战场上响彻着经久不息的发动机轰鸣声和履带的滚动声，许许多多车辆起火燃烧，烟尘像乌云般遮住天空。"一名幸存的德军坦克兵回忆道："敌人无数坦克向我们猛冲，我对俄国坦克压倒一切的威力的印象从来没有那天深。团团

普罗霍罗夫卡坦克大会战

的硝烟使空军无法支援我们，大量的T-34坦克很快冲破我们的队形，在整个战场像大群的耗子一样尖叫。"英国军事历史学家普·扬格写道："傍晚，苏联人成了战场的主宰。历史上最伟大的坦克会战结束了。"时任草原方面军司令员科涅夫评论道："普罗霍罗夫卡坦克大战，是德军装甲兵这只天鹅临终前的美妙歌声。"

在北线，苏联红军的炮击也使德军的进攻比计划推迟了两个多小时，在几十分钟的炮火准备和空中轰炸之后，德军第9集团军开始发动进攻。第一天，德军在主攻方向上集中了4个装甲师和3个步兵师的兵力，艰难地突破了苏军第一道防线，向前推进了10千米。第二天，苏军率先发起反击，莫德尔投入预备队迎击，双发爆发了坦克大战，最终德军击退了苏军，并乘胜杀到苏联红军第二条防线前，但被苏军第17近卫步兵军以及赶来增援的苏军第17坦克军阻止。凌晨，德军再一次发动了进攻，企图夺取交通枢纽波内里，战斗异常激烈，德军数次攻入市区，但都被顽强的苏联红军赶了出来，而苏联空军经过激战，夺取了库尔斯克北部地区的制空权，从此给德国地面部队以很大威协。之后，双方围绕波内里展开了反复的争夺。虽然德军付出惨重的代价后占领了大半个波内里，但苏联红军仍控制着市内一些重要据点，令德军无法继续推进。1943年7月9日，莫德尔以300辆坦克向苏联红军阵地发动了最后一次进攻，结果仍然是失败，此时德军第9集团军的攻击能量已耗尽，10日莫德尔被迫转入防御。

鉴于突出部战役中，德军北线进攻受阻，且第9集团军有被切断后路，重蹈斯大林格勒德军覆灭的危险，加之英美联军于1943年7月10日在意大利西西里岛登陆成功，希特勒认为此战胜利无望，13日，决意终止"堡垒行动"，抽调兵力驰援

意大利。17日,德军开始后撤。23日,双方基本恢复了交战前的态势。

二、苏联红军反攻作战

伴随德军"堡垒行动"的终止,苏联红军实施大反攻的时机到来了,北线最先转入反攻,之后是南线。反攻过程中,北线爆发了奥廖尔战役,南线进行了别尔哥罗德-哈尔科夫战役,最终苏联红军赢得了胜利。

在北线,7月10日,德军转入防御。苏联红军制定了代号为"库图佐夫"的反击计划,12日凌晨战斗打响。苏联方面集结了索科洛夫斯基上将的西方面军与马基恩·波波夫上将的布良斯克方面军各一部以及罗科索夫斯基大将指挥的苏军中央方面军的第70、第13和第48集团军。此时,苏联空军完全掌握了制空权。面对坦克和兵力都占优势的苏军,莫德尔无力阻止其进攻,一再要求后撤。7月25日,希特勒最终同意弃守奥廖尔。7月31日,德军向布良斯克方向的"哈根"防线撤退。8月5日,苏军攻克了奥廖尔,10日解放了霍特涅茨,15日进入卡拉切夫,至16日苏军的进攻基本结束,战线逐步稳定。在奥廖尔战役中,苏军歼敌20万人、击毁坦克1044辆、火炮2402门,并向西推进了150千米,拉平了库尔斯克防线,却未能完成战前制定的合围并歼灭德中央集团军群的计划,同时苏军的损失也是巨大的,伤亡近43万人,损失坦克2586辆、火炮892门、飞机1104架。

在南线,苏联红军于8月3日发动了代号为"鲁缅采夫"的反攻行动,担任主攻任务的是沃罗涅日方面军和草原方面军,总兵力为90万人和2800多辆坦克和自行火炮。第一天,由于德军没有预料到苏军的反攻,因此苏军进攻较为顺利,突破了德军的第一道防线,各突击集团平均向德军纵深推进了10~15千米。5日,苏军收复别尔格罗德。但在随后的战斗中,曼施坦因逐渐稳住了阵脚,甚至还在局地对分兵冒进的苏军发动了反击,一度迟滞了苏军进攻的势头。17日后,苏军数量上的优势再次起到了决定性的作用,他们很快又恢复了进攻,并粉碎了德军的反击。23日,苏军收复哈尔科夫。在别尔哥罗德-哈尔科夫战役中,苏军歼敌约20万人,自身损失也超过25万人,此外还损失坦克1864辆、火炮423门和飞机153架。至此,库尔斯克战役落下了帷幕。

第五节 战役结果及影响

库尔斯克战役是苏德之间钢铁与钢铁之间的碰撞、意志与意志之间的比拼,最终苏联红军傲然挺立,德军则败下阵来,苏德战场的态势也随之发生了根本性的转变。

一、战役结果

在近50天的库尔斯克战役中,德军损失兵力50万人、坦克1500辆、火炮3000门和飞机1030架。苏联红军也为库尔斯克会战胜利付出了巨大的代价,损失兵力85万人、坦克6799辆、火炮5244门和飞机2200架。

德军在战役中没有完成攻占库尔斯克、拉平战线的既定目标,更没有掌控东线的战争主动权,反而损失了大量的兵员与装备,特别是兵员的损耗使得饱受兵源不足的德军雪上加霜,东线仅有的机动兵力在此战中丧失殆尽,之后再想发动大规模的进攻几无可能,因此,德军是完全的失败,再也无法扭转整个东线战局。

苏联红军虽然在此战中损失高于德军,也没有完成歼灭德中央集团军群和南方集团军群的战役目标,但是源源不断的后援使其在遭受了巨大损失的情况下仍能按照计划跃出防线对当面的德军发起全面反攻,并且收复了大片失地,杀伤了大量的德军有生机动力量,彻底扭转了苏德战场的态势,掌握了战争的主动权,因此,苏军是此战当之无愧的胜利者。

二、苏德胜败的原因

(一)德军失败的原因

在库尔斯克战役中,导致德军最终失败的原因是多方面的:第一,兵力对比悬殊,如前所述,苏军投入的兵力和装备除飞机外,其他几乎都是德军的2倍左右,并且还有强大的后援力量源源不断地开往前线,成为取得胜利的生力军,反观德军、兵源匮乏,物资和装备补充不及时,为了应急不得不拆东墙补西墙,且以往的技战术水平优势也不再那么明显,正在被苏联红军逐步地赶超;第二,深陷两线作战的窘境,在微观层面,围绕库尔斯克突出部展开的进攻中,南北两翼未有很好的配合,几乎是各行其是;宏观层面,德军东西两线开战,这是德国难以支撑的,库尔斯克战役正酣之时,盟军在西西里岛登陆迫使德国不得不抽调东线力量去填补西线的战线窟窿;第三,后勤保障乏力,损失较难短时间弥补,经过之前作战消耗,德军部队都不同程度地存在兵源、物资与装备等的短缺,这也是很多将领在库尔斯克战役前反对开战的重要理由之一;第四,将帅战斗意志动摇,作为德军最高统帅希特勒在这场战役中意志不坚定,始终处于犹豫、摇摆的状态,对"堡垒行动"缺乏信心,执行中三心二意,不顾反对,紧急下令终止行动,做出了剜肉补疮的举措,手下的将领除曼施坦因外,几乎都没有决绝的战斗意志。这些原因累积起来,德军焉能不败!

(二)苏军胜利的原因

在库尔斯克战役中,苏联红军获得了最终的胜利,原因有以下几个方面:第一,对敌斗争的意志坚决,战前对下一步苏军的行动虽然将领之间存在分歧,但是很快经过论证后便能达成一致,成为上下一心的行动方案,并坚决贯彻到底;第二,苏联军民进行的是正义的反法西斯卫国战争,打败纳粹德国,将德军逐出苏联,收复失地,解放纳粹暴政下的人民等坚定了前者毫不动摇的对敌斗争意志;第三,战略战术得当,此役中苏联红军采取了朱可夫元帅提出的"防守反击"的战略战术,实践证明是成功的,战役前期艰苦的防御作战消耗了大量的德军有生力量,为反击赢得宝贵的准备时间,待德军进攻力量衰竭之际,组织大规模的反攻,摧枯拉朽般地扫除和击退了当面之敌,收复了大片失地;第四,士气高涨,莫斯科战役、斯大林格勒战役的胜利鼓舞了苏联红军将士胜利的信心,哈尔科夫战役的挫折则激发了红军复仇的斗志,誓将打败法西斯匪徒;第五,源源不断的后援力量,苏联众多的人口、辽阔的疆域以及丰富的资源为战争提供了不竭的后备力量,英美盟国的援助物资也是苏联卫国战争的坚强后盾之一。综合这些因素,确保了苏联红军在库尔斯克战役中能够取得胜利。

三、战役的影响与意义

苏联红军在库尔斯克战役中的胜利对东线苏德战场乃至整个二战进程都产生了深远的影响,表现在以下几个方面。

第一,库尔斯克战役是苏德战场的转折点,此役过后,东线战争主动权易手,德军丧失了组织大规模兵力进攻苏联的能力,转而采取守势;苏联红军则获得了战争的主动权,开始组织力量向德军发动大规模的反击作战,收复失地的同时,不断向德国的老巢柏林迈进。

第二,库尔斯克战役也是二战的转折点之一,成为第三帝国灭亡的致命伤,德军最后的机动作战力量在此役中消耗了,此后,德军再无力扩张,只能疲于奔命在东西两线应付盟军的进攻,离最终的灭亡越来越近。正如斯大林评价的那样:"如果说斯大林格勒会战预示着德国法西斯的衰落,那么库尔斯克会战则使它面临灭顶之灾""苏联红军在库尔斯克会战的胜利标志着德国法西斯已经处于覆灭的边缘"。

第三,苏联红军各级指挥员经受了库尔斯克战役血与火的洗礼后,指挥艺术也越来越成熟。苏联红军最高统帅部在组织方面军群之间的战略协同、战略预备队的使用、坦克集团军进攻等方面都有较大改进,取得了在决定性方向大量集中兵力兵器的新经验;航空兵也彻底夺取了东线战场的制空权。此役过后,苏联红军将士不但可以组织有效的防御作战,而且也可以越发自信地跃出战壕和城防工事,在飞机和炮火的掩护下于阔野上与德军展开正面硬碰硬的决战。

第四,苏联红军库尔斯克战役的胜利鼓舞了苏联人民和全世界人民反法西斯战争的胜利信心。此役过后,曾经骄狂无比、不可一世的法西斯德军永久性地丧失了战场主动权,再也没有能力发起有威胁的攻势。战场上攻守态势的转换,使得全世界反法西斯军民逐步意识到轴心国疯狂扩张的时代已成为过去,处于盟军东西两线日益紧勒绞索下的第三帝国时日不多,最终敲响纳粹德国丧钟的日子即将来临,这场正义对邪恶的战争必将取得最终的胜利。

思考题

1. 库尔斯克战役经历了哪几个阶段?
2. 苏军赢得库尔斯克战役胜利的原因有哪些?
3. 苏联红军赢得库尔斯克战役胜利的意义有哪些?

第十章 柏林战役

1945年4月16日至5月8日,苏军对德国发动了柏林战役。此役是第二次世界大战末期,苏军为攻占法西斯德国首都,给德军以最后歼灭性打击而进行的战略性进攻战役。

位于柏林的苏维埃战争纪念碑

第一节 作战计划的出台

一、德军作战计划

柏林,不仅是德国历史名城,也是希特勒法西斯帝国的政治、经济、文化和军事中心,战略地位极其重要。从19世纪起,柏林的工业便迅速发展,二战开始时,柏林集中了全德国几乎三分之二的电力工业、大部分机器制造业和军事工业,工业人口战前已经达到120万以上,工业基础整体非常雄厚。柏林也是决定着德国战争机器运转的关键环节,犹如法西斯德国的心脏,联系着其他的动脉和内脏。一旦这颗心脏停止跳动了,法西斯德国就会彻底覆灭,反之,只要这颗心脏仍然跳动,反法西斯战争就不会结束。

至1945年初,苏军与盟国远征军在欧洲战场已取得决定性胜利,苏军在东线,英法美在西线的胜利进军,使军事斗争的主战场已经渐渐转移到德国本土。希特勒已经受到东西两面的夹击,在战略上陷入两面受敌的艰难处境中。法西斯德国在东西两线夹攻下正在走向灭亡。

尽管德国败局已定,但是以希特勒为主的德国首脑们不甘心自己失败的命运,企图寻求出路使战争继续拖延下去。希特勒妄图依靠柏林及其周围地区负隅顽抗,当苏军攻占奥得河—尼斯河一线时,希特勒决心集中兵力在东线,准备不惜一切代价,坚决守住东线,同苏军决一死战,避免无条件投降。希特勒的德军最高统帅部预料到苏军要向柏林方面实施主要突击,于是在这个方向上集中了大量兵力与武器装备,企图阻止苏联军队继续向西进攻。希特勒意图把柏林之战作为整个战争的最高阶段，宣称要"让布尔什维克在柏林门前洒满鲜血"。戈培尔叫嚣，除非整个欧洲与德国共同沦陷，否则德国绝不会放弃柏林。德国的法西斯首领们意图将柏林变成德国的斯大林格勒，用苏联人的办法对付苏联人，为行将灭亡的德国创造新的转机。

但是，遭到严重削弱的德国法西斯军队，已经无力阻止苏军的进攻，柏林已危在旦夕。为此，他们把希望寄托在盟军内部可能出现的意外变化上，希望在英美苏之间出现摩擦和分裂。为了达成目的，德国实施各种阴谋活动，离间盟军之间的关系。1945年3月，德国派沃尔夫前往伯尔尼，同英美盟军进行联系，提出德军将向盟军单独投降，借以挑拨其与苏联的关系。为此，希特勒声称宁愿把柏林交给盟军，也不能让俄国人进入。在任何情况下都要严守柏林，即使美国人从背后攻击，也不能把柏林交给苏军。

由于柏林的重要地位，所以德军在采取离间盟军关系手段的同时，也加紧了备战工作。自从失去了东普鲁士以来，希特勒便返回柏林，亲自坐镇，强调一定要坚守柏林，直到死亡临头，他都决不弃城而逃。他一方面着手组建新的作战部队，一方面加强柏林作战地域的防御工事，企图把柏林变成一座坚不可摧的城堡。德军统帅部为了准备柏林决战，于1945年4月上旬重新部署军队，特别注重在奥得河和尼斯河西岸构筑坚固的纵深防御工事。奥得河及尼斯河西岸非常有利于组织防御，防御地带通常都通过许多河流、湖泊、沼泽、高地和密林。其中，泽劳弗高地是靠近柏林的最坚固的支撑点，因此德军极为关注泽劳弗高地的防御，利用这个高地可以有效地防御柏林东面的敌人。德军在奥得河和柏林之间建立的防御体系相当绵密，包括柏林防御区在内，纵深达100余千米。在这些地方，存在很多与都市规模一样的居民点以及坚固的石制建筑。而德军把此类居民点都变成了坚固的支撑点。此外，德军还建立了以铁丝网、地雷为主的广阔的防坦克、步兵的障碍，并从柏林防空区调来大量空军以加强掩护。

德军统帅部为了准备决战，不仅尽一切可能在柏林战略方向上增加军队数量，而且还极力想尽各种方法鼓舞德军士气。1945年4月14日，纳粹宣传部长戈培尔视察了德军第9集团军，号召在东面守卫柏林的德军要坚决顶住，不让苏联人前进一步。第二天，希特勒发表《告东线官兵特别书》，声称：最高统帅部已经预见到苏军的进攻，并且已经组织了强大的军力来抵抗他们，苏军的进攻将淹没在他们自己的血泊中。

二、苏军作战计划

1945年1月到3月，苏军先后粉碎了东普鲁士、波兰、西里西亚、东波美拉尼亚和匈牙利的德国军队，并于4月1日推进到德国腹地。此时西欧战区的战略态势也迅速向着有利于盟军的方向扭转，盟军于3月下旬重新发动对德军的进攻，在波恩至曼海姆一带渡过了莱茵河，并于4月1日之前挺进到布雷达、波恩、卡赛尔、曼海姆和米卢兹一线，合围了德军的鲁尔集团。当鲁尔集团被合围以后，德军西部战线实际上已经彻底崩溃。之后，盟军向汉堡、莱比锡等方向继续推进，此时英美

第十章 柏林战役

联军与苏军距离已不足 200 千米。

1945 年 3 月,德国派遣沃尔夫将军率众同英美盟军沟通联系,进行德军向盟军单独投降的谈判。苏联政府大为恼火,因此给罗斯福总统发了一份特别公函,坚决要求停止此种单独谈判。罗斯福回函进行解释,指出德军目标就是"要在各个同盟国之间散布怀疑和制造不信任",盟军方面的误解得以消除。

摧毁法西斯德国的大本营——柏林,对盟军的战略行动具有重大意义。此时挥师西进的苏联军队已经占领德国波美拉尼亚等省份,距柏林仅有 60 千米。莱茵河以东,盟军已经在鲁尔地区围歼了德国 B 集团军群的主力,西线德军已经基本崩溃,盟军正在向德军腹地进攻。盟军的下一步行动是向德国纵深方向推进,但英美两国在应不应该把柏林作为主要进攻目标的问题上产生了严重分歧。

盟军最高统帅艾森豪威尔接到情报,得知希特勒政府准备撤出柏林,向南后退,企图到东南部山区集结力量以负隅顽抗。因此艾森豪威尔没有把柏林作为主要进攻目标,他决定把第 21 集团军群的美军第 9 集团军从蒙哥马利的指挥中抽出来,重新调归第 12 集团军群。他计划用第 12 集团军群从左翼向不来梅和汉堡方向突击,占领海港要塞,切断境外德军与本土的联系;计划用第 6 集团军群从右翼向德国南部和奥地利方向突击,防止德军在山区建立根据地。此举引起丘吉尔的不满,这位英国首相一心想让蒙哥马利率先攻克柏林,为英国增光添彩。因此,艾森豪威尔的计划遭到了英国的强烈反对。丘吉尔和蒙哥马利批评艾森豪威尔的计划排除了英军攻克柏林的可能性,等于是把柏林拱手让给苏联,如此不利于战后政治问题的处理。英国方面认为盟军不应该停留在易北河,而应该在苏联军队发动攻势之前,抢先攻克柏林。尤其让英国人不能容忍的是,艾森豪威尔在没有通知英美双方参谋长委员会的情况下,居然率先向苏联通报了这一计划,因此英国参谋长委员会表示艾森豪威尔已经越权。1945 年 4 月 6 日,蒙哥马利要求增派 10 个美国步兵师来协助英军进攻柏林,遭到了拒绝。艾森豪威尔明确了自己的态度,即便是要进攻柏林,这个机会也是属于美军的,英军不要再抱有攻克柏林的想法。

苏联方面,苏军此时已经前进到奥得河—尼斯河一带,占据有利地形,距离柏林仅仅 60 千米,其兵力和装备也远胜于盟军,因此苏联人始终把柏林作为自己的战利品。为了粉碎希特勒的阴谋,彻底消灭德军,苏军决定以自己的力量攻克柏林,这与艾森豪威尔的计划不谋而合。1945 年 3 月 28 日,艾森豪威尔通过驻莫斯科的美军委员会与斯大林通信,把最高统帅部的作战计划通知斯大林,并询问苏军统帅部近期计划。与此同时,艾森豪威尔将此信抄送盟军参谋长联席会议。艾森豪威尔在信中提出他最近的目标是包围鲁尔地区,然后 4 月 1 日结束这场战斗,之后与苏军在易北河会师。斯大林同意艾森豪威尔提出的会师计划和地点。1945 年 4 月 21 日,艾森豪威尔再次致函苏联最高统帅部,通报了盟军在易北河停止前进的决定,并说明了有关美军驻防的详细情况。

苏军方面已经开始准备战斗,按照斯大林的设想,柏林战役将由朱可夫元帅的白俄罗斯第1方面军、科涅夫元帅的乌克兰第1方面军和罗科索夫斯基元帅的白俄罗斯第2方面军共同实施。但是由于当时白俄罗斯第2方面军正在但泽东南和格丁尼亚以北地域的德军进行战斗,所以斯大林没有让罗科索夫斯基元帅参加会议。为了落实斯大林的指示,朱可夫、科涅夫带着他们的参谋班子夜以继日,用了一个昼夜多的时间,分别拿出了自己部队关于柏林战役的基本构想。4月2日,朱可夫和科涅夫携带着准备呈报的计划来到大本营。总参谋长安东诺夫报告了柏林战役的总计划,之后研究了白俄罗斯第1方面军的计划。斯大林对朱可夫和科涅夫的战役计划比较满意,批准施行。苏军柏林战役的总计划是:在短时间内消灭德军维斯瓦集团军群和中央集团军群主力,攻占德国首都,推进至易北河与盟军会师,迫使法西斯德国无条件投降。苏军计划用3个方面军,在6个地段突破德军在奥得河—尼斯河防线,合围、分割并歼灭德军柏林集团主力,同时前进到易北河区域。总体部署如下:白俄罗斯第1方面军居中,乌克兰第1方面军在左,白俄罗斯第2方面军在右。1945年4月2日到6日,苏军最高统帅部大本营向参加柏林战役的军队下达训令,各方面军便着手进行战役准备工作。

苏军将领深知,德军在柏林已经做好了充分准备,只能通过巧妙的战役伪装,发动局部的突然袭击。柏林战役正在紧张有序地进行着,白俄罗斯第1方面军在比较狭窄的地段上,短时间内就集中了83个步兵师、1155辆坦克和自行火炮、14628门火炮和迫击炮,以及1531门火箭炮。苏军各方面军都组建了强大的突击集团,形成了很高的战役密度和对敌的绝对优势,只待最后给予德军致命一击。

第二节 战前兵力对比

一、德军兵力

1945年春季,苏军和美英等盟国远征军分别从东西两个方向进攻德国本土。盟军东西两线都为最后歼灭法西斯德军积极进行准备,在东线,苏军已进至奥得河—尼斯河一线,距柏林只有60千米。西线方向,盟军先头部队已经进至易北河附近,距离柏林100~120千米。军事上陷于腹背受敌的德国,虽然政治上已陷入绝境,在人力、物力、资源上完全枯竭、士气低落,但希特勒仍然负隅顽抗,竭力拖延战争,希望在反法西斯同盟内部发生分裂而使战争出现转机。德军统帅部为了竭力阻止苏军向柏林进攻,调集重兵抵抗苏军。负责防守苏军的是维斯瓦集团军群(司令为海因里齐上将,4月28日起换为施图登特上将)和中央集团军群(司令为舍尔纳元帅),总计军队有48个步兵师、9个摩托化师、6个装甲师,以及其他许多独立兵团约100万人。装备方面,有火炮和迫击炮1.04万门、坦克和自行火炮1500余辆、作战飞机3300架,除此之外,还有陆军总预备队8个师,以及柏林市内国民突击队200多个营。为了对苏军形成有效抵抗,德军建立了坚固的纵深梯次防御体系,包括奥得河—尼斯河防御地区和柏林防御地域。其中奥得河—尼斯河防御地区由三道防御地带组成,纵深20~40千米,主力配量在第二防御地带。柏林防御地域由三道围廓组成,其中外层围廓距市中心 25～40 千米。

二、苏军兵力

为彻底消灭法西斯德军,结束欧洲的战争,在英国首相丘吉尔力促英美军队先于苏军攻占柏林的情况下,苏军最高统帅部下定决心,准备对柏林快速实施攻克。参加战役的军队有三个方面军:白俄罗斯第 1 方面军、白俄罗斯第 2 方面军和乌克兰第 1 方面军,此外,还有波罗的海舰队一部,空军远程航空兵和国土防空军各一部,第聂伯河舰队以及波兰的两个集团军、1 个坦克军和 1 个航空兵军。参战兵力总计 162 个步兵师和骑兵师、2 个坦克军和机械化军、4 个空军集团军,共 250 万人(2.5 倍于敌),拥有火炮 41600 门(4.1 倍于敌)、坦克和自行火炮 6250 余辆(4.2 倍于敌)、作战飞机 7500 架(2.3 倍于敌)。由于在兵力和装备方面的绝对优势,苏军决定在正面同时实施数个猛烈突击,合围柏林德军集团,之后分割德国军队,并逐一消灭。除以上兵力之外,苏军还以 3 个方面军同时在战线南翼实施进攻,以牵制德军的行动,确保柏林战役的顺利实施。

第三节　将帅谋略

一、德军方面

希特勒深知柏林的重要性,他致力于加强柏林作战地域防御力量,企图把柏林变成一座坚不可摧的堡垒。当苏军进攻柏林的威胁越来越大的时候,希特勒更是加紧进行各种阴谋活动。

希特勒计划先以武力迫使一个敌人妥协,然后再全力对付另一个敌人。但武力反扑失败后,希特勒便企图制造苏联与盟国的政治冲突。为此,希特勒开始与美英单独媾和,他认为一旦计划成功,苏美英联盟就会分崩离析。于是德国开始在中立国直接试探同美英单方面缔结协定的可能性,但阴谋没有得逞。希特勒并没有放弃分化瓦解政策,为了使苏军与美英军发生冲突,希特勒决定对美英军队开放战线。当希特勒得知雅尔塔会议划分了对德占领区之后,他为美英军队可以到达易北河而感到宽心。德国方面决定,一旦德国被分成两半,那么就在德国南、北两部各组织一支军队继续抵抗,中间则让出来,使美英军进入苏占区,如此苏军就会同盟军发生冲突。

1945 年 4 月 20 日,苏军远程炮兵首次对柏林市区实施炮击,揭开了强攻柏林的序幕。这一天恰好是希特勒的生日,面对冷酷的现实,希特勒第一次承认德国战败了。因此希特勒打消了离开柏林的念头,并把他留在柏林的决定公布于众,想以此稳定民心、增长士气。希特勒亲自接管了柏林城防的指挥权,后来虽又任命了新的城防司令,但要绝对在他的指挥下行事。4 月 22 日,他下令把同美军作战的一支德军调到东线,全力对付苏军。他发出特别训令,要求军队全力抵抗苏联军队,而不必介意西线美英军队占领多少德国领土。他还命令不准任何军队撤退,反而要进攻,夺回奥得河。希特勒下令柏林地区的军队都要投入战斗,对于按兵不动和退却的军官处以极刑。然而,苏军此时进攻至柏林近郊,打乱了德军的防御部署。德军总参谋部已受到严重威胁,局势已不是希特勒的意志所能左右得了的,指挥已经失灵。希特勒判断,苏军和西线盟军很快就会在柏林以西的易北河会师,德国被切成南、北两部分已不可避免。因此,他命令实施之前制定的计划,即德军应建立南、北两个指挥部,以便继续进行战争。但德国已失去了继续战争的能力,苏军进攻柏林使法西斯德国统治集团内部更加动荡不安,很多希特勒重用和宠信的人纷纷逃离柏林。与此同时,随着法西斯德国末日来临,法西斯德国内部开始了争夺权力的斗争,希特勒已然众叛亲离、穷途末路。

二、苏军将帅谋略

苏军方面,担任柏林战役总指挥的是朱可夫元帅。为了取得柏林战役的胜利,朱可夫在战前进行了异常周密的准备,利用航空侦察兵对柏林地区进行侦查,并制作出柏林地区的精确模型,进行了协同演练,在调动部队和运输战备物资时也采取了严格的保密措施。对战争发起的时间,朱可夫也进行了周密的筹划。为了达到出其不意的效果,朱可夫并没有墨守成规,没有让部队在黎明时分发动进攻,而是在天亮前两小时发起夜间攻击行动。1945年4月16日凌晨3时,战役正式打响,朱可夫所率部队用近两万门火炮,并出动轰炸机,对敌方阵地实施了猛烈轰炸。之后,天空中的信号弹,再加上地面上的探照灯发射的强烈闪光,使得阵地亮如白昼,此时的战场正如朱可夫所言:"一千多度电光照亮了战场,使人目眩眼花,将我军坦克和步兵冲击目标从黑暗中暴露无遗。这是一个给人留下异常强烈印象的场面,可以说,我一生从未有过类似的感觉。"朱可夫的部队在1小时后向纵深推进了1.5至2千米,突破了德军第一阵地。至中午时分,苏军便突破了德军的第一防御地带。在遭遇德军顽强阻击后,次日,朱可夫集中猛烈火力,突破德军第二防御地带,4月19日,突破德军第三防御地带,德军奥得河防线崩溃。

1945年4月20日,朱可夫的部队在柏林接近地突破德军防线,炮兵开始轰击柏林市区。4月21日,朱可夫的3个集团军从东、北面突入市郊。至27日,苏军突入市中心,对每一条街道,每一间房屋进行了争夺战。接着朱可夫的部队开始攻打处于其作战范围内的德国国会大厦。4月30日,希特勒在总理府地下室自杀。当晚9时50分,苏军战士叶戈罗夫、坎塔里亚和伊凡诺夫将苏联国旗率先插上国会大厦圆顶。至1945年5月2日,德军柏林卫戍司令魏德林率部投降。

第四节 战役进程

柏林战役依其任务性质和发展过程可分为三个阶段:第一阶段从1945年4月16日至19日,苏军突破德军奥得河—尼斯河防御地区;第二阶段从4月20至4月25日,苏军完成对德军集团的合围与分割;第三阶段从4月26日至5月8日,苏军歼灭德国被围集团军并攻克柏林。

第十章 柏林战役

一、突破德军奥得河—尼斯河防御地区

1945年4月16日,恰好是列宁诞辰75周年纪念日,朱可夫的白俄罗斯第1方面军和科涅夫的乌克兰第1方面军同时向德军阵地发动进攻。4月16日凌晨5时,白俄罗斯第1方面军从柏林正东的奥得河地段开始向德军发起炮击。在半个小时的轰击中,由于炮火猛烈,德军一发炮弹都未能回击。5时半,苏军步兵在坦克协同下发起了冲锋。在苏军强大的探照灯照射下,德军被刺眼的灯光照得无法睁眼,阵地遭到密集炮火的杀伤。至拂晓,苏军已突破德国军队的第一道防线。同时,苏联的飞机对德军阵地进行了轮番轰炸,在战役开始的前24小时,苏联的轰炸机共出动了6550架次。天亮后,德军开始从易守难攻的泽劳弗高地用炮火进行抵抗,坚守德军第二道防线。苏军在泽劳弗高地遭到德军顽强的抵抗。当日下午,白俄罗斯第1方面军出动了两个坦克集团军进攻这一地区,但也未能突破德军防线。直至18日晨,苏军才完全占领了泽劳弗高地。在白俄罗斯第1方面军向德军进攻的同时,位于尼斯河一线的乌克兰第1方面军也开始向德军进攻,由于此处的德军防御相对薄弱,苏军进展比较顺利。乌克兰第1方面军渡过尼斯河之后,分兵向西北方向推进,直指柏林南侧。

经过四昼夜的激战,白俄罗斯第1方面军和乌克兰第1方面军分别于18日和19日突破奥得河—尼斯河防御地区的三道防线,逼近了柏林防御圈。在此期间,希特勒不得已将全部预备队投入战斗,苏军摧垮了德军九个师。18—19日,罗科索夫斯基的白俄罗斯第2方面军在北面强渡东奥得河,抢占强渡西奥得河的出发阵地。由于刚结束东波美拉尼亚战役,白俄罗斯第2方面军需要休整,因此其主力在4月20日才投入柏林战役。白俄罗斯第2方面军将位于柏林以北的德国第3坦克集团军驱逐到海岸,并消灭了一部分德军,剩余部分随后也向英军投降。如此一来,白俄罗斯第2方面军的行动就保障了白俄罗斯第1方面军的侧翼安全,对第1方面军突破德军奥得河区的作战进行了有力支援。

二、完成对德军集团的合围与分割

1945年4月20日,恰逢希特勒56岁生日,希特勒在地下室里举行了生日宴会,他自知末日将近,遂决定留在柏林进行最后的垂死挣扎。4月20日,苏军首次炮击柏林市区,乌克兰第1方面军的坦克部队从南面进抵柏林接近地。4月21日开始,乌克兰第1方面军从南面和东南面向柏林突击。白俄罗斯第1方面军的突击部队于20日率先炮击柏林市区,21日从东面突入柏林,在郊区展开激战,开始在市区交战,并冲入市内。

希特勒命令柏林以西的德国第12集团军向东南移动,计划与德国第9集团军会合后向苏军反击。4月24日,白俄罗斯第1方面军和乌克兰第1方面军在柏林东南会师,从而切断了德国第9集团军和德国第4坦克集团军同柏林的联系,并将这支大约20万人的德军包围在奥得河上的法兰克福—古本地区。4月

25日,在柏林西侧,白俄罗斯第1方面军从北面向南,乌克兰第1方面军从南面向北,胜利地会师于波茨坦西边,形成了对柏林的包围圈,使柏林的20万德国守军成为瓮中之鳖。此外,美军与苏军于4月25日中午会师于柏林西南的易北河西岸的托尔高。于是整个德国领土和德军阵地被分成南北两块,而且盘踞在捷克斯洛伐克的德国两个集团军群也失去了向柏林地区靠拢的退路。此时,苏美军在托尔高会师的消息很快传遍苏军和盟军各部队,乌克兰第1方面军司令员科涅夫立即将此喜讯报告苏军最高统帅部大本营。官兵们开始相互祝贺,为庆祝这一具有战略和历史意义的会师,在莫斯科以324尊大炮齐鸣24响,向苏军和盟军表示祝贺和敬意。

在此阶段,位于北部的苏联白俄罗斯第2方面军于20日发动进攻并顺利西进,强渡西奥得河,连续突破德军防线,牵制了德军第3装甲集团军和相当一部分预备队,保障了白俄罗斯第1方面军右翼在柏林北面的有效攻击。

在柏林市内发生激烈巷战的同时,德军第12集团军、第9集团军和第4装甲集团军很快被苏军消灭。

三、歼灭德国被围集团军并攻克柏林

苏军对敌被围集团采取多路向心突击和分割围歼的战法,对企图突围的德军集群有效地实施战役迂回和分割包围,于4月26日至5月1日消灭柏林南面的法兰克福—古本集团。与此同时,对柏林城区的强攻则采用割裂防御和各个歼灭的战术,逐街逐屋强攻占领。这时的柏林已是一座战火熊熊、炮声雷鸣的孤城。决定顽抗到底的希特勒,既无后备,也无援军。苏军战士在威力强大的炮群和坦克支援下,作战相当勇猛,因此巷战进行得十分顺利,经激烈巷战,几天之内肃清了柏林城区近300个街区内的德军,至4月29日已推进到市中心。

苏军攻克柏林

在攻打柏林的过程中,苏军大约发射了180万发炮弹。为了摧毁敌人的坚固工事和石制建筑,苏军使用了大口径要塞炮。经过猛烈的攻击和白刃战,4月30日下午,苏军占领了象征着德国最高权力机构的国会大厦。苏军战士叶戈罗夫、坎塔里亚和伊凡诺夫,将一面红旗插在国会大厦顶上,宣告了德国法西斯的灭亡。

同日,希特勒在总理府地下室自杀。5月1日,被希特勒任命为总理的戈培尔,派陆军总参谋长克莱勃斯与苏军谈判停战事宜,同时向苏军通报希特勒死讯。苏军代表根据斯大林的指令,拒绝了德国的要求,并声明:德国政府只能无条件投降。5月2日,柏林卫戍司令魏德林率守军残部投降。5月2日下午3时,德军停止抵抗,柏林战役结束。

5月5日,对企图由市区西逃的零星德军部队的作战也全部结束。5月8日午

夜，德军统帅部代表凯特尔元帅在柏林的卡尔斯霍特向苏军和盟军签署无条件投降书。

柏林战役耗时16天，苏军共消灭和俘虏40余万德军，并付出了伤亡30万人的代价。此时，德国还有约90万人的两个集团军群在捷克斯洛伐克继续负隅顽抗，在苏军以及波捷罗军队联合猛烈打击下，最终于5月12日被全部肃清。

第五节 战役结果和影响

一、战役结果

在柏林战役中，苏军在战法上有三个非常鲜明的特点：第一，在进攻上以绝对优势兵力和武器在宽大正面上实施多路进攻和迅猛突击，并连续突破坚固的纵深梯次防御；第二，使用大量的坦克和机械化部队参加突破与远距离突击，对德军采取先分割而后各个歼灭的战法；第三，在市区战斗中，广泛组织突击支队和强击群实施激烈巷战和夜战。此役，苏军共消灭德国100多个师（其中包括70个步兵师、12个装甲师、11个摩托化师以及大部分航空兵），俘获德军官兵约48万人，缴获众多武器，火炮和迫击炮1万余门、坦克和自行火炮1500多辆、飞机4500架。为此，苏军也付出了损失30多万人、坦克和自行火炮2156辆、火炮和迫击炮1220门、飞机527架的高昂代价。

1945年5月1日，德军代表要求苏军停战，同时通知希特勒已死。5月8日24时，在柏林正式举行了德国无条件投降仪式，投降仪式由朱可夫主持，此外参加仪式的苏方代表还有维辛斯基。德国陆军元帅凯特尔、海军上将弗雷德堡和空军上将什图姆普弗代表德国在投降书上签字。投降书的第一条宣布："我们，这些代表德国最高统帅部的签字者，同意德国一切陆、海、空军及目前仍在德国控制下的一切部队，向红军最高统帅部，同时向盟国远征军最高统帅部无条件投降。"并规定，该投降书从公元1945年5月9日零时开始生效。柏林战役的结束，标志着法西斯德国的灭亡，欧洲战争至此结束。

二、战役影响

苏军攻克柏林产生了深远的政治影响，具有重大的历史意义。此役结束了持续达五年八个月零七天的欧洲战争，把欧洲各国人民从战争苦难中彻底解放出来。柏林战役法西斯德国最后的失败，也表明任何侵略战争的发动者，无论多么不可一世，最终也逃脱不了彻底失败的命运。曾是德国法西斯巢穴的柏林，变成了法西斯的坟墓。这个欧洲战争的策源地，最终也成为欧洲战争的终结之所。

柏林战役的胜利，沉重打击了法西斯侵略势力，极大地鼓舞了世界各国人民反法西斯的斗志。德日意法西斯轴心集团随着柏林被攻克而彻底崩溃，法西斯势力联合称霸世界的妄想也随之灰飞烟灭。苏军攻克柏林后，日本帝国主义失去了最后一个伙伴，其民心更加动摇，士气更加低落，它从德国的失败中看到了自己必然灭亡的下场。而反对日本侵略的各国人民却受到巨大鼓舞，从德国法西斯的彻底失败中看到了胜利的前景,增强了彻底战胜日本帝国主义的信心。德国投降后,全世界反法西斯国家迅速集中力量对抗日本,从而加速了日本侵略势力的灭亡。

  此外,柏林战役的胜利与世界反法西斯力量的协同配合是密不可分的。欧洲战场上盟军的战略协同、中国在亚洲和美国在太平洋战场上的战略,为苏军攻克柏林创造了有利条件。正是因为盟军攻入了德国本土并打到了易北河,使德军腹背受敌,也是因为中国联合太平洋各国同日本浴血奋战,使苏联没有后顾之忧,苏军才如此迅速地取得了柏林战役的胜利。不可忽视的是,战争末期还在做拼死抵抗的法西斯势力虽貌似强大,但士气低落、战斗力削弱已是不争的事实,这也是柏林战役胜利的一个重要因素。

思考题

1. 柏林战役经历了哪几个阶段?
2. 柏林战役苏德双方的战前规划各有什么特点?
3. 简述柏林战役的影响。

第四编　太平洋战场战役

太平洋战争是世界反法西斯战争的重要组成部分,是第二次世界大战中以日本为核心成员之一的轴心国和以美英两国为首的盟军在太平洋及周边区域进行的战争,以1941年12月7日日本偷袭珍珠港为先导,最终以1945年8月15日日本无条件投降为标志宣告了战争的结束。本编选取了偷袭珍珠港和中途岛海战两场战役,讲述了太平洋战争由爆发到战场对峙态势转换的过程,集中反映了日本和美国攻防战略战术的应用。太平洋战争的历史影响是深远的,它是"民主力量与法西斯势力在全球最广阔海域的大冲撞,其惊天动地的气势堪称战争史上的绝笔",并由此奠定了战后该地区的格局。

第十一章　偷袭珍珠港

偷袭珍珠港是指在 1941 年 12 月 7 日清晨（夏威夷时间），日本政府策划的一起偷袭美国海军太平洋舰队基地珍珠港的军事事件，此次事件成为第二次世界大战中太平洋战争爆发的导火索。经过此役，美国太平洋舰队遭受重创，短期内暂时对日本海军无法构成威胁，日本在太平洋战场上处于战略进攻态势，为其横扫东南亚奠定了基础。这次战役也使美国正式加入了盟国阵营，极大地增强了世界反法西斯的力量，加速了二战的进程。

第一节　战役计划的出台

一、日本的计划

(一)日本扩张的天然冲动

日本是个传统岛国，土地稀缺、自然矿产资源匮乏、战略纵深浅等是岛国难以克服的劣势，难以自给自足并且很容易受到来自海洋力量的侵袭。日本为了摆脱这一劣势，选择了一条非正义的军国主义道路，从明治维新开始，日本就不遗余力地在建设一支世界一流的海军，经过中日甲午战争、日俄战争等胜利，依靠军事力量特别是海军不断拓展它的殖民地，从殖民地获得煤炭、石油、铁矿等资源和财富，不断拓展生存的空间，这些又反哺了本土的工业和经济，助推了军事力量的增长。依靠战争不断获得红利，又依靠这些红利助推战争，成为日本对外扩张的惯性。

(二)日本的战略意图

在日本积极地向外拓展之前，亚洲广大国家和地区早已成为英法荷美俄等国的殖民地或势力范围。日本想要向外扩张，就势必要和这些老牌资本主义列强发生激烈的利益冲突和碰撞。日本所面临的境遇和后发资本主义强国如德国、意大利相似，三国决意通过战争对旧的国际格局洗牌，依靠自己的军事实力重新划分世界。

日本选择的扩张路线有"北上"和"南下"之选。"北上"即配合德国进攻苏联，获得西伯利亚丰富的自然矿产资源和富饶的土地，"南下"为进攻东南亚、南亚、澳大利亚和太平洋诸岛，在那里有充足的橡胶、水稻、铜、石油等资源，并且能够获得足够的战略纵深。

此时，深陷对华侵略战争泥潭的日本，国内储备几乎消耗殆尽，急需获得足够的资源来维持战争。经历了"诺门坎事件"军事试探失败之后，日本放弃了北上进攻苏联获得西伯利亚资源的想法。它迅速将目光向南，准备出兵占领英法等西欧国家无暇东顾的东南亚、南亚和澳大利亚等地区。但是，此刻的日本还面临一个强劲的对手，即太平洋彼岸的美国，后者长年驻扎于夏威夷群岛珍珠港中的太平洋舰

第十一章 偷袭珍珠港

队成为日本南下战略实施的拦路虎。

(三)日本"Z"计划的出台

夏威夷群岛位于太平洋的心脏地带,是太平洋上的交通要冲,是连接美国和远东、西太平洋之间的海上交通枢纽,东距美国西海岸约3800千米,西距日本约6000千米,距菲律宾约7000千米,战略地位十分重要,素有太平洋的"十字路口"之称。

夏威夷群岛的主岛是瓦胡岛,珍珠港就位于瓦胡岛南部科劳山脉和怀特奈山脉之间的最低处,美国于1909年开始基地建设,陆续建成了设备齐全的大型造船厂、干船坞、码头、油库等设施。1933年起为了遏止日本的扩张,美国进一步扩建,使之成为美国在太平洋上的主要海军基地和重要后勤基地。自1940年5月起,美国太平洋舰队常驻珍珠港,珍珠港于是成为日本南下的心腹之患。

日本海军上将山本五十六认为,美国海军主力已经进至夏威夷,对日军南下造成严重威胁,如果以突然袭击的方式发起攻击,用舰载航空兵摧毁或者瘫痪美国太平洋舰队的大型舰船和飞机,使其在短时间内无法恢复和参战,就可以使日本夺取战争初期的制海、制空权,从而保证南下的侧翼安全。因此,偷袭珍珠港、全歼美国太平洋舰队成为日本的必然选择。

日本海军传统的战略是在马绍尔群岛以北、马里亚纳群岛以西与美军太平洋舰队进行以战列舰为主力的舰队决战。但山本在多次海上演习、图上演练和兵棋作业中看到这种战略很难一举歼灭美军舰队,而战争一旦陷入拉锯战,以美国的强大经济实力和军事力量,日本不可能取得战争胜利。所以他极力主张在战争开始之初就进行先发制人的偷袭,一举消灭美军太平洋舰队主力,随后不断组织进攻,削弱打击美军,不给美军积蓄力量的时机,从而争取体面的停战。

作为海军航空兵专家的山本,他最先想到的就是以航空兵偷袭美国太平洋舰队驻地珍珠港。1941年1月7日,山本正式向海军大臣及川古志郎提交了突袭珍珠港设想的《战备意见书》,他提出与英美一战已经不可避免,应当在战备、训练和作战计划等方面早做准备,并指示时任第11航空舰队参谋长的大西泷次郎少将(也就是日后神风特攻队的创始人)和"源田主义"思想(即大规模使用战斗机夺取制空权)的创立者源田实中佐一起进行周密的研究。

最终源田拟定了奇袭珍珠港计划的草案,其核心内容是:出动帝国海军全部重型航空母舰,利用夜晚的掩护秘密驶近珍珠港,在拂晓时分出动舰载机对敌舰队实施突然攻击;舰载机攻击编队包括俯冲轰炸机、水平轰炸机、鱼雷攻击机和战斗机;鱼雷攻击机必须使用,要尽快解决能够在珍珠港浅水水域使用鱼雷的问题;航空母舰要尽可能接近珍珠港,完成攻击后舰载机必须返航,不能在海上迫降;对敌攻击目标次序是航空母舰、战列舰、巡洋舰、驱逐舰。源田最后得出偷袭珍珠港的可行性结论:只要美军舰队确实在港内停泊,并且日军舰队在航行途中不被发现就能取得成功。

与此同时,山本也在命令联合舰队司令部共同拟制偷袭珍珠港的具体计划,源田将草案呈送给山本,山本又参照联合舰队司令部的研究成果,对计划做了修改。最终出炉的计划如下:在袭击前十余天,以航空母舰为核心的突击编队,从日本出发,在袭击日的日出前1至2小时,到达距珍珠港约200海里的海域,出动舰载机突击珍珠港内的美军舰艇和岸基航空兵基地,以突袭手段消灭美军太平洋舰队,为日军的南进扫清障碍。山本为纪念他所崇拜的东乡平八郎在对马海战中所升起的Z字旗,将这一计划的保密代号定为"Z"计划,史学家则称之为"山本计划"。该计划于1941年4月初草拟完毕,并于4月10日上报大本营,但却遭到否决。在联合舰队内部也有很多人反对,山本几经交涉最后甚至以辞职相威胁,这才迫使大本营于1941年10月19日批准这一计划,此时距珍珠港作战仅仅只有五十天。

二、美国在战前的应对

在三国轴心形成之后,日本成为美国在太平洋地区潜在的敌手。然而,在此时,对日政策只是美国全球战略的次要部分,美国的重心仍然放在欧洲战场,其军事力量并不足以同时应对大西洋和太平洋两场战事。因此,美国在此期间的远东政策目标是既要有效遏制日本侵略,又要极力避免美日之间的直接冲突。

为了警告和遏制日本,将其拉回到谈判桌上,美国采取了以下几项非军事措施。

(一)向中国提供美元援助和派遣援华志愿航空队

1939年2月和1940年3月,美国向中国提供了2500万美元和2000万美元两笔贷款,中国以出售桐油与锡矿作抵押,史称"桐油贷款"和"滇锡贷款";1940年9月,美国又一次贷款2500万美元给中国,用钨砂作抵押;1940年12月,美国再次向中国信用借款1亿美元(包括5000万美元金属借款和5000万美元平准基金借款),这些借款有力地支援了中国抗战。

此外,在中国抗日战场,由于日军有较大的航空优势,中国制空权逐渐丧失,为支援中国抗战,美国由陆航军官陈纳德领头成立了援华支援航空队,帮助中国一同保卫中国的天空,这无疑激化了美日矛盾。

(二)联合盟国对日本实行石油、铜等战略物资禁运

当时,日本开动战争机器需要石油、橡胶等战略物资,日本所需石油几乎全来自进口,自美国进口的份额,从1937年的80%上升至1939年的85%。可以说,美国掌握了日本的战争命脉。1941年7月2日,日军在印度支那(越南)南部登陆,美国立即中断同日本的秘密谈判,并于7月2日宣布中止美日贸易,冻结日本在美国的所有资产。8月1日,美国又宣布对日本实施全面石油禁运。同日,英荷也禁止向日本输出铜、镍、钴等物资。这对于资源极为匮乏的日本而言,无疑是致命的。为了获得荷属东印度年产量800万吨石油的油田,占世界年产量78%的橡胶,占世界年产量67%的锡,以及铁、铝、大米等资源,日本决定不惜一战。

第二节　战前兵力对比和将帅谋略

一、战前兵力对比

(一) 日军兵力

为了偷袭珍珠港，日军投入了航空母舰 6 艘、战列舰 2 艘、重巡洋舰 2 艘、轻巡洋舰 1 艘、驱逐舰 11 艘、潜艇 30 艘（其中，27 艘作为先遣队先行出发，承担侦察和掩护等任务）、油船 8 艘，共计 60 余艘舰船；舰载机共计 423 架，其中担负突击任务的 354 架，包括俯冲轰炸机 131 架、水平轰炸机 104 架、鱼雷攻击机 40 架和零式战斗机 79 架，其余 69 架飞机则负责保护编队安全。山本五十六是这支舰队的总司令，南云忠一指挥机动舰队，渊田美津雄指挥航空舰载机部队。

(二) 美军兵力

太平洋舰队司令为金梅尔海军上将，以珍珠港为母港，舰艇包括 3 艘航母（"企业"号、"列克星敦"号和"萨拉托加"号）、9 艘战列舰（"宾夕法尼亚"号、"加利福尼亚"号、"马里兰"号、"俄克拉荷马"号、"田纳西"号、"西弗吉尼亚"号、"亚利桑纳"号、"内华达"号和"科罗拉多"号）、20 艘巡洋舰、69 艘驱逐舰以及 27 艘潜艇在内的百余艘战舰。

12 月 7 日凌晨，停泊在珍珠港的军舰有 8 艘战列舰、8 艘巡洋舰、29 艘驱逐舰和 5 艘潜艇，加上其他舰艇和辅助舰艇共 94 艘。3 艘航母和 1 艘战列舰（"科罗多"号）外出不在港中。

二、将帅谋略

在偷袭珍珠港一役中，日方主要将领包括日本联合舰队司令山本五十六和具体执行偷袭任务的南云忠一，美军将领是太平洋舰队总司令金梅尔海军上将，负责太平洋舰队的警戒、驻防等工作。而驻夏威夷陆军部队司令是肖特中将，具体负责夏威夷群岛和珍珠港的防卫工作。

(一) 日本将领

1. 山本五十六

山本五十六（1884—1943），1884 年 4 月 4 日出生于日本新潟县西北部的长冈市，原名高野五十六，1913 年其父母相继逝世后，因其母亲娘家（姓山本）没有子嗣，继承母姓，改名为山本五十六。他 1901 年进入江田岛海军学校学习，参加了 1904 年至 1905 年的日俄战争，1916 年毕业于日本海军大学，1919 年到 1921 年在美国哈佛大学学习。他历任驻美武官、第 1 航空战队司令、海军航空部部长、海军次官。山本五十六敏锐看到，来自空中的打击对于战列舰的威胁越来越大，在己方没有取得制空权和战斗机的保护下，一方单纯依靠战列舰

山本五十六

决斗只会沦为战斗机轰炸的靶子,有了制空权,才有制海权。因此,他大力发展航空母舰和舰载飞机,并组织部队进行严格训练,对日本海军航空兵的发展起了重要作用。

1939年任日本联合舰队司令后,山本五十六确立了以航母为核心的机动舰队,从空中对停泊在珍珠港的美军舰队和舰载机群进行猛攻的战术,这一战术为成功偷袭珍珠港奠定了基础。1941年4月,在他的主持下,制定了偷袭珍珠港的"Z"计划,具体安排如下:所有攻击兵力分为突击编队(代号为"机动部队")和先遣编队,为保证两个编队的密切协同,山本规定一直到攻击开始前四天,都由南云统一指挥。

突击编队司令为南云忠一海军中将,下辖六支部队。

(1)空袭部队,由南云直接指挥,包括"赤城"号、"加贺"号、"苍龙"号、"飞龙"号、"翔鹤"号和"瑞鹤"号6艘航母,任务就是出动舰载机攻击停泊在珍珠港的美军战列舰和航母。

(2)警戒部队,编有9艘驱逐舰,负责为空袭部队和补给部队提供警戒。

(3)支援部队,编有2艘战列舰和2艘重巡洋舰,负责为空袭部队提供支援,主要是对付美军的大型军舰。

(4)巡逻部队,由3艘潜艇组成,在编队航线前方航行,担负侦察警戒。

(5)中途岛破袭部队,由2艘驱逐舰和一艘补给舰组成,任务是炮击中途岛牵制美军。

(6)补给部队,由7艘油船组成,负责为编队进行海上加油。

先遣编队由第六舰队司令清水光美海军中将指挥,由27艘潜艇组成,先于突击编队出发,下辖六支部队,主要为突击编队提供掩护、拖延美军来自不同地方的支援部队以及提供情报支持。

突击机群起飞海域的距离,也是经过再三抉择的。太近容易被发现,太远又会使飞行员疲劳,影响战斗。几经研究,最后选定起飞海域为瓦胡岛以北200海里(约合370千米),即北纬42°、西经170°海域。根据当时日军飞机的航速推算,从起飞到飞抵珍珠港需要约2小时。在舰载机起飞后,航空母舰便后撤一段距离。这样一来,日军飞机去时航程近,返回时航程稍远。美军如果派出飞机追击,那么往返航程都增加不少,增加美军追击的困难。

突击时间的选择更是煞费苦心。首先,必须要和在马来西亚的登陆同时发起,由于登陆是在拂晓,为便于作战的顺利完成,要选择下半夜有月光的日子,即下弦月的日期。其次,要选择星期日,因为根据美军的活动规律,出海的军舰通常在星期六返回,那么星期日在港内停泊的军舰最多,而且星期日人员休假也最多,戒备最松懈。综合各项情况,突击日定为12月8日(东京时间),农历十月十九,下弦月,星期日,突击时间为早晨6时。后由于参战的第5航空战队两艘航母上的飞行员没进行过夜间飞行训练,所以把突击时间改为早晨6时起飞,8时实施攻击。可见,整个计划考虑周详,可谓滴水不漏。

2. 南云忠一

南云忠一(1887—1944),日本海军大将(死后追晋)。日本发动太平洋战争时联合舰队第1航空舰队司令长官,率领舰队参与偷袭珍珠港及中途岛海战而闻名于世。1887年3月25日,南云忠一出生于日本山形县,1908年毕业于日本海军军官学校,1914年毕业于日本海军鱼类学校,1920年毕业于日本海军大学,1940年任日本海军大学校长,1941年4月,任日本海军第1航空舰队司令官。

在偷袭珍珠港中,南云忠一指挥着日本联合舰队的主力特混攻击舰队,对战争的进程有着巨大的影响。虽然山

南云忠一

本五十六海军大将是战略决策者,但是具体的实践和一线指挥官却是南云忠一,他负责实现山本五十六的战略意图,他的表现在一定程度上直接影响着战役的胜败。但是,南云忠一的指挥风格谨小慎微,往往仅仅为了减小损失而放弃军人必要的冒险精神,这一点在突袭珍珠港的战斗中表现得淋漓尽致。在珍珠港突袭战中,南云忠一由于过分谨慎放弃了对珍珠港进行第3次关键性的突袭,使得美军大型油库得以保全,半数被击伤的战列舰得以修复重返战场。这也为之后中途岛海战日军的失利埋下了伏笔。

(二)美国将帅

1. 赫斯本德·爱德华·金梅尔

赫斯本德·爱德华·金梅尔

赫斯本德·爱德华·金梅尔(1882—1968)美国海军上将。1882年2月26日,金梅尔生于美国肯塔基州亨德森,1900年6月,入安纳波利斯海军学校学习,1904年2月毕业。他历任驱逐舰分队司令、驱逐舰中队指挥官、战列舰部队参谋长等职务。1937年11月,金梅尔晋海军少将,后任第7、第9巡洋舰分队司令和巡洋舰部队司令,1941年2月,晋海军上将,任太平洋舰队总司令和美国舰队总司令。

金梅尔在海军历史、战术和战略方面有着渊博的知识,是一名出色的海军军官。担任太平洋舰队司令后,金梅尔敏锐地发现,当时太平洋舰队的防卫存在着漏洞,他先后三次写信给时任海军作战部部长斯塔克上将,指出太平洋舰队从兵力、舰艇人员到武器弹药、防御夏威夷的巡逻艇,以及对孤岛基地的补给等方面,都存在严重的不足和缺陷,并一再强烈要求迅速加以改善。此外,金梅尔还向太平洋舰队所有部队发出了第二号密令,要求舰队警惕日本在宣战后可能对珍珠港的偷袭行动。

尽管如此,金梅尔还是产生了轻敌的思想,他坚信,日本根本不敢向强大的美国发动进攻,更别提在固若金汤的珍珠港了,因为"那将是极端可笑而愚蠢的","他

们敢来那简直就是送死"。于是,他又犯了一个致命错误,没有要求海军及陆军航空兵进行中远距离的巡逻飞行,以保护珍珠港的空中安全和随时发现可能来袭的敌军舰队。

2. 沃尔特·肖特

沃尔特·肖特(1880—1949),生于伊利诺伊州菲尔莫尔,1901年大学毕业后从军,在美国西南部、菲律宾、阿拉斯加等地服役,1923年晋升中校,1925年毕业于陆军军事学院,1930—1934年在陆军部供职,晋升上校后,任第6步兵团团长,1937年任第1步兵师旅长,1938—1940年任第1师师长,1940年获少将衔,任第1军军长。肖特于1941年2月任夏威夷陆军部队司令,领中将衔,统一指挥该地区第24、第25步兵师和海岸炮兵、陆军航空兵等部队,开战前的人数总计为42959人。

沃尔特·肖特

肖特就任后,立即对夏威夷地区的防御情况进行了详细调查。在随后写给陆军部的信中,肖特提出:把飞机集中停放在惠列尔和希凯姆机场很不妥当,这将给敌人集中攻击造成很大便利。他建议"为这些轰炸机、战斗机提供地下钢筋水泥掩体防护",总预算约156.56万美元。3月15日,肖特再次致电陆军部:关于空袭最严重的问题,是陆海军机场防空的脆弱性。对于肖特中将的多次请求,陆军部没有给予任何答复。

对此,肖特中将倍感失望,他采取了一项看似精明实际却并不高明的措施。肖特认为,居住在夏威夷的日本人和日裔美国人随时可能对飞机进行破坏,因此下令将飞机密集地排列在跑道与停机坪之间的滑行弯道上以便统一采取安全警戒措施。这就使得机场一旦遭遇空袭,只要一颗炸弹在这里爆炸,就会迅速波及所有飞机。

可见,虽然金梅尔和肖特作为一线指挥官,意识到了珍珠港防务中存在问题,并提出了改进意见,但未引起上级的重视,终酿成不可挽回的大错。

第三节 战役进程

偷袭珍珠港包括战前日军的作战准备阶段(1939年8月—1941年10月)、作战集结阶段(1941年11月16日—1941年12月6日)、作战实施阶段(1941年12月7日早晨6时至13时30分),最终以日军用微弱代价摧毁美国太平洋主力,重创太平洋舰队而告终。

一、作战准备阶段

(一)模拟轰炸训练

为了偷袭珍珠港能够成功,从1939年8月到1941年11月,山本五十六选择四面环山、地势和珍珠港极其相似的九州鹿儿岛湾进行秘密训练。鹿儿岛湾内有一个樱岛,海拔一千二百公尺,被假定为珍珠湾内的福特岛。环绕鹿儿岛湾一带,被假定为珍珠港及其周围的美国海军各种设施,在这些场所划定轰炸的目标,反复进行鱼雷攻击机发射鱼雷训练,俯冲轰炸机投弹和水平轰炸等训练。另在海军轰炸靶场进行俯冲轰炸的训练。靶场距鹿儿岛不远,在靶场的地面上绘出和美国战列舰同样大的标志,由空中向它瞄准进行投弹训练。在炸弹贯穿甲板、浅海用鱼雷方面,都做了精心的技术改进,研制了新型鱼雷和炸弹。1941年9月,联合舰队在海军大学举行了图上作业演习。11月上旬,所有参加突袭作战的舰艇,完全按照突袭计划,以集结在佐伯湾的联合舰队主力战列舰为目标,连续进行三次综合攻击演习,11月24日,所有飞行员在珍珠港的沙盘模型上明确各自的任务。

(二)隐蔽作战意图

首先,施放和谈的烟幕弹。1941年2月,退役海军上将、美国总统罗斯福的朋友、著名的亲英美人士野村吉三郎被任命为驻美大使。他在几个月中与美国官员的会谈多达数十次。7月,近卫首相致信罗斯福,表示两国间没有不能用谈判解决的问题,并保证绝不侵犯英美在东南亚的利益。11月5日,也就是日本大本营决定对英美开战的同一天,还派出曾任驻美领事、娶美国人为妻的公认亲美派人士来栖三郎为和平特使,赴美谈判。直到12月7日,就是开战前一天,日本政府还照会美国,声称日本不拒绝谈判。

其次,1941年7月,日本关东军由11个师团40万人增加到20个师团70万人,并举行代号为"关特演"的大规模演习,制造进攻苏联的假象,掩盖对美国的作战准备。12月例行的从横滨到檀香山的定期邮船"龙田丸"号照常出航。12月5日到12月7日三天里,江田岛海军军官学校的3000名学员装扮成海军官兵,游览东京市容,营造太平无事的景象。

最后,加强保密措施。在很长时间里,该计划只有山本和极少数高级军官知道。参战部队训练地点在日本南部的鹿儿岛和佐伯湾,而集结地点则在日本北方的择捉岛单冠湾。在突击编队集结过程中,各舰均选择远离商船航线的偏僻航线,分批按不同的时间前往。在航行中,各舰的收发报机一律加上铅封,实行严格的无线电静默,并特别注意反潜警戒。当突击编队的舰艇进入单冠湾后,海防部队就切断择捉岛同外界的一切联系,甚至连岛上居民的粮食等生活必需品都由海军的补给船来运送。对编队舰员的私人信件也一律进行检查,并扣押到开战那天才寄出。在突击编队向珍珠港航行途中,所有舰艇实行只收不发的严格无线电静默,夜间进行灯火管制。另外派出数艘驱逐舰停泊在本土,伪装航空母舰的无线电呼号,进行无线电通信,以欺骗美军的无线电监听。同时联合舰队全面更改密码和呼号,以迷惑扰乱美军。

(三)搜集相关情报

为了做到知己知彼,日军在收集美军情报上下了很大功夫。仅1941年5月之后,派到珍珠港的日本间谍多达200人,从各方面搜集珍珠港的天气、水文、地形和美军基地、飞机、舰艇的部署。特别要提到日本海军情报部的吉川猛夫少佐,经过八个月的培训,以森村正的化名于1941年3月作为日本驻檀香山领事馆参赞来到珍珠港,进行情报搜集,然后将情报以外交密码传回外务省再转海军。他的情报从最初的每周一次发展到每日一次,为日本海军提供了大量有价值的情报,其中包括:美军在不同日期的舰艇停泊情况和活动情况、珍珠港美军飞机的机种和数目、珍珠港的防空设施等,为日军的成功偷袭立下功劳。为了得到北航线的实际情况,日军于10月派出两批共4名军官,化装成商人或水手,搭乘经北航线的船只赴檀香山,实地考察北航线的气象、海情及航道情况;除派遣间谍获取情报外,日军还加强对夏威夷广播和电讯的监听。经过这些努力,在开战前,日军已准确掌握了美军在珍珠港的防御设施、兵力部署、舰艇和飞机的种类数量、驻泊停放情况以及美军的活动规律等情报。

二、作战集结阶段

(一)路线的选择

从日本本土到夏威夷,常规航线有两条:南线是从横滨到火奴鲁鲁,途径小笠原群岛和中途岛海域;北线是从津轻海峡向东至夏威夷群岛,航程都在3300千米左右。这两条路线的气候和水文条件都比较理想,海面平稳,沿途加油和补给十分便利。但是商船往来密集,舰队很容易被提前发现。

从常规航线来看:一战以后,赤道以北的德占南洋诸岛成为日本的委任统治领地,日本海军的前进基地得以不断向太平洋深处推进。因此,机动部队还可以在距夏威夷只有2200千米的马绍尔群岛集结,无须在海上加油。但是,这条航路必经美国的威克岛、中途岛等各海域,等于一出发就钻进了美军巡逻机的巡逻圈,因此也被排除。

联合舰队中突击编队最终选定了北太平洋航路——从单冠湾出发,贴着阿留申群岛的外圈,向东运动到瓦胡岛北面,以几乎直角拐向南,直插珍珠港,航程约6500千米。

(二)舰队集结前往预定海域

11月16日,日军代号为"机动部队"的混合编队在内海口集结,为了隐匿作战意图,各舰艇编队选择不同的出发日期,于17日陆续开始向舰队集结地点——择捉岛(现属俄罗斯)的单冠湾进发。同一天,美国向日本递交措辞强硬的备忘录,作为对日本谈判方案的答复。因为当时的国务卿是赫尔,所以史称"赫尔备忘录"。11月18日,先遣编队分别由佐伯港和横须贺港出发;26日,突击编队从单冠湾起航。

12月1日,御前会议最后下决心开战,大本营确定开战日期为12月8日(即夏威夷时间12月7日)。12月2日,山本根据大本营命令,向南云发出"攀登新高峰1208"的密码命令,通知南云进攻日期为12月8日。同一天,联合舰队更改密码和所有军舰的呼叫代号,以干扰迷惑美军的无线电监听。

12月6日,突击编队进行最后一次海上加油。山本仿效他所崇拜的东乡平八郎向南云出发出动员令:"帝国兴衰在此一举,我军将士务必全力奋战。"南云立即将此电文用灯光信号通报全舰队,然后在旗舰"赤城"号航空母舰的桅杆上升起了代表胜利的"Z"字旗。舰队全速驶向北纬42°、西经170°的待机海域，在那儿等待最后的进攻命令。

三、作战实施阶段

(一) 第一波次进攻：攻击美军军舰

夏威夷时间12月7日早上6时，航空战队总指挥渊田美津雄中佐带领空袭队伍从6艘航空母舰上起飞，担任第一波攻击任务的183架飞机在不到15分钟的时间就全部飞离甲板，编队飞向珍珠港。编队中含战斗机43架、水平轰炸机49架、鱼雷攻击机40架和俯冲轰炸机51架。

编队中部由渊田美津雄亲率49架水平轰炸机，目标是美军战列舰；编队右下是"赤城"号上起飞的40架鱼雷攻击机，各自携带一枚特制的航空鱼雷，目标包括美军巡洋舰、驱逐舰等水面舰艇；编队左上是"翔鹤"号上起飞的51架俯冲轰炸机，专门负责人员杀伤和机场破坏。在这三个小队之上，43架"零"式战斗机组成的护航机队为攻击编队保驾护航。事实上，因为几乎没有美军战机成功升空，他们多是在扫射地面目标。

在航母甲板上准备起飞的日军战斗机

在领航机信号灯导引下，183架各型战机迅速编好队形，然后绕舰飞行一周，在渊田美津雄海军中佐的率领下扑向珍珠港。

7时30分，这是日本外务省规定的递交最后通牒的时间，由于领事馆解雇了美籍工作人员，日方人员的英文打字速度太慢，文件还没有打印好，也就无法按时递交。野村大使的助手打电话给美国国务院，将原定的约见时间推迟至8时10分。

7时35分，日军机群飞临瓦胡岛，珍珠港全景尽收眼底，美军战列舰独特的笼式和三足式桅杆清晰可见。7时40分，日军飞机展开成攻击队形。为取得最大的战果，日军制定有两套攻击方案，一是奇袭方案，在美军没有戒备时采用，先由鱼雷机攻击，再由轰炸机攻击；二是强攻方案，在美军已有准备时采用，先由轰炸机攻击，压制和吸引防空火力，再由鱼雷机攻击。战斗机则不论哪种方案都要抢占有利高度，以夺取制空权。采取何种方案是由空中指挥官临机决定，规定一发信号弹是奇袭，两发信号弹是强攻。渊田见美军毫无戒备，决定采取奇袭方案，打出一发信号弹，由于战斗机被云层遮掩，没有看到信号，渊田就再向战斗机打了一发信号弹，这次战斗机看到了，立即爬高抢占有利高度，却让俯冲轰炸机的长机误为是两发信号弹，采用强攻方案，便加速向机场飞去。

7时49分,渊田下令全体攻击!各飞行突击队立即展开攻击队形,俯冲轰炸机队率先顺山谷进入。7时55分,成批炸弹暴雨班倾泻到美国海军太平洋舰队基地四周的希凯姆、惠列尔、福特岛等机场上,成比翼排列的数百架美机被炸成一堆堆废铁,机库被摧毁。仅仅几分钟,日本人彻底敲掉了珍珠港的防空设施,向"赤城"号航空母舰上的南云拍发了袭击成功的信号:"虎!虎!虎!"

从西南方向俯瞰攻击前的珍珠港

7时57分,日本鱼雷攻击机从几个方向突入,掠过水面12米的高度,向福特岛东西两侧的美国军舰发射鱼雷。8时05分,日本水平轰炸机从正西方向进入,再次轰炸了福特岛东侧停泊的战列舰,同时轰炸了高炮火力集中的依瓦机场。大火和爆炸引起的烟雾,顿时遮蔽了整个珍珠港,不少美国军舰来不及做任何战斗准备就沉入海底。

8时10分,比日本外务省预定的递交最后通牒的时间晚了四十分钟,此时珍珠港的战斗已经打响二十分钟。美国国务卿赫尔在接见日本代表前已经知道珍珠港遭到了偷袭,但是罗斯福总统要求他只收下日方的宣战书,冷淡地把日方代表送走。于是赫尔装作认真地阅读了日方的宣战书,然后用难以掩饰的愤怒说:"这是我任职五十年来,从未见过如此卑鄙的政府和如此虚伪歪曲的文件!"由于在递交正式宣战的文件之前,日本就发动了进攻,宣战变为偷袭。

8时40分,第一波攻击结束,日机顺利完成首次空袭任务后安然返航。在第一波攻击中,日军损失了9架飞机,其中鱼雷攻击机5架。第一波的攻击目标主要是美军的战列舰。美国太平洋舰队的8艘主力战列舰的损失情况分别是:"亚利桑那"号、"西弗吉尼亚"号、"加利福尼亚"号、"俄克拉荷马"号4艘被击沉;"田纳西"号被重创;"内华达"号被一条鱼雷击中左舷,但无碍,它在舰长的带领下突围,成为日军集中火力的对象,连中六枚炸弹,伤势严重,舰长见突围无望,唯恐军舰在航道沉没堵塞航道,在福特岛西南浅滩抢滩搁浅;"马里兰"号被两枚炸弹命中,在所有战列舰中受伤最轻。

(二)第二波次攻击:攻击军舰、机场

日军担任第二波攻击的168架飞机于7时15分起飞,8时40分飞临瓦胡岛,8时46分展开攻击队形,从瓦胡岛东部进入,8时55分开始攻击,俯冲轰炸机主要攻击浓烟滚滚的美国舰船,水平轰炸机则主要攻击卡纽黑机场、希凯姆机场、福特岛机场以及各海军航空站。日军战斗机担任空中掩护,在肃清了空中的美机后便转入对地面目标的扫射。与此同时,潜入珍珠港内的日本袖珍潜艇施放水雷,发射鱼雷,攻击美舰,封锁港口。

"内华达"号战列舰正由拖船拖往韦波角,成为日机集中攻击的目标。当日机见锚地里停泊的军舰都已沉没或起火,便转而攻击在船坞里的舰船。"宾夕法尼亚"号战列舰正在船坞里大修没被第一波的鱼雷机发现,所以没有受到攻击。但被第二波的日机投下的一枚炸弹命中,只是炸坏了小艇甲板。"肖"号驱逐舰被炸飞了舰首,起火的燃油随海水四下蔓延,引爆了在船坞里的另两艘军舰。在北部港湾里停泊的辅助船只也被第二波的日机炸沉炸伤多艘。

9时45分,第二波的飞机开始返航。渊田美津雄驾机绕珍珠港低空盘旋一周拍摄了被炸后的情景,才最后一个返航。

(三)第三波次攻击(取消):攻击修船厂、油库

13时,担任日军第二攻击波的飞机陆续返回航空母舰降落。渊田最后降落,偷袭得手后的渊田美津雄和第二航母舰队司令山口多闻少将都强烈要求进行第三次攻击,要求南云再发起一次攻击,摧毁珍珠港的修船厂和油库,以打击美军的战争潜力,并建议派出搜索机,搜寻美军航空母舰。南云没有同意,他认为,此次偷袭已取得了巨大成功,美军的航空母舰和潜艇都没出现,如果突击编队在这一海域逗留时间过长,会遭到攻击,增加不必要的损失。此外,舰队的油料几乎耗尽,如果继续在此处逗留耽误,剩下的油料不足以支撑舰队返回日本。他现在最重要的任务就是要把这支日本海军的主力舰队安全带回日本,所以拒绝了渊田和山口的建议,下令返航。突击编队收回飞机后,立即北撤,至12月9日已远离珍珠港1100千米以上。12月23日,突击编队主力安全回到日本濑户内海。

第四节 战役结果及影响

一、战役结果

从南云忠一得到攻击的命令后下令第一波飞机起飞到舰队返航,日军偷袭珍珠港的行动一共历时约7小时20分钟,此次战役是一次从海上、水下、空中闪电式的立体袭击战。在此次偷袭中,日军击沉、击伤美军各型舰船总计20多艘,其中击沉战列舰4艘、重巡洋舰2艘、轻巡洋舰2艘、驱逐舰2艘和油船1艘;重创战列舰3艘、巡洋舰2艘和驱逐舰2艘;击伤重巡洋舰1艘、轻巡洋舰4艘、驱逐舰1艘和辅助船5艘;击毁美军飞机300多架;美军伤亡3681人。日军自身只有29架飞机被击落,70架被击伤,55名飞行员死亡,5艘袖珍潜艇被击沉,死伤约200人。从结果上来看,日军的这次千里奔袭,以轻微的损失就取得了极大的战果,无疑是成功的。

二、日本偷袭成功的原因

(一)对于航母等新型水上作战力量的重视

传统的海战模式是双方舰艇摆好阵势,相互进行炮击以决胜负。这种模式的海战对战舰主要提出三方面要求:一是"船坚",保证己舰不被击沉;二是"炮利",能尽快击沉敌舰;三是航速快,在战斗中占据主动。战列舰是符合上述三个标准的理

想武器,因此是二战前各大国海军的主力战舰。但是,随着科技的发展,来自空中的力量对于战列舰的威胁越来越大,在己方没有取得制空权和战斗机的保护下,单纯依靠战列舰决斗只会沦为俯冲轰炸机和鱼雷攻击机的靶子。此时的海战模式悄然发生着改变,由海上平面作战演变为海空立体作战。山本五十六敏锐地看到了这一点,高度重视和研究航空母舰这一新兴兵器以及以航母为中心的战术运用,并且在海军上大力发展海军航空兵和航空母舰。最终在偷袭珍珠港中,确立了以航母为核心的机动舰队,从空中对停泊在珍珠港的美军舰队进行猛攻的战术,为成功偷袭珍珠港奠定了基础。

(二)对情报工作的高度重视

日本偷袭珍珠港之所以获得成功,是各方面因素共同作用的结果,其中出色的间谍活动和情报战显然为袭击的成功提供了重要保证。为了保证偷袭珍珠港成功,从1939年9月起,日本便派遣谍报人员潜入檀香山窃取情报。以吉川猛夫为代表的日本间谍到檀香山、珍珠港等地收集情报,分别就美国太平洋舰队的训练情况,各舰只停泊位置、夏威夷周围美军飞机的巡逻情况以及美军舰队的活动情况等进行了全面侦察。同时利用日本客轮到美国西海岸撤离日本侨民的机会,对日本袭击珍珠港航母编队的预定航线进行了侦察,了解了航线上的气候情况和洋面情况,以及对洋面上补给燃料和遇到他国商船的可能性等进行了全面调查,获得了大量第一手珍贵情报,这些都有助于达成偷袭的目的和战果。日本在战前成功地做到了知己知彼。

(三)制定的计划周密详细

日本确立袭击珍珠港的计划后,面临着一系列的难题:包括一支庞大的航母编队横渡半个太平洋而不被发现;远距离攻击作战途中舰队的补给、难以确定的气候状况等问题;美军的主力舰队什么时候会停泊在港内等。除此之外,还存在一些技术性问题,如珍珠港水域浅、深水鱼雷难以奏效等。因此,日本军部在9月中旬举行联合舰队图上作战演习,进行兵棋推演,对这一计划进行详细研究,以解决实际存在的问题。日军还在本州的鹿儿岛进行模拟轰炸训练、解决鱼雷等问题。正是经过多次严密的推演、技术验证和演习,才使日军在偷袭珍珠港一举得手。

(四)战术安排得当

在此次偷袭当中,联合舰队分工明确,目标层次清晰。战斗打响后,水面舰艇在周围海域警戒防卫,航母舰载机负责偷袭。各舰载机依据任务的不同分为水平轰炸机、鱼雷攻击机、俯冲轰炸机和战斗机。它们在航空母舰上全部升空后组成不同的编队,按照鱼雷攻击机、水平轰炸机和俯冲轰炸机的攻击顺序依次进入战场。任务的首要目标是袭击军舰,其次是机场和各式战斗机、轰炸机,最后是油库和造船厂等设施。

此外,在偷袭中,日本联合舰队深深意识到制空权的重要性。因此在第一波次攻击和第二波次攻击当中,日本联合舰队一方面派出轰炸机炸毁美军的机场以及停放的战斗机,摧毁美军的空战力量和基础;另一方面一直派出战斗机组成护航机队巡视战场,一旦美军的飞机起飞,立刻就被日军战斗机击落。这样使日本牢牢把控住战场的制空权和主动权,为轰炸机和鱼雷攻击机肆无忌惮地击沉美军舰艇提供了条件。

(五)美国的防备松散和疏忽

在当时,美国国内普遍认为本国国力雄厚,日本不敢贸然发动战争。驻瓦胡岛的美军低估了日本海军的远洋作战能力,缺乏警惕,疏于防范,尽管美日关系已日趋紧张,但仍照例周末放假。而太平洋舰队想当然地认为由于珍珠港水浅,日军不可能从空中实施鱼雷攻击,未对大型舰船设置防鱼雷网等,都体现了美国人防备的松散。

在日军偷袭行动开始之前,美国军政两方通过多种途径均收到日军可能对美军发动进攻的情报,但未能引起重视;珍珠港的美军多次发现日本潜艇逼近,但未采取任何防范措施,后来通过雷达发现大批飞机抵近珍珠港,又误认为是己方飞机,未予重视。美军一系列的疏忽大意造成了错误的战略判断,从而使美军遭受了重大损失,教训深刻。

三、战役评析

(一)日本短期战略上的成功

就战术角度和短期战略来看,日本对珍珠港的袭击是一次辉煌的胜利,其结果远远超过了计划制定者最开始的设想,在整个战争史上,这样的成果也是很罕见的。这次战役最大的成果是美国太平洋舰队遭受重创,在此后的六个月中,美国海军在太平洋战场上无法制衡日本海军。没有了美国太平洋舰队的威胁,日本就可以肆无忌惮地对其他列强在东南亚的力量进行攻击,之后,日本占领了整个东南亚、太平洋西南部,其势力一度扩张到印度洋。

(二)战果有限

日本的主要目标之一是美国的三艘航空母舰,但当时没有一艘在港内:"企业"号正在返回珍珠港的路上,"列克星顿"号数日前刚刚驶离,"萨拉托加"号正在本土圣地亚哥维修,都没有受到任何攻击,可以立即投入战斗。

此外,由于日军没有进行第三次攻击,而前两次攻击中日军又只重视对军事目标的打击,根本没有攻击珍珠港设施齐全的造船厂和储存有 4 万加仑(约合 152 吨)燃油的油库。之后,美军正是利用造船厂的设备迅速打捞修复受损的军舰,利用油库的燃油使得航母频频出击,在短时间里恢复了太平洋舰队的战斗力。如果日军在偷袭中炸毁了油库,哪怕太平洋舰队完好无损,也足以让太平洋舰队在六个月里无法出动。

(三)日本全盘战略上的失败

珍珠港事件立刻将意见不齐的美国动员了起来,使美国上下一心,团结起来要战胜日本。不论当时日本对珍珠港的袭击只是击中了修船厂还是击中了航空母舰，哪怕是彻底摧毁珍珠港甚至夏威夷，都已经决定了日本战败的命运，这是由美日两国的综合国力特别是工业实力注定的。

通过几组数据对比，我们可以看到美国强大的战争潜力。经济方面，二战爆发前，美国的经济总量约为2000亿美元，而日本仅仅为283亿美元，日本还不到美国的七分之一；同时期美国的财政收入超过200亿美元，而日本仅仅为美国的十分之一，大约为20亿美元；工业方面，美国全面超越日本，1939年美国的工业产值占到了世界工业生产的38.7%，而日本的工业产值仅仅占到3.5%，最高也不过4%~5%，美国的钢铁产量是日本的5倍，煤炭产量是日本的7倍，汽车产量是日本的80倍，美国巅峰时期一年的飞机和坦克产量比日本整个二战时期生产的都多。这次袭击彻底将经济体量庞大和工业实力雄厚的美国卷入了第二次世界大战，加速了轴心国在全世界覆灭的步伐。

(四) 太平洋战争的爆发标志着二战扩大到最大规模

日本偷袭珍珠港，宣告了太平洋战争的爆发。1941年12月8日，美国和英国对日本宣战；接着，澳大利亚、荷兰等二十多个国家也对日宣战；中国国民政府也于12月9日正式对日德意宣战；12月11日，德意与美国相互宣战，第二次世界大战的范围扩大到最大规模。

(五) 改变了人类海战的方式，航母成为海战的核心

对珍珠港的袭击标志着航空母舰、潜艇以及舰载机取代战列舰成为海军主要作战力量。大型战列舰决战的时代过去了，航空母舰取代战列舰成为新的海战王牌，海军航空兵作为新的决定性力量登上了海战舞台。

思考题

1. 日本为什么要偷袭珍珠港？
2. 日本偷袭珍珠港的行动可分为哪几个阶段？
3. 请点评日本偷袭珍珠港的成败得失。

第十二章　中途岛海战

中途岛海战是 1942 年 6 月美日双方在中途岛环礁展开的一场激烈的海空大战。此役以美军的胜利和日军的惨败而告终,美国海军不仅成功地击退了日本海军对中途岛环礁的进攻,重创了日军的战略构想,还赢得了太平洋战区的战争主动权。此役过后,日本在太平洋战场转为守势,无力再进行大规模的侵略扩张。毋庸置疑,这场战役是第二次世界大战中一场具有重要转折意义的战役。

第一节　作战计划的出台

一、日本的战略计划

(一)中途岛战役的背景

珍珠港事件发生几小时后,日本便开始了为期 6 个月的扩张行动,先后占领了关岛、新不列颠岛、北所罗门群岛、吉尔伯特群岛、马来半岛、新加坡、菲律宾、荷属东印度群岛和缅甸。日军借此打开了通向澳大利亚和夏威夷海域的大门,重挫了盟军的士气。此外,日本侵略者在南下过程中掠夺了大量的财富和包括东南亚丰富的石油在内的自然资源,这为日本进行更大规模的海陆征战创造了条件。

日本偷袭珍珠港虽然获得了重大胜利,但美国的航空母舰当时不在港内,所以没有受到损失。太平洋舰队航母尚存一直是山本五十六的心腹之患,他明白必须要设法使夏威夷的美国舰队出动与日本舰队决战,从而彻底消灭美军太平洋舰队主力,特别是消灭航空母舰,只有这样,日本才能赢得战略时间,来维持美日之间的均势,进一步扩张并消化侵略成果。经过长时间思考,山本五十六把目光投向了位于夏威夷群岛西北方的美国重要的航空基地——中途岛。

中途岛位于太平洋中部,西距东京 2250 海里,东南距珍珠港 1135 海里,是北美和亚洲之间的海上和空中交通要道,由周长 24 千米的东岛和沙岛两个环礁组成,陆地面积约 5.2 平方千米。沙岛面积稍大,东西长约 3000 米,南北宽约 2500 米,地势平坦,北部有一个港口。东岛有沙岛的一半大,呈三角形,建有飞机场。中途岛 1867 年被美国占领后,成为美国重要的海军基地及夏威夷群岛的西北屏障。岛上的飞机可以警戒半径为 600 海里的区域,港口可用作美军航空母舰编队机动作战的补给和

中途岛鸟瞰图

前进基地。中途岛进可攻,退可守,是美军在太平洋中部理想的战略前沿阵地。

作为对珍珠港事件的报复,由詹姆斯·杜立特上校指挥的一批 B-25 型轰炸

机,从"大黄蜂"号航空母舰上起飞,于1942年4月18日袭击了东京等城市。这次空袭给日本造成的物质损失虽然微不足道,但对日本人的自信心的打击却是不可估量的。日本认识到,若不彻底摧毁美军太平洋舰队,美军就会从夏威夷方向出动进攻日本,自己的海上防御圈就始终面临着漏洞,无法保证本土的安全。此次轰炸消除了日本海军军令部同日本联合舰队之间的分歧,进攻中途岛被提到日程上来。

(二)日军作战计划的出台

1942年4月底,中途岛作战计划由山本五十六海军大将正式提交军令部总长永野修身海军大将,迅即获得批准。5月5日,永野海军大将奉天皇敕令,发布了《大本营海军部第十八号命令》,正式下达代号为"米号作战"的中途岛作战计划。这一命令简单地命令联合舰队司令长官"与陆军协同,占领中途岛和阿留申群岛西部要地"。

在山本五十六的亲自主持下,联合舰队司令部着手制定中途岛作战计划,此计划由联合舰队参谋长宇垣缠海军少将总负责,联合舰队首席参谋黑岛龟人海军大佐筹划计划纲要和轮廓,其他参谋则按专业分工制定该计划的各个细节。1942年5月26日,日本联合舰队最后确定了具体作战计划,其中包括3项独立但相互支援的作战行动:占领西阿留申群岛;占领中途岛;舰队决战。战役目的是为日本海军航空兵获取前进基地,继续向中太平洋和西南太平洋扩张,同时诱歼美国太平洋舰队。

二、美国的应对策略

(一)对于情报的搜集

1942年1月,日本"伊号124"潜艇在澳大利亚的达尔文港被美国和澳大利亚海军联合击沉,美国海军打捞后,发现一份尚未被破坏的密码本,如获至宝的美国海军随即将这份宝贵资料送给了密码天才——罗切福特。美国海军情报局与英国以及荷兰相关单位紧密合作,成功地破译了日本海军主要通信系统JN-25的部分密码。

到了5月上旬,联军在破解JN-25上取得了重大突破,美军已经掌握了近80%有关日本海军动向的信息,因此得到了窥探日本海军计划的能力。JN-25让联军得悉"AF方位"将会是日本海军的下一个攻击目标,一名年轻军官巧使妙计,最终证实了"AF方位"为中途岛,也就是日本海军的下一个攻击目标。

(二)美军作战计划的出台

获悉日军的进攻动向后,尼米兹立即调兵遣将,为了加强航空母舰的力量,要求快速修复在珊瑚海海战受重伤的"约克城"号。"约克城"号返回珍珠港时,原本需要进行几个月的大修。然而,尼米兹将军强令在七十二小时内修复它。尼米兹不惜一切地违反了许多海军条例,就为了达成让"约克城"号随行的目标。在"约克城"号入港的七十二小时之内,工人们轮班接替换岗去修复这艘航母,三天后,它奇迹般地被修复完毕并及时加入美国海军第 17 特混编队,奔赴中途岛,展开它最后一次作战任务。

1942 年 5 月 28 日,在珍珠港抢修的"约克城"号航空母舰

同时,尼米兹还加强了中途岛的防御,增派了作战飞机,加强了周边的警戒力量,并于 5 月 14 日命令太平洋舰队进入全面战备状态。5 月 25 日,情报机构甚至破译了日本联合舰队的作战计划。于是,尼米兹针对性地制定了作战计划,命令美军太平洋舰队加强空中搜索,力争先发制敌。一场大规模的海空大战即将拉开帷幕。

第二节 将帅谋略

在中途岛战役中,交战双方最主要的将领为日本海军大将山本五十六、南云忠一和美国海军上将切斯特·威廉·尼米兹。

一、日本将帅

(一) 山本五十六

山本五十六策划中途岛作战的意图,在于进一步摧毁美军舰队,以便日本海军可以在太平洋岛链上专心巩固防御。在计划中,为确保战役胜利,日军将首先对阿留申群岛发动佯攻,以分散牵制美军,日军主力则隐蔽前往中途岛,以中途岛为诱饵,逼迫美军太平洋舰队与日本海军进行决战,进而摧毁美国的航空母舰和太平洋舰队的剩余力量并夺取该岛。山本五十六预计,此战将沉重打击美军的战斗意志,并把日本的统治区域和防御圈向东推进,并利用中途岛上的海空基地,使夏威夷群岛和美国西岸直接处于日本海军的兵锋之下。这样,美国在短期内就没有能力有效地在太平洋对日本海军做出反击,在太平洋上发动战略反击的时间至少推迟到 1944 年以后;日本可以赢得宝贵的时间,从而积蓄起充足的力量来保持有利而稳定的战略态势。

日本进攻中途岛的"进攻日(N 日)"定为 6 月 7 日(北京时间),那时的夜色对夜间行动和登陆极为有利。为防止泄密,6 月 4 日日军开始攻击阿留申群岛,6 月 5 日就要发起对中途岛的进攻。详细计划如下:各战术部队从不同地点驶往预定海域,6 月 2 日,侦察编队的潜艇进入中途岛与夏威夷之间以及中途岛以东海域的预定阵位,建立三道潜艇警戒线；6月4日，对阿留申群岛的战斗打响，以配合中途岛方向的主攻；6月5日，南云舰队对中途岛发动登陆前的大规模空袭，摧毁中途岛美军的防空力量，随后进至中途岛以北海域，一面支援登陆作战，一面准备迎击美军舰队的反击，待夺取中途岛机场之后，其航母所搭载的岸基飞机立即转至岛上，此时，山本率主力部队在中途岛西北 600海里处伺机而动；6月6日，海军少将藤田率领的小型水上飞机部队在中途岛西北 60 海里处的库雷小岛上降落，建立基地，一面接应登陆部队，一面进行远程侦察，监视美军舰队动向；6月6日在基斯卡岛和阿图岛实施登陆；6月7日代号为 N 日，登陆编队实施对中途岛的登陆，之所以选择 6 月 7 日为登陆日，因为那是 6 月中一个有月光的夜晚；主力编队于 6 月 5 日抵达中途岛西北海域，为登陆编队提供火力支援，并与美军舰队展开海上决战。

(二)南云忠一

在中途岛战役中，南云忠一负责前线指挥。可以说中途岛战役一开始日军就面临不利的局面：由于日军的两艘新锐航母缺席，南云忠一的航空力量比原计划减少三分之一；日军的空袭时间比原定计划延后了一天；日军负责战前侦察的潜艇部队也未能按计划建立起警戒线；加之天气状况不理想，不利于实施侦察，更重要的是美军破译了日本海军的密码，已经获悉日军的作战意图，而日军对美军的动向却知之甚少。日军断定美军航母会从珍珠港赶来增援中途岛，却没有料到美军航母早已在中途岛周围以逸待劳。中途岛作战行动中，南云优柔寡断、患得患失、不能迅速就局势作出判断，无法确定最优先攻击目标，最终贻误战机，并给美军以可乘之机，令日舰队遭受毁灭性打击，主力尽毁，从此，日本海军走向没落。

二、美国将帅——切斯特·威廉·尼米兹

切斯特·威廉·尼米兹(1885—1966)，美国海军名将、十大五星上将之一，二战时任太平洋战区的盟军总司令。1885 年，尼米兹出生于美国得克萨斯州的弗雷德里克斯堡。1901 年 9 月，尼米兹考入安纳波利斯的美国海军学院。4 年之后以优异成绩毕业，赴战列舰上实习。他历任潜艇艇长、海军作战部潜艇设计委员会高级成员、战列舰副舰长、潜艇分遣队司令、驱逐舰基地司令、重巡洋舰舰长和海军部航海局局长助理等职。1938 年 6 月，尼米兹晋升为海军少将，同年 7 月，出任第 2 巡洋舰分遣舰队司令，后因病改任第 1 战列舰分遣舰队司令。尼米兹于 1941 年12 月 17 日晋升为海军上将，赴珍珠港接替金梅尔海军上

切斯特·威廉·尼米兹

将出任美国太平洋舰队总司令。在他的指挥下，美军在太平洋战场取得节节胜利，1945 年日本宣布无条件投降之后，尼米兹代表美国参加日本投降仪式。1945 年11 月，尼米兹出任美国海军作战部部长，继续强调海军的重要性，1947 年 11 月，任期届满卸任。1966 年 2 月 20 日，尼米兹病逝于美国旧金山。

第十二章 中途岛海战

1942年,尼米兹在就任太平洋舰队司令后,立刻策划了4月18日对日本东京、名古屋、横须贺、神户等城市的空袭行动,从心理上打击了日本的嚣张气焰,振奋了美国的民心士气。为了重建太平洋舰队并战胜日本海军,尼米兹选拔重用英勇善战的军官(如哈尔西、斯普鲁恩斯、特纳、史密斯等),重建指挥系统以协调太平洋战区的海陆空力量,承接调拨给战区的人员、武器和补给物资,参与华盛顿的最后决策以制定横跨太平洋而战胜日本的战略计划,亲自筹划切实可行的作战行动。此外,鉴于珍珠港事件的教训,尼米兹大力加强太平洋舰队情报机构的建设,破译了日本联合舰队的作战计划。

1942年4月上旬至5月中旬,根据破译的日军电报内容,尼米兹基本掌握了日军下一步的行动计划,并制定了相应的应对策略。5月27日,尼米兹下达作战计划,确定三项制敌原则:一是由于敌我力量悬殊,美国航空母舰部队应避免在中途岛以西正面与日军交锋,而采取侧翼伏击战术,突然袭击日军航空母舰编队;二是美军舰队应运用强大的消耗战术最大限度地摧毁敌人,主要使用舰载机对敌实施空袭,尽量避免与敌进行面对面的舰队决战;三是在执行规定的任务时,必须遵循不轻易冒险的原则。

为贯彻这三项制敌原则,尼米兹对参战部队提出了七项要求。第一,尽量在远距离发现并攻击敌人,防止敌航空母舰对中途岛奇袭。为此,中途岛部队要加强警戒,实行700海里的空中巡逻。为实现对来犯日军的早期预警,潜艇部队在中途岛以西150海里、300海里和700海里处构成3道警戒线。第二,对日军航空母舰编队的空中攻击,应在其空袭中途岛之前实施。为此,发现敌航空母舰编队之后,先以中途岛上的陆军航空兵的B-17型轰炸机进行远距离攻击,夏威夷方面的轰炸机也立即出动,参加进攻。第三,太平洋舰队的航空母舰编队,在中途岛东北海面的日军空中搜索圈外隐蔽待机,一旦中途岛警戒飞机判明敌情,立即接近并奇袭敌航空母舰。第四,在中途岛西面警戒的潜艇应相机实施攻击。第五,中途岛守军尽力死守该岛。第六,重点防卫荷兰港至阿拉斯加之间区域,尽力阻挠日军对阿留申群岛的进攻。第七,鉴于夏威夷和美国本土西海岸也可能遭受攻击,在该区域设置两道潜艇警戒线,并部署战列舰部队沿美国西海岸巡逻。

整体上,美军制定的计划将作战重点放在中途岛方向;在北方阿留申群岛和阿拉斯加方面,以一部分兵力实施干扰破坏性作战;在夏威夷和本土西海岸方面,美军则采取警戒态势。

第三节　战前兵力对比

一、日军兵力

日本的进攻部队由航空母舰、战列舰、巡洋舰、驱逐舰、潜艇等战斗舰艇共206艘组成,舰载机约470架,岸基飞机214架,登陆及辅助部队1.68万人,由联合舰队总司令海军上将山本五十六指挥。海军中将南云忠一率领的由4艘航空母舰组成的机动部队(舰载机261架,其他战斗舰艇17艘)袭击中途岛,支援登陆部队登陆;海军中将近藤信竹率领的登陆编队入侵中途岛;山本五十六亲率主力于南云部队之后600海里处跟进;同时,以一部分兵力进攻阿留申群岛以钳制美军。

此次行动的指挥官为山本五十六海军大将和南云忠一海军中将,具体作战力量如下:

(1)主力编队,由山本五十六亲自指挥,辖航空母舰1艘("凤翔"号航空母舰)、水上飞机母舰2艘、战列舰3艘、轻巡洋舰3艘、驱逐舰21艘和补给舰4艘,各类飞机35架,任务是掌控中途岛、阿留申群岛的作战全局,策应其他编队进攻中途岛和阿留申群岛。

(2)机动编队,由南云忠一海军中将指挥,下辖航空母舰4艘("赤城"号、"加贺"号、"飞龙"号、"苍龙"号,搭载舰载机261架)、战列舰2艘、重巡洋舰2艘、轻巡洋舰1艘和驱逐舰12艘,负责对进攻中途岛部队提供空中支援,并伺机消灭美国太平洋舰队。

中途岛战役中日军机动编队的四艘航母

(3)登陆编队,由近藤信竹海军中将指挥,下辖轻型航空母舰1艘、水上飞机母舰2艘、战列舰2艘、重巡洋舰8艘、轻巡洋舰2艘、驱逐舰21艘和运输船15艘,以及若干扫雷舰、猎潜艇等舰船,各类舰载飞机56架,运载地面部队5800人(太田实海军大佐指挥的第二联合特别陆战队和一木清直陆军大佐指挥的一木支队),负责在中途岛实施登陆作战。

(4)北方编队(阿留申部队),由细萱戊子郎海军中将指挥,下辖航空母舰2艘("龙骧"号、"隼鹰"号)、水上飞机母舰1艘、重巡洋舰3艘、轻巡洋舰3艘、辅助巡洋舰1艘、驱逐舰12艘、潜艇6艘、扫雷舰5艘、运输舰3艘、补给舰3艘,搭载舰载机82架,运载登陆部队2450人。北方编队的任务是:进行战略佯攻,空袭荷兰港美军海空基地,破坏阿达克岛的美军军事设施,并伺机攻占基斯卡岛和阿图岛。

(5)先遣侦察编队,由小松辉久海军中将指挥,下辖轻巡洋舰1艘、潜艇供应舰1艘和潜艇15艘,负责在行动前侦察中途岛的美军情况及天气状况,并在战斗打响前在中途岛与夏威夷之间建立三道潜艇警戒线,侦察美军的动向,战斗打响后攻击支援中途岛的美军舰队。

(6)以南洋诸岛为基地的214架岸基飞机,其中战斗机108架、鱼雷攻击机72架、轰炸机10架和水上飞机24架,担负空中侦察和掩护的任务。

二、美军兵力

至1942年6月初,美国太平洋舰队司令尼米兹上将为了迎战日军,竭尽所能集中现有陆海军兵力。在中途岛方面,美军集结的兵力由三部分组成,分别是雷蒙德·A·斯普鲁恩斯海军少将指挥的第16特混舰队、弗兰克·杰克·弗莱彻海军少将指挥的第17特混舰队,以及驻守中途岛的部队。其中,第16、17两支特混舰队拥有航空母舰3艘("企业"号、"大黄蜂"号和"约克城"号)、重巡洋舰7艘、轻巡洋舰1艘、驱逐舰14艘、补给舰2艘、潜艇19艘,搭载各类舰载机233架。尼米兹要求两支特混舰队要保持一定的距离,在独立指挥的同时又相互呼应、联合作战。至中途岛之战打响前,美军在中途岛上共有各种飞机115架、水面舰艇20余艘,驻守该岛的美军官兵共3000多人,配备轻型坦克、高炮以及各种地面火炮。在中途岛所属的东岛和沙岛周围及水际滩头,美军设置了地雷阵、地下隐蔽部、隐蔽火炮工事和大面积的铁丝网。

此外,为了保卫阿留申群岛和阿拉斯加,美军集结的兵力如下:重巡洋舰2艘、轻巡洋舰3艘、驱逐舰13艘、潜艇6艘、油船和补给舰共计6艘,以及若干小型舰艇,岸基飞机177架,统一由罗伯特·西奥博尔德海军少将指挥。

中途岛战役美军参战航母,从左至右:"约克城"号、"企业"号、"大黄蜂"号

三、双方兵力对比

通过战前对比日本与美国参战兵力,我们不难发现,日本参战的战斗舰艇有200多艘,其中作战核心航空母舰8艘(搭载舰载机470余架),而美军参战的大小战斗舰艇只有100余艘,航空母舰只有3艘。美军太平洋舰队无论在舰队的数量还是质量上,与日本相比都处于绝对的劣势。然而,日本联合舰队的规模虽大,但却将兵力进行致命的分散,没有握紧拳头出击。中途岛海战联合舰队几乎全部出

动,战线绵延数千海里,但直接与美军太平洋舰队决战的只有第一机动部队。一旦有事,各部根本无法接应。

美国海军密码破译部门早已破译了日本海军 D 号密码(美军称之为 JN-25),对日本的一切详细的作战计划都了如指掌,并作出针对性部署,而日本却忽视了战前侦察,根本没有得到美军航母"约克城"号已修复出港的消息,对美军动向判断严重失误。侦察潜艇派出延误,当日军潜艇抵达侦察阵位时,美航母已越过侦察线两天。美国通过强大的情报优势为中途岛战役的胜利打下了坚实的基础。

第四节　战役进程

中途岛战役分为两个战场,日美双方分别围绕太平洋北方的阿留申群岛和中部的中途岛展开争夺,其中位于太平洋中部的中途岛是主战场。

一、阿留申群岛争夺战

按照日军的计划,中途岛揭幕战应该在北方的阿留申群岛打响。6 月 3 日,日军北方编队两次空袭阿留申群岛美军海空基地荷兰港,在美军的不断反击下,收效不大;4 日,准备再战之际,接到联合舰队命令,要求该舰队迅速南下,与主力部队会合,支援中途岛方面作战;7 日,日本海军陆战队和陆军北海支队分别攻占了阿留申群岛中的基斯卡岛和阿图岛,企图诱使美军舰队北上支援,再围而歼之。但尼米兹并没有上当,11 日起,他只是命令美军岸基飞机打击基斯卡岛的日军及周边日军舰队;19 日,日军确认美军不会上当后,只得悻悻地撤回除基斯卡岛和阿图岛守备部队之外的其他作战力量,阿留申群岛战役至此结束。

二、中途岛海战

作为主战场,中途岛的海战包括三个阶段,分别是 6 月 3 日的序幕战、6 月 4 日的海上决战和 6 月 5 日至 6 日日军撤退与美军追击的阶段。

1. 6 月 3 日的序幕战

1942 年 6 月 3 日 8 时 20 分,美军侦察机在中途岛以西 430 海里处首先发现日军攻占中途岛编队的先头部队。接着,9 时 15 分,美机又发现日军运输舰队。由于估计到日军将从中途岛西北方向实施突击,所以美军航空母舰在中途岛东北偏北约 300 海里处待机,中途岛基地的部队也严阵以待,直到下午,未发现日军其他部队,9 架 B-17 轰炸机遂奉命从中途岛起飞,于 16 时 30 分实施攻击,但无战果。入夜,4 架美军水上飞机携带鱼雷从基地起飞,击中日军油船 1 艘,就在这批飞机返回基地前,中途岛也受到日军空袭。

2. 6 月 4 日的海上决战

中途岛决定性的战斗于 6 月 4 日上午打响,交战的双方分别为:美国第 16、17 特混舰队所辖的 3 艘航空母舰舰载机和中途岛岸基飞机;南云忠一率领的机动编队 4 艘航母的舰载机。

第十二章 中途岛海战

6月4日,南云忠一在没有发现美军舰队而预定作战时间又到来的情况下,将攻击分为两个波次:第一个波次攻击中途岛,剩下一个波次作为机动力量枕戈待旦,准备迎战美军舰队,若美军舰队没有出现,那么顺势继续攻击、占领中途岛。4时30分,南云按原计划下令第一攻击波机群开始从4艘航空母舰上同时起飞,108架舰载机出发攻击中途岛,同时派出侦察机搜索东、

准备从航母上起飞的日军舰载机

南方向海域,第二攻击波飞机提升到飞行甲板上,准备迎击美国舰队。但是,舰队的侦察机却出了状况,重巡洋舰"利根"号的2架侦察机因为弹射器故障,起飞时间耽误了半个小时,重巡洋舰"筑摩"号的1架侦察机引擎又发生故障中途返航而未能发现美军特混舰队(这架飞机本应抵达美国特混舰队上空搜索),这些失误给日本舰队埋下祸根。

日军轰炸后的中途岛

5时34分,美军巡逻机在中途岛西北方位320度、距离180海里处发现日军航母舰队,同时也侦察到日军派出的轰炸中途岛的飞机。接到报告后,中途岛上的飞机全部起飞,一部分(战斗机)迎战来袭日机,另一部分(鱼雷机和轰炸机)前去攻击日本航空母舰舰队。最终结果是:中途岛起飞的战斗机几乎全被日机击落,前去攻击日本航母编队的飞机进行了3波攻击,毫无战果,损失了一半的飞机;日机对中途岛进行了近30分钟的轰炸,除飞机跑道外,地面设施几乎全部被摧毁。

7时45分、8时零6分和8时30分稍过,美军3艘航母上的152架舰载机先后起飞,攻击日本航空母舰。

美军战斗机在航母上做起飞准备

在此期间,南云率领的舰队依旧没有发现美军航母编队,相反,舰队不断遭到来自中途岛美军岸基飞机的攻击,显然日军对中途岛的第一次空袭并不成功。在这种情况下,南云下令第二攻击机群卸下原本准备攻击美军舰队的鱼雷,换装

轰炸陆上目标的炸弹,准备再次出击中途岛。就在此时,7时28分,日军侦察机报告发现美军舰队。于是,南云下令将准备出击的第二攻击机群上的炸弹又换成鱼雷,日本航母上一片混乱,频繁的换装作业,令地勤人员疲惫不堪,弹药随处堆放。

9时23分开始,从美国3艘航母上起飞的飞机接踵而至:鱼雷攻击机发动了三轮攻击,无一命中;俯冲轰炸机则战果颇丰,10时24分日军"加贺"号航母中弹4枚,10时25分"苍龙"号航母中弹3枚,10时26分"赤城"号航母中弹2枚。很快,中弹的3艘日本航母逐渐丧失战斗力,相继沉没或被己方驱逐舰发射鱼雷自沉。

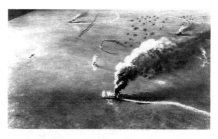

中弹燃烧的"加贺"号航母

被击中倾斜的"约克城"号航母

作为报复,日军仅剩的1艘航母"飞龙"号于10时58分和13时31分分别起飞战机,于12时稍过和14时40分左右两次袭击了美军"约克城"号航母,使其完全丧失战斗力,美军舰长于14时55分下令弃船(6月6日13时零5分,该航空母舰被日军潜艇击沉)。

14时30分,美军搜索飞机发现了日军仅存的"飞龙"号航空母舰。15时30分和16时零3分,美军集中40架俯冲轰炸机分两批起飞前去攻击。16时53分,第一批美军飞机抵达,很快"飞龙"号航空母舰中弹4枚,燃起了大火(6月5日12时,被日军驱逐舰发射鱼雷击沉);第二批美军飞机则扫荡了日军残存舰队,战果甚微。

至此,美军击沉了日本机动编队的全部4艘航母和舰载机,取得了海上伏击战的决定性胜利,迫使日军放弃了对中途岛的进攻。此后,美日舰队分别向东和西北方向后撤,暂时脱离接触。

3. 日军夜战企图及美军的追击

日本联合舰队司令山本五十六获悉交战结果后,决定改变先攻占中途岛再与美国舰队决战的预定方针,转而采取集中力量消灭美军舰队尔后再攻占中途岛的新方针,准备实施夜战,下令南云指挥的机动编队向东追击美军舰队。但是,南云却持反对意见,认为美军正有4艘航母向西而来,于是违背命令继续向西北撤退。6月5日零时15分至2时55分,山本五十六见大势已去,只得命令各部队取消夜战,回撤集结。

5日拂晓,美军舰队向中途岛折返回来,准备迎击日军的再次来犯,很快发现日军已放弃进攻正在后撤时,当即决定向西展开追击。8时,美军搜索飞机发现中途岛西北方向正在撤退中的日本近藤信竹海军中将指挥的登陆编队。接下来的两天里,美军舰队追击途中不断起飞舰载机攻击日军这支舰队,击沉了"三隈"号重巡洋舰,击伤了"最上"号重巡洋舰和"荒潮"号驱逐舰。6月6日19时,美军舰队结束了追击战,掉头向东航行。同一天,日本大本营海军部鉴于此战损失惨重,决定终止对中途岛的攻占行动。至此,中途岛海战落下了帷幕。但作为整个战役行动,直到6月19日日军大部兵力从阿留申群岛撤离,中途岛战役才宣告结束。

第五节 战役结果及点评

一、战役结果

中途岛战役美军只损失1艘航空母舰、1艘驱逐舰和147架飞机,307人阵亡。而日本却损失了4艘航空母舰、1艘重巡洋舰,损伤战列舰1艘、重巡洋舰1艘、驱逐舰2艘、油船1艘,另有2艘驱逐舰相撞受损,损失飞机332架、几百名经验丰富的飞行员和几千名舰员。中途岛战役改变了太平洋地区日美航空母舰实力对比,从此,日本在太平洋战场开始丧失战略主动权,战局出现有利于美军的转折。

二、美日成败原因分析

(一)日军失败的原因

1. 骄傲自大,狂妄轻敌

骄兵必败,这是日本海军在这次海战中的真实写照,也是日本海军在这次海战中失败的根本原因。战争初始阶段,日本海军表现很好,尤其是偷袭珍珠港,做到了计划周密,准备充足,作战精确无误,取得了意想不到的辉煌战果。但是,由于这个阶段过于顺利,日本海军上下被胜利冲昏了头脑。在这次海战上,没有了开战初期那种兢兢业业的态度。作战计划制定仓促,漏洞百出,对反对意见置若罔闻。而对作战计划进行检验的图上演习也是敷衍了事。例如,日本海军在进行相当于现在兵棋推演的图上演习时,出现了与后来实战相似的局面,日军战斗机全部飞离航空母舰攻打中途岛后,美军突破防线对其舰队进行轰炸,演习裁判裁决"赤城"号"加贺"号中弹9发,两艘航空母舰被击沉。可主持演习的宇垣少将却"无理性"更改裁决,命令将命中次数改为3次,改判为1艘航空母舰被击沉,另1艘轻伤,可不久这艘被击沉的航空母舰又从海底浮了上来,参加了下一阶段的战役。对"出其不意"的过度自信,对美军知悉行动、回避决战等可能性的"选择性遗忘",这都是日本海军全军上下狂妄自大的表现,这也是导致后来一连串错误,致使日本海军失败的根源。

2. 情报战的失败

当时负责航空索敌规划的吉冈忠一少佐事后回忆说:"根本没有考虑到敌舰队在作战过程中出现的可能性,因此,即使知道索敌(侦察)是非常关键的,但为了节省舰载攻击机编制,所以减少了索敌机(侦察机)数量和飞行次数。判断上出了大问题。"日本在中途岛海战之前对于情报的搜集与偷袭珍珠港时的表现判若两人。没有搜集到任何有价值的情报,预定的侦察行动也由于种种原因取消了。因此,日军对敌情作出了完全错误的判断。缺少可靠情报的支持使南云舰队从一开始就陷入不利的境地。

3. 日本作战计划的错误

首先,日本犯了分散兵力的错误。日本的舰只虽多,却被分为相互不能直接支援的6支,将2艘航空母舰用于遥远的北方,使得在中途岛方向,主要靠南云舰队的4艘航空母舰,这4艘航空母舰上共有舰载机261架。美国集中了自己的力量,全部可用于中途岛方向的飞机达到348架,在飞机数量上反而占了优势。

其次,给南云舰队的任务是两个相互矛盾的任务。一个任务是6月5日空袭中途岛,为登陆作战提供火力准备。这就严格限制南云舰队的行动自由。另一个任务却是与敌人舰队接触并歼灭之,这又要求南云舰队根据情况完全机动行事。此次作战的核心到底是以中途岛为诱饵全歼美国太平洋舰队,还是占领中途岛威胁夏威夷,根本没有指明哪个任务优先,这就使南云舰队无所适从,被迫在两个波次的飞机上装载了完成不同任务的弹药,后来因为更换弹药延误了时间,延误了战机,日军随之遭受灭顶之灾。

4. 日本作战观念的落后

美国在珍珠港被击沉了几乎所有的战列舰,反而使其放开了束缚的手脚,建立了以航空母舰为核心的特混舰队,其他舰只都围绕保护航空母舰。而日本虽然运用舰载机取得了偷袭珍珠港的胜利,可海军中"大炮巨舰"政策的拥护者还大有人在,包括当时世界上最大的战列舰"大和"号在内的战列舰队被保存在柱岛锚地,以备将来决战之用,在这场决战中它们几乎没有发挥任何作用,和废铜烂铁无异。日本海军不愿将战列舰和航空母舰混合编组为以航空母舰为核心的舰队,让战列舰为航空母舰提供防空火力,致使南云舰队只得靠自己的舰载机来保护自己,当遭到中途岛的美军飞机攻击时,日本舰队只得将第二波飞机中的掩护战斗机起飞迎战,造成已经准备好的俯冲轰炸机没有战斗机掩护,南云不得已决定重组部队后再进攻美国舰队,使得战机被延误。

5. 作战指挥的失误

首先,忽视了侦察任务。南云舰队没有专门的侦察机飞行队,由于不愿分散进攻力量,南云舰队的侦察任务主要由编队中战列舰和巡洋舰上的老式水上飞机担任。海战当天日本舰队没有进行双相搜索,进行单相搜索的飞机中有两架出现故障,延误了起飞时间,造成发现美国舰队迟误,直接影响战局。其次,当南云得到美国舰队的情报后,没有采纳山口多闻的建议,立即出动没有战斗机掩护的俯冲轰炸机进攻,导致舰机同沉。最后,山本五十六大将亲自率战列舰队出战,为保持无线电静默,自动放弃了战役的指导。

6. 两国科技和工业经济实力的差异

日本在科学技术上落后于美国,一个明显的证明就是雷达技术的应用。当时美国舰队已经装备了雷达,在日本机群还没有到来就已经发现并预先做好准备。而日本舰队当时没有装备雷达,所有警戒全靠目测,当美军俯冲轰炸机借云层的掩护攻击时,无法及时作出反应。美日双方的工业经济实力差距也较大。在中途岛海战前发生了珊瑚海海战,日本的航空母舰"翔鹤"号受伤,需要一个月的修理时间,"瑞鹤"号由于人员损失太大也无法执行战斗任务。美国的航空母舰"列克星敦"号沉没,"约克城"号受伤,美国为了让"约克城"号参加中途岛海战,集中全力对"约克城"号进行了三天三夜的抢修,终于使它重上战场,为胜利的取得立下了汗马功劳。日本减少了2艘航空母舰,美国却增加了1艘,双方航空母舰的对比变为4∶3,双方的差距大大缩小了,为美国获胜打下坚实的基础。

(二)美军胜利的原因

1. 美军对于情报的重视和掌控

美国著名海军历史学家塞缪尔·E·莫里森把美国海军在中途岛海战中的胜利称之为"情报的胜利"。美国海军提前发觉日本海军的计划,是日本海军失利的最重要的原因。在这次海战中,美军取胜的王牌就是事先破译了日本海军的密码,战役爆发前就了解了日本海军的作战计划和作战部署。这样就能集中力量伏击日军。当时负责密码破译的莱顿中校向司令部预报:"日本机动舰队将从西北方来,方位325度,将在离中途岛175海里的地方被我们发现,时间是中途岛时间6时。"当在准确的时间发现日本舰队后,尼米兹向莱顿中校说:"祝贺你,与你预报的只差了5海里。"整个中途岛战役,美军的计划、侦察、作战,就像在偌大的太平洋上穿一根针一样精确。

2. 尼米兹的知人善任

作为太平洋舰队的最高长官,尼米兹的知人善任为中途岛海战的胜利打下了基础。尼米兹就任美军太平洋舰队司令后,他并没有将前任金梅尔和派伊手下的军官班子发配走,反而将他们召集起来,表示对他们的信任,并继续留用。尼米兹表示,他作为前航海局局长,知道选调到太平洋舰队工作的军官都是有才能的,只不过时运不佳。如舰队情报主任埃德温·莱顿,作为主管情报工作的负责人,对日军偷袭珍珠港没有预见,已经做好了受处分的准备。但尼米兹却把他留下来,这表现了对他的信任和尊重。莱顿不久就为尼米兹以及整个美国海军挽回了荣誉,正是他带领情报小组成功地破译了日本的密码,准确地预见了日本联合舰队即将在中途岛发动进攻。

3. 战术得当,集中优势兵力消灭敌人

虽然说情报在美军取得中途岛战役的胜利起到了至关重要的作用,但这场战役也不仅仅是情报的胜利,采取合理的战术是美军胜利的原因之一。尼米兹在获悉日本人将使用联合舰队的整个兵力实施中途岛作战时,没有被庞大的敌舰队吓

倒,恰恰相反,他立即大胆采取行动,并有意把较小的兵力投向强大得多的敌人。由于意识到自己无力与敌正面交锋,他就命令弗莱彻和斯普鲁恩斯把特混舰队分开部署在南云第1航空舰队的侧翼,以便他们能从有利的战场位置出发,对敌实施突然袭击。尼米兹的正确战术决策,为此战的胜利奠定了基础。

三、中途岛海战胜利的意义

中途岛海战以美国的胜利、日本法西斯的失败而告终,具有深远的意义。

第一,中途岛海战改变了太平洋地区日美航空母舰实力对比。经此一战,日军损失了4艘航空母舰,海军航空兵的精英遭受巨大损失。从此,日本在太平洋战场开始丧失战略主动权,由战略进攻逐渐转为战略防御,太平洋战场的主动权开始落入美军手中。

第二,这一战给自称战无不胜的日本海军官兵以沉重的心理打击。惨败后的日本人极为恐慌,凡海战受伤者都被盖得严严实实,深夜上岸送进医院,病房完全与外界隔绝。

第三,此次海战的失败在日本上层人物中间造成了无法抹去的阴影。从中途岛战役后直到第二次世界大战结束,这一痛苦的回忆影响了他们之后的战局判断。

第四,此次海战还给予美军一段非常宝贵的喘息时间。直到1942年年底,在美军新型航空母舰服役之前,日本海军无力发动大规模的战役,从而使美军得以巩固当前防线,为美军太平洋舰队积蓄和组织力量反攻创造了条件,争取了时间。

思考题

1. 中途岛海战日军惨败的原因有哪些?
2. 美军在中途岛战役中的失误有哪些?日军的失误有哪些?
3. 请点评中途岛海战中日方战术存在的问题。

第五编　东方主战场战例

  中国是世界反法西斯战争的东方主战场。中国的抗日战争是"战争史上的奇观，中华民族的壮举，惊天动地的伟业"。它开战时间最早，持续时间最长，消灭和牵制了日本侵略者大量的军力，为世界反法西斯战争作出了不可磨灭的历史贡献。其中，中国共产党在领导全民族抗战中发挥了中流砥柱的作用，对战争的最终胜利起了决定性作用。本编选取了平型关大捷、台儿庄战役、百团大战和衡阳会战四个战例，描绘了聚集在我党最先倡导和坚定维护的抗日民族统一战线旗帜下的中华儿女不畏强敌，奋不顾身，抵御外侮的历史画卷。抗日战争的胜利有着伟大的历史意义。它结束了中国反对帝国主义侵略屡遭失败、备受屈辱的历史，奠定了中国的大国地位，提升了民族自尊心和自信心，成为中华民族由衰败到重新奋起的历史转折点。

第十三章　平型关大捷

平型关大捷是抗日战争时期全面抗战爆发以来中国共产党领导下的八路军主动寻歼敌人的第一个大胜仗,又称为平型关战斗,平型关伏击战。1937年9月25日,根据中共中央军委的指示,八路军115师师长林彪、副师长聂荣臻率领所属部队,在山西省大同市灵丘县平型关附近,与国民党第二战区的部队相配合,对日本"钢军"——板垣征四郎的第5师团第21旅团一部及辎重车队进行伏击取得胜利,打破了日军不可战胜的神话,振奋了全国人心,提高了共产党和八路军的威望。该战充分发挥了八路军近战和山地战的特长,首次集中较大兵力对日军进行了一次成功的伏击战,有力配合了国民党指挥的正面战场,打乱了日军沿平绥铁路的右翼迂回华北的计划,迟滞了日军的战略进攻。

平型关大捷油画(孙浩)

第一节　作战计划的出台

一、战斗背景

1937年7月7日"卢沟桥事变"爆发,面对日军的大举进犯,中国军队英勇抵抗,付出较大伤亡却仍未能阻挡日军进攻的铁蹄。7月29日,北平沦陷,30日,天津失守,整个华北陷入全面危机。在华东地区,8月13日淞沪会战打响,为速战速决,日军先后投入近28万兵力,动用400多架飞机、2支舰队,企图通过占领中心城市来迫使中国在3个月内投降。在日军的疯狂进攻和民族生死存亡之际,国共两党合作,共同抵御外敌。

在华北,此时的侵华日军攻占了晋北重镇——大同及周围各县。9月20日,日军第5师团一部侵占灵丘,21日,日军第21旅团长三浦敏事兵分两路向平型关一线进犯,企图突破平型关防线与雁门关以北的日军汇合,攻占太原,进而占领山西全省。22日,日军开始向平型关、东跑池、团城口等内长城各主要阵地发动进攻,并派战车、飞机助战,第二战区国民党守军第73师、独立第8旅、第84师顽强抵抗，战斗十分激烈，双方伤亡惨重，日军连续三天的进攻无任何进展。在东跑池指挥作战的三浦敏事，急电师团长板垣征四郎，要求派兵增援。为阻止日军突破平型关防线，国民政府第二战区负责人阎锡山命傅作义率两个旅增援，并致电八路军总司令朱德，要求八路军配合作战。对保卫山西的作战，中共中央极为关注，中央军委副主席周恩来一直同阎锡山保持着密切联系，多次参与一些重要作战计划的研究，以协调共同作战。

二、平型关概况

平型关位于山西省灵丘县与繁峙县交界的关岭上，四面环山，地势极为险要，一条峡谷古道穿关口而过，东通京蓟，西抵雁门关，为明代内长城内三关与外三关之间的重要关隘，自秦汉以来就是军事要隘、兵家必争之地。

平型关遗址

平型关是晋东北的一个咽喉要道，两侧峰峦迭起，陡峭险峻，左侧有东跑池、老爷庙等制高点，右侧是白崖台等山岭。平型关山口至灵丘县东河南镇，是一条由东北向西南伸展的狭窄沟道，地势最险要的是沟道中段，长十多里，沟深数十丈不等，沟底通道仅能通过一辆汽车，能会车的地方极少，而南北沟岸却是比较平坦的山地，是进行伏击歼敌的理想地域。

三、115师的战前侦察与作战计划的成形

为打好平型关战役，八路军 115 师师长林彪在战前曾三次到平型关乔沟一带进行实地勘察，期间作战计划逐步成形。第一次是他带着参谋人员和电台，先到平型关关口，爬上关口北侧山岭，对着地图观察平型关以东的山势、河沟、村庄和道路，然后下山沿西跑池、东跑池公路到乔沟至东河南镇，察看峡谷公路两侧的地形地貌；第二次他化装侦察，重点勘察了老爷庙前的地形和乔沟南侧山地地貌，一个完整的伏击战计划基本形成，即"拦头斩腰断尾"；第三次是在上寨动员会后，师长林彪和副师长聂荣臻带着旅长、团长们去侦察，并在现场向各团指定了设伏地点，明确了师、旅、团指挥所的位置。林彪作为我党的一名高级指挥员，三次亲自侦察战场说明他对此战的高度重视，并为此做了充分准备，为取得平型关伏击战的胜利

打下了坚实的基础。

第二节　战前兵力对比

一、八路军参战兵力

八路军方面的参战部队为115师，师长林彪、副师长聂荣臻、参谋长周昆、政训处主任罗荣桓、副主任肖华、供给处长邝任农。115师下辖两个旅（四个团）和一个独立团及骑兵营、工兵营、炮兵营、辎重营等，兵力共计12000人。

表13-1　115师概况

115师 师长林彪 副师长聂荣臻	343旅 旅长陈光 副旅长周建屏 参谋长陈士	685团 团长杨得志 副团长陈正湘
		686团 团长李天佑 副团长杨勇
	344旅 旅长徐海东 副旅长黄克诚 参谋长卢绍武	687团 团长张绍东 副团长韩振纪
		688团 团长陈锦秀 副团长田守尧
	独立团 团长杨成武	

115师是由中国工农红军第一方面军第1、第15军团发展而来，这些部队在土地革命时期是红军主力中的精锐，许多基层旅团级干部、营连级干部都经历过长征的磨砺，作战能力非常强。如343旅旅长陈光，1928年入党，在湘南起义后跟随朱德、陈毅，在长征中的大渡河、腊子口等著名战役中都有他的身影。他们的存在，使得115师在八路军三大主力师中有着较强的战斗力。

二、日军参战兵力

参战日军方面主要是日本华北方面军第5师团，师团长板垣征四郎。第5师团下辖两个旅团，分别是：第21旅团，旅团长三浦敏事；第9旅团，旅团长国崎登。

日军参战兵力约4000人，除第21旅团一部外，还有两支辎重队进入伏击圈：一支部队是从灵丘向平型关前线支援第21旅团的辎重部队，开道的是100余辆汽车，满载该旅团的后续部队，后面是200多辆骡马大车，车上满载粮食、棉衣、行李和弹药,由一小队骑兵押运;另一支部队是从平型关返回灵丘的第21旅团"新庄自动车队",属于日军第6兵站汽车队,由两个中队组成,车上搭载日军其他部队一部。日军的第5师团有"钢军"之称,虽是辎重部队,但战斗力也不可轻视。

三、两军综合作战能力对比

1. 作战经验对比

八路军通过长征的洗礼,积累了较为丰富的游击作战经验。日本军队在侵略中国前进行了详细周密的准备,在全面抗战初期,日军以闪电战迅速攻陷了中国的许多大中城市,气焰不可一世。

2. 作战意志对比

八路军方面,此战是全面抗战爆发以来中国共产党领导的军队的初次大战,战前动员积极,士气高涨,普遍作战英勇。日军普遍受武士道的影响,单兵作战能力强,负伤、落单情况下仍做困兽之斗,拒不投降。日军的这一状况体现了八路军赢得这次胜利的艰难。

3. 武器装备对比

红军改编为八路军后,国民党政府只发给八路军每人一套军装、一条线毯、一块银圆,连双鞋子都没有;八路军装备的枪械主要是"汉阳造"步枪,射程近,很多甚至不能从山上有效杀敌,只能冲到公路上与敌进行白刃战;115师配备的重机枪数量较少,只能架设在险要位置;手榴弹的质量也较差,杀伤力有限。

日军装备精良,可以说是武装到牙齿,普遍装备三八式步枪,该枪是整个二战期间最长的步枪,不仅射程远,还利于肉搏。日军运输车上还有重型武器,并配备有狙击枪中队。此外,作战期间日军还派出6架飞机助战,但由于中日军队厮杀在一起,飞机没有发挥实际作用。

第三节　将帅谋略

一、中方将帅——林彪

林彪(1907—1971),字阳春,号毓蓉,1907年12月5日出生于湖北黄冈林家大湾,曾在武昌共进中学读书,1923年6月加入中国社会主义青年团,1925年在"五卅"反帝运动影响下,参加学生运动,同年冬考入黄埔军校第4期。

林彪在黄埔军校加入中国共产党。1927年8月参加南昌起义。南昌起义受挫后,林彪随朱德、陈毅转战闽粤赣湘边界。1930年6月,他任红1军团第4军军长,1932年3月任红1军团总指挥(后称军团长),率部参加了文家市、长沙、吉安等重要战役和中央苏区第一至第五次反"围剿",曾多次指挥所部担任战役战斗的主攻任务。

1934年10月中央红军开始长征,他率部突破国民党军第一、第二、第三、第四道封锁线和强渡乌江等作战。1935年1月,他参加了中共中央在贵州遵义召开的政治局扩大会议,会后指挥红1军团参加四渡赤水、巧渡金沙江、强渡大渡河、夺占泸定桥等作战。

在平型关战斗中,林彪师长、聂荣臻副师长经过侦察地形,决定利用谷深、路窄、便于隐蔽和发挥火力的地形以及日军骄狂、疏于戒备的弱点,采取伏击战法一举歼灭进犯平型关之日军。在战术上采取拦头斩腰断尾的具体部署:以685团拦头,占领关沟至老爷庙以西高地,截击日军先头部队;以686团斩腰,占领小寨村至老爷庙以东高地,分割歼灭沿公路开进之日军主力;以687团断尾,占领蔡家峪以南高地,断敌退路,阻敌增援;以688团为师预备队,置于东长城村地域。各部队于25日拂晓前,全部隐蔽、迅速进入预设阵地。

二、日军将帅——板垣征四郎

日军方面主要将领为板垣征四郎(1885—1948),日本陆军大将,在日军中以"板垣之胆"著称,第二次世界大战甲级战犯之一。板垣征四郎1885年1月21日出生于日本岩手县,1904年毕业于日本陆军士官学校,随后到中国参加日俄战争。1931年他与关东军主任参谋石原莞尔狼狈为奸,是"九一八事变"的主犯之一;之后积极炮制伪满洲国,1932年3月伪满洲国成立后,充任执政顾问和军政部最高顾问。1933年2月,板垣征四郎从奉天奔赴天津,建立特务机关,配合日本关东军,企图策动华北自治,又试图染指内蒙古,妄图把内蒙古从中国分裂出去,挑起"绥远事件"。从其简历来看,在日本全面侵华前,板垣征四郎是日本侵略中国的急先锋。1937年板垣征四郎率军攻占山西大部,1938年6月出任陆军大臣,主张三国同盟,1939年9月任中国派遣军总参谋长,主持对华的诱降工作,1943年任最高军事参议官,1945年在马来西亚、新加坡等地同英荷军队作战,直至日本战败,1948年12月23日被远东国际军事法庭判处绞刑。

是时,山西的东北屏障天镇和大同已经门户大开,日军倘若从大同南犯,利用铁路便可直插山西腹地——太原。平型关地形复杂,两侧山势险峻,沟底狭窄,只可容一辆汽车通过,熟谙兵法的板垣征四郎不可能不知道平型关凶险的地势,为何还要选择这样一条行进路线呢?中国抗日战争史学会会员高凤山先生分析指出:"板垣考虑到平型关是山西和河北的交界地,兵力薄弱,而战略地位十分重要,扼守着灵丘至大营的公路,是进攻雁门关的必经之路,走这里可以尽快实现'三个月灭亡中国'的计划。"在骄横的板垣看来:以乔沟之险峻和中国军队之战力,已经没有什么可以抵挡他的王牌第5师团长驱直入;从这条古道越过平型关后,道路就变得一马平川,太原将一览无余,夺取山西如探囊取物。最终,八路军令板垣征四郎在平型关为其骄狂付出了代价。

第四节 战斗进程

一、国共军队为抵御外敌协同作战

1937年9月11日,日军侵犯广灵。中国军队孙楚的73师被迫退至平型关南翼,阎锡山急调孟宪吉旅抢守平型关。孟旅于19日赶至平型关,与进攻的日军激战两昼夜,日军攻势受挫,转攻团城口。八路军115师于20日迅速越过五台山向灵丘急进,22日从平型关南翼潜出,隐伏于灵丘以南的山区,24日在平型关东关沟至东河南镇之间的公路两侧地区部署对敌后的包抄袭击。与此同时,115师派人到大营同孙楚联络,把115师进入敌后的进展情况通知孙楚,希望平型关各方面友军对八路军的敌后包抄袭击予以适时配合,争取平型关围歼敌人战斗的胜利。

二、团城口激战失守

阎锡山得知八路军进展情况后,即派预备军加强平型关北翼的出击力量。孙楚为配合115师包抄袭击敌后,即令郭宗汾的预备第2军联系团城口高桂滋指挥的84师出击。9月23日夜,日军曾对东西跑池高地发起猛攻,高桂滋部反击,伤亡近两千人,损失惨重。高桂滋认为八路军配合围歼板垣师团,实际上是一种虚构的空想,同时也认为孙楚是有意牺牲他们以便晋军独占风头。于是,他不顾大局,擅自放弃团城口阵地,让郭军贸然出击。

郭宗汾军对团城口失守一事一无所知,仍以陈光斗旅附山炮一连向六郎城进击,拟带动21师与挺进大、小寒水岭的115师联合行动,绕击敌侧后,以第2军主力沿迷回村和东西两跑池一线,越过高桂滋84师阵地,进攻平型关敌后。

郭宗汾军主力纵队接近迷回村时,便向东西两跑池村分进。25日拂晓前,郭军通过涧头、迷回村前进时,突然遭到来自团城口方面工事里机炮火力猛烈袭击,郭部大乱,还以为高桂滋部联络不当,受到更猛烈的打击后,才知高部已悄然撤离。团城口、鹞子涧和东西两跑池一带阵地都被日军占领,郭军主力被压迫于迷回、涧头一侧。经连续苦战,郭军损失三分之一左右,官兵极度疲惫。幸亏此时115师于平型关敌后的东河南以西地区伏击敌人获得大捷,一部挺进到大、小寒水岭上,使得郭军被隔于六郎城之旅可以倚为犄角,相互牵制鹞子涧敌人的行动,保证了郭军主力未被全歼,在迷回、涧头间守住了敌人通往后方公路的侧面阵地,钳制了东西跑池之敌,使之不敢直扑大营。

三、平型关大捷

战前,115师先头部队进抵大营后,派出侦察部队调查平型关地区地理情况和敌情,为平型关歼敌做各种准备。9月23日,师长林彪、副师长聂荣臻在上寨召集干部会议,作出初步计划。24日,国民党第2集团军、第6集团军送来"平型关出击计划",拟定71师附新编第2师及独立8旅一部配合115师向平型关以东的日军出击。

平型关战场上八路军某阵地

林彪师长即刻命令部队25日零时出发。战士们顶着狂风暴雨,涉急湍山洪,在拂晓前到达了指定地区,全师主力布置在平型关到东河南镇的公路南侧山地边缘上。343旅的686团位于白崖台附近,左侧是685团,右侧是687团,口袋底是第33军的独立8旅,115师第344旅,687团断敌退路并打援敌,688团作为预备队。这一部署使得进攻平型关的敌人完全处于包围圈伏击之中。八路军同时又以一部从关沟出发,主动接应郭宗汾的出击部队。此时八路军战士们只穿着单军装,又破又烂,经半夜冒雨急行军,被汗雨湿透。晋北9月下旬夜间气温已很低,战士们又冷又饿,伏于湿地、山岩上待命,但士气高昂。25日平型关战斗的具体作战经历如下。

1. 埋伏备战

25日拂晓,日军第5师团第21旅团后续部队乘汽车100余辆,附辎重大车200余辆,沿灵丘平型关公路由东向西开进,7时许该部全部进入115师预伏地域。115师准确地抓住战机,全线突然开火,并趁敌陷于混乱之机,适时发起冲击。

2. 包围作战

685团迎头截击,歼灭日军先头部队,封闭了日军南窜之路;687团在蔡家峪和西沟村之间,分割包围了日军后尾部队,并抢占韩家湾北侧高地,切断了日军退路;686团于小寨至老爷庙之间,实施突击,并令第2营冲过公路,迅速抢占了老爷庙及其以北高地,把日军压缩在峡谷之中。

3. 激战老爷庙

已陷入四面包围、伤亡惨重的日军,拼命向老爷庙反扑,企图向北突围。控制老爷庙及其以北高地的686团2营在1营、3营协同下,连续打退日军的多次反扑。在此期间,先期进占东跑池的日军一部,试图回援老爷庙,亦被685团所阻。

4. 日军增援

日军第5师团师团长板垣征四郎得知其部下被围后,急令在蔚县的第21旅团和进至涞源以西的第9旅团各部火速增援平型关。

5. 相互钳制,夺取胜利

当日军两部行至灵丘以东的驿马岭和以北的王山村时,遭到115师独立团的迎头痛击,涞源的日军也因受115师骑兵营的钳制,不敢倾巢出援。13时许,蔡家峪以东的日军一部与小寨以南被围日军会合后,在6架飞机火力掩护下,以密集队形,再次向老爷庙高地猛扑。由于敌我短兵相接,日军的飞机也无能为力,其反扑被686团又一次击退。随后,686团冲下公路,在685团的协同下,将该支日军全歼。至此,战斗胜利结束。

6. 追击敌人

115师发扬连续作战精神,向平型关正面东跑池日军逼近,按照与国民党军达成的协同作战计划,准备共同消灭该地区之敌。当日黄昏,343旅两个团迅速抢占了东跑池周围的高地,并将日军包围在东跑池一带盆地。但是,由于国民党军队没有按计划出击,致使该支日军未能被全部歼灭。

四、中日平型关地区战斗的结束

八路军平型关大捷,也使国民政府第二战区司令阎锡山大受鼓舞。9月26日,他命令傅作义、杨爱源等部迅速击破平型关附近之敌。正当第二战区在部署对平型关之敌的围歼决战之时,日军东条纵队趁平型关鏖战之机,于9月28日一举突破恒山、雁门关的接合部茹越口,迫使国民党军队退入繁峙。为保卫平型关战场安全,国民党军队反攻茹越口,但被日军击溃。29日,日军占领繁峙城,威胁到中国军队主战场侧后。9月30日,阎锡山召集前线将领会议,决定全线撤退。10月2日夜,阎锡山下令内长城一线上的各军,向五台山、云中山一线转移,集中于忻口地区组织防御,准备保卫太原,中日双方围绕平型关的战斗落下了帷幕。

第五节　战斗结果及影响

一、战斗战果

此战,八路军115师抓住日军骄横狂妄和麻痹大意的弱点,正确地运用伏击战术,以勇猛顽强的精神,发挥山地战和近战的特长,以劣势装备一举歼灭日军精锐第5师团第21旅团一部1000余人,击毁汽车100余辆、马车200辆,缴获步兵炮1门、轻重机枪20余挺、掷弹筒20余具、步枪1000余支、军马53匹及其他大批军用物资。

八路军缴获的部分日军武器

平型关战斗中八路军第115师伤亡400余人,其中200多位战士长眠在晋北这块热土上。可以说,八路军115师伏击战的获胜并非轻而易举,而是经过长征的老战士奋力拼杀赢得的,这也说明抗日战争的艰难性。

二、平型关大捷的经验

平型关战斗后,八路军及时总结了此次对日作战的经验。

1. 对于日军的总结

(1)日军不是不可战胜的,也是有弱点的,不善于山地战,日军的炮兵、坦克、飞机等在山地战中发挥不出优势。

(2)日军整体士气骄矜而疏忽,不注意侦察警戒,不爱修工事,这种状况有利于我方进行游击战。

(3)日军的弹药和粮食要靠日本从后方运输,切断他们的补给线,在敌后发展游击战是非常重要的。

(4)消灭日军要与国民党友军相配合。

(5)战斗开始后,要迅速接近日军,投入肉搏,使日军的飞机发挥不了作用。

(6)日军的战斗力不容小觑,单兵作战能力很强,而且宁死不降,这是过去战斗中不曾遇到的情况。

2. 对国民党友军的总结

(1)国民党友军在战斗中配合不力,指挥失灵,使国民党军的步兵、炮兵、飞机等优势发挥不出来,甚至连已经败退下来的日军残部都不能消灭。

(2)国民党军队对重要作战点应坚工固守,应集中优势兵力、飞机、大炮于决战点。同时要注意军官的调动、政治工作、与群众关系等重要的问题。

3.对八路军的总结

(1)要特别教育八路军指战员了解正规战斗中的战斗队形的运用。

(2)八路军要加强对日本士兵的日文、日语的政策宣传与优待俘虏。

(3)夜袭是战胜日军的重要作战手段。八路军要非常努力地学习夜战,以此为特长战胜日军。

(4)八路军应以在敌后袭击日军的后路为主,断敌后方是我们阻敌前进争取持久的最好方法。

(5)八路军的军事技术特别是战斗员技术与战术的教育还需努力。

从以上的总结中,不难看出八路军通过平型关战斗的实践客观全面地分析了我军、友军、敌军各自的优势和劣势,并没有因为一次大捷而产生骄傲情绪,而是认真分析及时梳理,为以后在持久的抗日战争中赢得最后的胜利奠定了基础。

三、平型关大捷的影响

平型关大捷是"七七事变"以来中国军队在对日军作战中取得的第一场胜利,影响和意义深远。

1.平型关大捷是一场最好的政治动员

平型关大捷是一次振奋民族的精神之战。八路军第115师以劣势装备一举歼灭日军精锐第5师团第21旅团一部1000余人,在全国范围内进行了一场最好的政治动员,其政治上的意义是远远大于军事上的。

毛泽东同志在《论持久战》中指出:"如此伟大的民族革命战争,没有普遍和深入的政治动员,是不能胜利的。"无疑,平型关大捷震动了全国,动员了全国军民,使中国军民坚信上下一心坚持抗战是可以赢得最终胜利的,同时对八路军敌后根据地的建立,起到了非常直接的支持作用。毛泽东同志评价:"平型关的意义正是一场最好的政治动员。"

2.平型关大捷极大地鼓舞了全国军民抗战必胜的信心

日本侵略中国之始狂妄地提出"三个月内灭亡中国"的计划,平型关大捷打破了"日军不可战胜"的神话,也在客观上使日本三个月灭亡中国的计划破产。平型关大捷是全面抗战开始以来,中国军队在华北战场上主动寻歼敌人的第一个大胜仗,八路军以简陋的装备,主动迎战日军的主力团,牵制了日军第5师团的进攻,支援了平汉铁路和同蒲铁路线上的国民党军队作战。蒋介石在贺电中也评价其为"忠勇之气,益寒敌胆"。平型关大捷不仅沉重打击了日本侵略者的嚣张气焰,而且极大地提高了中国人民的士气,振奋了全面抗战初期全国军民抗战必胜的信心。

3.平型关大捷极大地提高了中国共产党的威望

平型关大捷向全世界证实了中国共产党领导的八路军是一支英勇善战、为民族和国家而献身的优良队伍。平型关大捷彰显了八路军不畏艰险、坚持抗战的精神,是中华民族的精神脊梁。时任686团组织处股长的欧阳文撰文回忆到:"平型关一战我们八路军、115师一下就打出名气了,战后我们到晋南招兵。我们团的招兵处和国民党的紧挨着,他们那边根本没人去,我们用了一个星期就招了3000多人。"朴实的语言生动地说明了八路军通过平型关大捷极大地提高了中国共产党的威望。

在国际上,平型关大捷鼓舞了东南亚各国的爱国华侨,他们纷纷捐钱捐物支援祖国抗战。美国等西方国家也成立援华组织,集合游行,抵制日货、拒绝向日本出口钢铁,以声援中国的抗战。骄横狂妄的日军不得不调整部署,采取迂回进攻的策略,从而延缓了军事进攻的速度。

4. 平型关大捷进一步统一了党内的战略思想

平型关大捷增进了中国共产党对抗日战争规律的认识。《解放军报》在《平型关:出师抗日第一捷》中有这样的评价:"平型关大捷的意义还在于进一步统一了党内的战略思想。"这是中国共产党从实际中总结的符合当时抗战情况的正确认识。毛泽东同志也根据平型关战斗的经验,在1937年9月29日进一步提出了八路军的作战方针:"根本方针是争取群众,组织群众的游击战。在这个总方针下,实行有条件的集中作战。"继而,毛泽东同志概括为"独立自主的游击战和运动战",完善了中国共产党对领导抗日战争的作战指导思想。通过平型关大捷,中国共产党在抗战思想上形成高度统一,为之后深入发动群众,建立敌后抗日根据地奠定了基础。

5. 平型关大捷是国共两党合作抗战的典范

平型关大捷不只是一次战斗,而且是整个抗日战争时期中国军队抗击日本侵略者的首次胜利。在日本侵略中国的民族危机下,国共两党搁下分歧,在民族大义的旗帜下携手一致抗日,相互配合,共同赢得了平型关大捷,这成为国共两党合作抗战的典范。

整个平型关战斗期间,八路军总政委周恩来、副总司令彭德怀与国民政府第二战区负责人阎锡山共商作战计划;国民党军队在平型关正面迎敌,八路军115师抓住时机奇袭板垣师团第21旅团等,整个战斗无不闪烁着中华民族团结抗战的光辉精神,体现出国共两党共赴国难、相互配合、共谋民族大业的气魄,也为国共合作积累了有益的经验。

思考题

1. 平型关战斗经历了哪几个阶段?
2. 发动平型关战斗的原因和意义有哪些?
3. 请点评平型关战斗中双方的战略战术。

第十四章　台儿庄战役

台儿庄战役是1938年3月至4月间中国第五战区军队在国民党著名将领李宗仁指挥下和日军在山东峄县台儿庄（今属枣庄市）一带进行的一次战役。它是抗日战争时期中国军队在正面战场取得的首次重大胜利，也是徐州会战中中国军队取得的一次重大胜利。这次战役歼灭了日军大量有生力量，打击了日本侵略者的嚣张气焰，鼓舞了全民族的士气，坚定了全国军民坚持抗战的信心。

油画《血战台儿庄》局部（徐青峰）

第一节　作战计划的出台

一、徐州、台儿庄概况

徐州历来是东西南北交通要冲、兵家必争之地，自秦以来便有包括京杭大运河在内的众多驿道、运河等在此交汇，历史上为争夺此地进行的大小战役多达400余次。到近代，有津浦、陇海两大铁路干线交汇于此，交通可谓四通八达，号称"五省通衢"。此外，它更是日本华北、华中派遣军的联接点，同时也是山东国民政府与后方的联系通道。

台儿庄是徐州地区咽喉中的咽喉，位于徐州东北约50千米的大运河北岸。此地扼大运河的咽喉，北连津浦，南接陇海，又有数条公路相连，把守着徐州东北大门，是进攻徐州的关键所在。可见，台儿庄虽是山东省峄县的一个小镇，但位于津浦线台枣（庄）支线及台潍（坊）线的交会点上，是徐州的门户，有着重要的军事地位。

二、战役背景

1937年8月至11月的淞沪会战后，日军占领上海，又迅速占领了南京。至当年年底，包括沪、杭在内的华东一带全部沦陷。国民党又轻易弃守济南，导致日军一路南下，泰安、大汶口、济宁等地相继失守，至此，日本全面侵华形成了华北、华东两大战场。如此一来，对日军来说，打通鲁南苏北，连接两大战场，就可进窥武汉。

于是,徐州这一连接南北的战略要冲,理所当然地进入了日军的视线。日军企图前后夹击徐州,彻底打通津浦线,再于郑州和武汉之间的广大平原捕捉歼灭国民党军队主力的机会,以迅速灭亡中国。

1937年12月,华北日军第13师团北渡长江进犯安徽东部,华北日军第2集团军则进至济宁、青岛一线,日本大本营先后调集重兵,由华中派遣军和华北派遣军指挥,南北对进,意图占领徐州,再沿陇海线西取郑州,进而沿平汉铁路南下夺取武汉。

三、中日双方的作战计划

1938年初,日本侵略者为实现夺取徐州,占领我国抗战的中心城市——武汉的战略目标,调集号称"铁军"的矶谷、板垣两个师团,分别由津浦线南段、北段向中国军队发起进攻。1938年3月,日本陆军大将西尾寿造指挥日军精锐板垣、矶谷两个师团分两路与中国军队在台儿庄进行决战,大有一举围歼中国军队之势。当时李宗仁将军坐镇徐州,侦察到日军的战略意图,于是制定了台儿庄作战计划,中心思想就是通过坚守几个重要的支撑点,迟滞和分割敌人,并集中优势兵力逐渐包围并吃掉孤军深入的日军,进而粉碎日军占领徐州的战略企图。

第二节 战前兵力对比

一、中日军队的兵力对比

1. 中国军队的兵力

台儿庄战役是徐州会战的组成部分。为了徐州会战,中国军队前后共调集64个师又3个旅及其他部队,约60万人。其中,参加台儿庄战役的中国军队共有34个师、2个步兵旅、1个骑兵旅、2个炮兵团和4个战防炮营,约29万人。

中国军队奔赴台儿庄阵地(中国第二历史档案馆)

参战的各部基本上都是蒋介石的非嫡系部队,也就是所谓的"杂牌军",比如,孙连仲的第2集团军是在1937年8月上旬,由原西北军的第26路军为主整合而成,其基本部队编组为第30军和第42军。此外,川军122师、滇军第60军也归在了第2集团军。很明显,这些部队的装备、编制都不足,但将领们激于民族义愤,欲同日军拼死一战,对于即将到来的大战踌躇满志。

值得一提的是,汤恩伯的第20军团是6个月之前才组建的一个新军团,直接受国民政府军事委员会统辖,下辖第13、第52、第85三个军和一个独立骑兵团。第13军军长由汤恩伯本人兼任,第52军军长是关麟征,第85军军长是王仲廉。这支军队的大部分军官是黄埔军校学生,是蒋介石的得意弟子。因此,蒋介石对这支部队重点进行装备,配以一定数量的野炮、重炮、坦克,并且枪械齐全,成为当时国民党军队的精锐。

表14－1 台儿庄战役中国参战军队

	台儿庄战役中国军队主要参战部队	
第五战区 司令长官　李宗仁 作战地区　津浦线	第2集团军 孙连仲	第30军　田镇南 第42军　冯安邦
	第3集团军 于学忠	第51军　于学忠 第12军　孙桐萱 第56军　谷良民 第55军　曹福林
	第11集团军 李品仙	第31军　韦云淞 第4军第4支队
	第21集团军 廖磊	第7军　周祖晃 第48军　廖　磊
	第22集团军 邓锡侯	第41军　孙　震 第45军　邓锡侯
	第24集团军 顾祝同(兼)	第57军　缪澄流 第3军团　庞炳勋
	第27集团军 杨　森	第59军　张自忠
	第20军团 汤恩伯	第13军　汤恩伯 第52军　关麟征 第85军　王仲廉 一个独立骑兵团

2. 日军兵力

为了拿下徐州,日本大本营共调集8个师团又5个旅团及大批特种作战部队,共约 24 万人。日军参加台儿庄战役的军队为第 5、第 10 两个师团,约 5 万人(日本方面宣称 3 万人),均为甲种师团,装备精良,为当时日军中最精锐的师团。

表 14-2 台儿庄战役日本参战军队

台儿庄战役日军参战军队	第 5 师团 师团长板垣征四郎	步兵 第 21 旅团 第 11 联队 第 21 联队
		第 42 联队 1 个大队
		野战炮兵第五联队
		山炮兵 1 个中队
	第 10 师团 师团长矶谷廉介	步兵 第 33 旅团 第 10 联队 第 63 联队
		独立机关枪第 10 大队
		独立轻装甲车 第 10 中队 第 12 中队
		野战炮兵 第 10 联队 第 2 联队
		临时野战炮兵中队(九二式步兵炮)
		临时山炮兵中队
		野战重炮兵
		驻华日军炮兵联队第 3 大队(榴弹炮)

由此可见,中日双方都投入了最精锐的部队。虽然中国军队在人数上占据优势,但由于派系众多,在指挥调度上较日军存在劣势。同时,中国军队一直没有完成现代化军事训练,部队大多数是军阀内战时的战斗经验和技能。而在抗战初期日本军队都是经过严格正规训练,单兵军事技能非常突出,同时日军参战部队成立时间更久,经验更加丰富。

二、中日军队武器装备对比

中国军队一般以师为单位,以精锐的中央军为例,一个师 10923 人,步骑手枪 3831 枝,掷弹筒 243 具,轻机枪 274 挺,重机枪 54 挺,野山炮 12 门。这种装备只有 20 几个德械师才能达到。其他的部队装备连此 2/3 都达不到。

日军战术单位通常为师团,一个师团标准配置为:士兵 21945 人,马匹 5849 匹,步骑手枪 9476 支,掷弹筒 576 具,轻机枪 541 挺,重机枪 104 挺,野山炮 64 门和步兵炮 44 门。

同时,日军在坦克、飞机数量上较中国军队具有优势。因而,在武器装备上日军占有较大优势。

三、中日军队士气情况

中国军队在国家和民族生死存亡的关头,士气极为高涨,为了保家卫国甘愿付出生命,正如一位敢死队战士所说的那样:"我们打仗是为了不让我们的子孙后代做日本人的奴隶,是要争取民族的生存。"这反映出当时中国军队的普遍状态。同时,国民政府处决了多次不抵抗就后撤的韩复榘,给国民党军队的各军阀敲响了警钟:凡是为保存实力,消极避战者必受到应有的惩罚!这使派系众多的国民党军队的指挥官坚定了抗战的决心,甚至在某种程度上有哀兵必胜的气势。

日本侵略军在 1937 年 12 月 13 日和 27 日相继占领南京、济南后,为了迅速实现灭亡中国的侵略计划,连贯南北战场,决定以南京、济南为基地,从南北两端沿津浦铁路夹击徐州。日本军队虽然没有实现所谓三个月灭亡中国的目标,但受到所谓的"武士道精神"影响,侵华气焰依然嚣张。

四、中日双方综合作战能力比较

兵力对比是从客观条件下分析比较战役双方的军事力量。从双方对比中,我们可以看出,中国军队只在人数上占据优势,其他方面与日军相比均不占优,理论上取胜极难。但在主观上,中国军队的士气极盛,可以转化为战斗力,使战役的进展向有利于我们的方向推进。

台儿庄战役中双方都投入了大量的兵力,可以看出彼此对此战的重视程度。然而,受到当时中国国力的限制与历史因素等影响,中国军队在很多方面都处于劣势。但是,中国军队为了保家卫国所激发出来的士气使战斗力大涨。通过对比,不难发现:日军装备精良,士兵训练程度高,正处于携胜势出击的状态;中国军队人数占据优势,士气高涨,期望通过此战改变中国被动挨打的状况。

第三节　将帅谋略

一、中方主要将帅

(一)李宗仁

李宗仁(1891—1969),字德邻,广西桂林人,国民革命军陆军一级上将,中国国民党桂系首领。他是一位军事家,参加过北伐战争、蒋桂战争、中原大战、抗日战争等。

1937 年 10 月,李宗仁被任命为第五战区司令长官,驻节徐州,指挥津浦路沿线作战。1938 年 3 月 21 日,日军濑谷支队进占韩庄和峄县附近时,李宗仁致电蒋介石发布第五战区的作战命令。其中,明确作战目的是"收复鲁中广大地域",并提出具体方案"以一部在运河之线取攻势防御姿势,以主力由峄县东南方及东北方山地侧击南下之敌",达到将敌人消灭在"临枣支路与韩庄运河间地区"的目标。接下来,李宗仁坐镇徐州,审时度势,调兵遣将,逐一打破敌人预谋,诱迫矶谷师团孤军冒进台儿庄,陷入重围,遭毁灭性打击。

(二)孙连仲

孙连仲(1893—1990),字仿鲁,1893年出生在河北雄县龙湾村,保定中学毕业后投笔从戎。因为有胆有识,作战勇敢,他受到冯玉祥的赏识,之后不断升迁,至师长。后孙连仲被蒋介石委任为第26路军总指挥。

抗日战争全面爆发后,26路军又改编为第2集团军,孙连仲任总司令。1938年3月,孙连仲奉命率部开赴鲁南地区,防守台儿庄。日军曾一度占领全城三分之二。孙连仲面对危险局面连下两次手令,称:此战是我军生死最后关头,不死于阵前,即死于国法,我们决心与台儿庄共存亡,后退过河者死。挑选的500名精兵组成敢死队,袭击敌人,经浴血奋战,日军伤亡惨重,终将日军赶出台儿庄。台儿庄大捷,孙连仲被授予青天白日勋章,晋升二级上将。1945年10月10日,孙连仲以河北省政府主席身份代表国民党中央政府在北平主持华北日军受降仪式。

(三)张自忠

张自忠(1891—1940),字荩忱,山东临清唐元村人,著名抗日将领、民族英雄,被誉为"抗战军人之魂"。1911年张自忠考入天津北洋法政学堂,次年转入济南法政专科学校。1914年,他投笔从戎,历任排长、连长、营长、团长、旅长和师长等职,并先后兼任察哈尔省主席、天津市市长。抗日战争全面爆发后,他率部南下抗战。1938年3月,59军与日军鏖战七昼夜,粉碎了日军向台儿庄前线增援的战略企图,将日军的板垣师团击溃,保证了台儿庄大战的胜利。1940年5月1日,在枣宜会战中英勇殉国,为盟军在二战中牺牲的最高将领。周恩来称赞张自忠"其忠义之志,壮烈之气,直可以为中国抗战军人之魂。"1944年8月,宜城县改名自忠县。

二、日军将帅

(一)西尾寿造

西尾寿造(1881—1960),日本陆军大将,1881年10月31日出生于日本鸟取县,毕业于鸟取中学(现鸟取县立鸟取西高等学校),1902年11月毕业于日本陆军士官学校;1910年11月毕业于日本陆军大学,1919年起历任陆军大臣秘书官、陆军省副官、第40步兵联队长;1929年任第39步兵旅团长,晋升陆军少将;1932年任参谋本部第四部长,晋升中将;1934年任关东军参谋长兼特务部长;1936年任陆军参谋次长;1937年3月任近卫师团师团长。

"七七事变"后,西尾寿造任华北方面第2军司令官,曾指挥部队沿津浦路南犯占领沧州、济南等地。1938年3月,他指挥日军精锐板垣、矶谷师团分两路与中国军队在台儿庄进行决战,大有一举围歼中国军队之势。1939年,西尾寿造任日本中国派遣军总司令官兼第13军司令官,升为一级陆军大将;1945年12月2日,被认定为甲级战犯嫌疑，但没审判就于1948年12月释放出狱，1960在东京都逝世。

(二)矶谷廉介

矶谷廉介(1886—1967)，日本陆军中将，1886年出生于日本兵库县，1904年毕业于日本陆军士官学校，跟板垣征四郎、土肥原贤二为同期；1915年从陆军大学毕业；1916年任职于参谋本部；1917年被派遣到中国；1933年晋升为少将，任参谋本部第二部长；1935年任中国公使馆副武官、中国大使馆副武官；1937年任日军第10师团师团长，1938年率领第10师团围攻台儿庄。第10师团是一支重装备的机械化部队，又拥有空军协同作战的能力，矶谷廉介根本就不把中国军队放在眼里，他在攻占滕县之后，又攻克临城，决心大胆深入，越过临城与枣庄前线，孤注一掷地向台儿庄扑来，以期一举而下徐州，夺得打通津浦线的首功。矶谷的狂傲与冒进最终换来第10师团约一万余人阵亡，台儿庄战役中国军队取得巨大胜利。1946年，国民政府在南京军事法庭以战争罪审判矶谷廉介，1947年被判无期徒刑，1952年8月被假释，1967年死在日本。

第四节　战役进程

一、临沂大战

1938年2月下旬，日军东路板垣的第5师团从山东潍县南下，连续攻陷沂水、莒县、日照，直扑临沂，中国军队第3军团第40军等部节节抵抗。

李宗仁派遣庞炳勋部，先在临沂建立防御阵地，以诱敌深入，先挡住日军第5师团的正面攻击，然后迅速调派张自忠将军的第59军日夜兼程驰援临沂。

此时日军也掌握到张自忠部的动向，但是日方估计59军最快也要3天的时间，才能从峄县赶到临沂，所以日军认为可以抢先击溃在临沂弹尽援绝的庞炳勋部，然后再反击张自忠部。

但是，张自忠率领59军日夜兼程急行军，一天一夜赶到临沂。因此，59军在敌方完全没有防备的状况下，如从天而降，猛攻日军第5师团背侧，庞炳勋部将士更是拼命地从阵地反击，日军绝对没有想到中国军队竟然会进行这种内外夹攻的打法。

在3月14日到18日的临沂决战中，日军第5师团遭到极其惨重的损失，已经无法继续支撑作战，只有先撤退回莒县以困守待援。临沂之战得胜，它砍断了津浦路北段日军的左臂，促成了之后台儿庄会战中，李宗仁围歼孤军深入台儿庄的矶谷第10师团的契机。

二、滕县保卫战

板垣的第5师团惨败之际，日军西路第10师团矶谷仍然不顾一切向南推进。李宗仁调川军邓锡侯的第22集团军、孙震的第41军赶往滕县，拒日军南下。孙震部刚在滕县部署就绪，3月14日，矶谷师团就发动攻击。日军以数十架飞机、30余门大炮狂轰滥炸，川军第122师师长王铭章督战，拼死守城。

3月17日晚,日军在炮火的配合下攻陷滕县。中国守军第22集团军第41军英勇抗击,伤亡甚重,122师师长王铭章殉国,伤亡达5000之众。李宗仁见滕县危险,又急令第20军团司令汤恩伯派兵驰援。汤的主力81军王仲廉部因行程过远,未能及时赶到,滕县失守。日军损失也极大,死伤达2000多人。此战,22集团军以劣势之装备与兵力,阻击绝对优势的日军达3天半,为之后的台儿庄会战争取了有利时间,奠定了胜利的基础。

1938年3月18日,日军矶谷师团濑谷支队攻陷滕县后,当晚攻占临城(今薛城),以一部沿津浦线南下,于20日攻占韩庄,企图直犯徐州,遭到布防于运河沿线的第52军郑洞国第2师的阻击;另一部福荣大佐的第63联队沿临赵(墩)铁路于18日攻占枣庄,20日攻占峄县县城,矛头直指台儿庄。

三、台儿庄外围战

1938年3月20日,日军矶谷师团借攻克滕县之威,在飞机的掩护下,集中兵力,配以坦克、大炮,向台儿庄发动了猛烈的进攻,企图一举攻占徐州。

李宗仁命令第2集团军总司令孙连仲率部固守台儿庄,汤恩伯第20军团的参谋长封裔忠率部让开津浦铁路正面,转入兰陵及其西北云谷山区,诱敌深入,待机破敌。

此时,国民政府军事委员会关于台儿庄战役的意图和部署是:以擅长固守的孙连仲部防守台儿庄运河一线,一方面防堵日军进窥徐州,另一方面将骄狂冒进的矶谷师团吸引到峄县南部地区,而后以隐藏于峄县东北

中国守军在台儿庄外围阻击进犯的日军

山区的汤恩伯第20军团抨敌侧背,加以聚歼。日军的作战意图是:确保韩庄、台儿庄一线,并警备临城、峄县,同时用尽可能多的兵力向沂州方面突击,协助第5师团战斗。

23日,日军由枣庄南下,在台儿庄北侧的康庄、泥沟地区与守军警戒部队接战。为诱敌深入,第31师刘兰斋连长率骑兵连从台儿庄出发,向峄县方向搜索前进,91旅旅长乜子彬率183团跟进,在峄县城南20里康庄与日军遭遇。台儿庄地区战斗正式打响,中国军队骑兵为诱敌深入边打边撤。

24日,日军开始向台儿庄地区大举进攻。日军在台儿庄北五里刘家湖村设有炮兵阵地,排列10门大炮,向台儿庄猛袭。91旅183团3营营长高鸿立率领士兵,每人一把大刀、8颗手榴弹,杀入敌人炮兵阵地,砍得敌人无法招架,弃炮而逃。

四、北门争夺战

3月24日,日军2000多人在飞机、大炮和坦克的配合下,开始向台儿庄大举进攻。坚守台儿庄北门的186团1营在王震团长和姜常泰营长的指挥下顽强抵抗,并在城北门外与日军展开白刃战,打退日军的多次进攻。1营几乎全牺牲在台儿

庄北门,王震团长也亲自架起机枪向城外日军扫射。当晚,日军 200 人突破小北门,躲进小北门附近的泰山庙,王震团长亲率将士围攻泰山庙之敌,终将其消灭。24 日起,日军反复向台儿庄猛攻,多次攻入庄内。守军第 2 集团军顽强抗击,与日军展开激烈的争夺战。日军猛攻三天三夜,才冲进城内。

五、惨烈巷战

3 月 27 日,得到增援后的日军对台儿庄主城发动第 3 次攻击。日军炮轰台儿庄围墙,北城墙被炸塌,小北门亦被毁,守卫小北门的 181 团 3 营官兵牺牲殆尽,300 多日军突入城内,惨烈的巷战开始,城内中国守军同日寇展开了激烈的巷战。尽管日军占据了全庄的三分之二,但坚守在南关一带的中国守军至死不退,死守阵地,目的是争取时间,使外线部队完成对日军的反包围。

28 日,日军攻入台儿庄西北角,谋取西门,以切断中国守军第 31 师师部与庄内的联系。该师在师长池峰城指挥下,以强大炮火压制敌人,并组织数十名敢死队员,与敌肉搏格斗。汤恩伯军团关麟征第 52 军和王仲廉第 85 军在外线向枣庄、峄县日军侧背攻击。

29 日,日军濑谷支队再以兵力支援,并占领了台儿庄东半部。31 日,中国守军将进入台儿庄地区的濑谷支队完全包围。是时,坂本支队由临沂转向台儿庄驰援,到达向城、艾曲地区,侧击第 20 军团。20 军团随即命令第 52 军和刚到的第 75 军围攻坂本支队。激战数日,给予日军重创,使其救援濑谷支队的计划落空。矶谷师团见救援无望,决定以死相拼,战争一时呈胶着状态。

台儿庄之战愈演愈烈,几乎每座房屋都要几经争夺。往往白天为日军占领,中国军队在夜间夺回,白天日军再占领,中国军队夜间再夺回。激烈的拉锯战使台儿庄一片火光,满目尸横,连运河水也被染红。

六、台儿庄反击战

4 月 3 日,李宗仁下达总攻击令。第 20 军团汤恩伯部之第 52 军、第 85 军、第 75 军在台儿庄附近向敌展开猛烈攻势。日军拼力争夺,占领大部分街市。中国军队展开街垒战,逐次反击,肃清敌人,夺回被日军占领的街市。

4 月 4 日,中国空军以 27 架飞机对台儿庄东北、西北日军阵地进行轰炸。当晚,日军濑谷支队战力不支,炸掉不易搬动的物资,向峄县溃逃。

4 月 6 日,李宗仁赶到台儿庄附近,亲自指挥部队进行全线反击,7 日凌晨 1 时,中国军队吹响了反攻的号角,以孙连仲第 2 集团军为主的左翼兵团和以汤恩伯第 20 军团为主的右翼兵团在台儿庄及其附近地区大举反攻。日军头一次遭到了中国军队如此顽强的进攻,很快便溃不成军。此时,矶谷师团已陷入反包围圈,于是下令部队全线撤退。这时,日军已成强弩之末,弹药、汽油也已用尽,汽车多被击毁,全军丧魂落魄,无心恋战,狼狈逃窜。李宗仁命令部队猛追,敌兵遗尸遍野,各种辎重到处皆是,矶谷本人率残部拼命突围。激战 4 天,中国重创日军濑谷支队、坂本支队,其余日军残部于 7 日向峄城、枣庄撤退。至此,中国军队经过多天血战,终于取得了震惊中外的"台儿庄大捷"。

第五节 战役结果及影响

一、战役结果

台儿庄战役,历经月余,中国军队最终击溃了日军第5、第10两个精锐师团的主力,毙伤日军2万余人(日本宣称11984人),缴获了大量的武器装备,打击了日军的嚣张气焰。

二、台儿庄大捷的原因

台儿庄大捷是抗日战争时期中国军队正面战场的第一次大胜利,取得这场战役胜利的原因是多方面的。

1. 中国人民高度的爱国主义精神和积极的救亡行动

自"七七事变"以来,面对日军的步步进逼,全国各族人民期盼将日本帝国主义从中国的领土上驱逐出去,争取中华民族的彻底解放。国民政府接受中国共产党关于国共合作的建议,这对中国军民抵抗日本侵略是极大的促进和推动,全国出现了生机勃勃的抗日救亡运动的新局面。在台儿庄战役中,中国人民表现出高度的爱国主义精神,积极参与救亡行动,连国民党也不得不承认:"民众的力量完全和军队配合起来了,在战场上抢救伤兵的是民众,当侦探的是民众。帮助军队输送枪弹、粮食的也是民众……充分地担负起救亡的责任来了。"由此可见,如果没有广泛的人民群众的积极参与,台儿庄大捷是不可想象的。

台儿庄战役结束后,当地农民帮助中国军队抬伤员(罗伯特·卡帕摄)

2. 中国共产党倡导的抗日民族统一战线打下了良好的政治基础

台儿庄战役能取得大捷,与中国共产党倡导的抗日民族统一战线是分不开的。周恩来、叶剑英等在台儿庄战役前曾提出过合理有效的建议,被李宗仁欣然采纳。我党还在情报支援、后勤供应、发动群众、胜利后的宣传等方面发挥了不小的作用。如我党领导下的新四军积极配合淮河沿岸李宗仁的部队,阻击日军北犯。张云逸所率新四军一部遵照中央军委指示,进入蚌埠、徐州、合肥三点之间作战。周恩来曾指示新四军配合李品仙集团军,牵制由南京渡江北上的日军。台儿庄大战的胜利是整个抗战期间特别是战略防御阶段国共合作的一个缩影。李宗仁也认为台儿庄大捷是国共合作的结果。可见,中国共产党倡导的抗日民族统一战线为台儿庄大捷打下了良好的政治基础。

3. 全面抗战爆发以来中国军队积极地进行军事部署的调整

全面抗战初期,中国军队所采取的基本上是单纯的阵地防御战,往往处于被动地位,加之武器装备等不如日军,屡战屡败。之后,中国开始改用攻势防御新方针,即将阵地战的守势与运动战的攻势及游击战的袭扰密切结合,从而于被动中争取主动。第五战区司令李宗仁根据对形势的分析,提出抗战的战略重点是"以空间换取时间",面对日军三路大军向徐州的夹攻,李宗仁深知自己的部队难与敌军相火拼,他抓住敌军骄狂之弱点,运用自己数万之哀兵,与敌展开运动战,把阵地战、运动战和游击战有机地结合起来,通过主动歼敌一部达到防御的目的,从战略上来讲是正确的。

4. 中国军队在正面战场英勇抵抗的战斗意志高昂

在台儿庄战役中,中国军队斗志高昂,上至战区司令,下至普通士兵,皆抱定有敌无我的决心。这种英雄气概和抗战热情,来自为正义而战、为民族生存而战的责任感。参加此战的中国军队基本都表现出了为国牺牲的战斗意志,如庞炳勋在临沂为国死战;张自忠以国家大义为重、抛下个人恩怨急行军驰援临沂;孙连仲战至最后一兵一卒也要守住台儿庄;王铭章率部在滕县以惨重代价拖住日军3天最终为国捐躯等可歌可泣的事迹向世人宣告:中国军队即使没有好的装备,也可以凭着以死相拼的意志让侵略者胆寒。

三、台儿庄大捷的影响

1. 台儿庄大捷再次说明了日军并不是不可战胜的

抗日战争全面爆发以来,日军侵占了中国华北、华中等大片国土。台儿庄战役中,日军的两个精锐师团仓皇败退,溃逃时重武器、军用物资和士兵的尸体大量遗弃在战场上。这明显是日军战役进攻中的一次败退,这在日军发动侵华战争以来尚属首次。对日军来说,这不仅是在兵力数量上的损失,更重要的是精神上的挫败,"日军不可战胜"的神话又一次遭到破灭。

2. 台儿庄大捷增强了全国军民抗战必胜的信心

台儿庄大捷歼灭日军2万余人,缴获大批武器、弹药,沉重地打击了日军的侵略气焰,振奋了全民族的抗战精神,坚定了国人抗战胜利的信念。全面抗战爆发后,面对日军凌厉的攻势,中国国内出现了消极的亡国论调。台儿庄大捷,李宗仁以非嫡系军队战胜骄狂至极的日寇强敌,用胜利的事实证明了"亡国论"是没有根据的,有利于持久抗战总方针的实现。台儿庄大捷体现了中国人民誓死抵抗外来侵略的坚强决心,也说明了只要中国军民众志成城,中国人民就是不可战胜的。

3. 台儿庄大捷提高了中国在国际上的地位

全面抗战爆发以来,因为中日两国客观上的国力差距,国际上对中国抗战的前途大多抱有悲观的看法。台儿庄战役胜利的消息传到国际社会,有的国家甚至不敢相信。1938年4月9日,英国路透社电讯报道:"英军事当局对于中国津浦线之战局极为注意,最初中国军队获胜之消息传来,各方面尚不十分相信,但现在证明日军溃败之讯确为事实。"除此之外,苏美法德意等欧美主要国家的媒体都给予了充分报道和评论。无疑,台儿庄大捷改变了国际社会对中日战争前途的看法,使各国人民增加了对中国抗战的了解和认识,提高了中国在国际上的地位,并为争取国际社会的援助创造了有利条件。

4. 台儿庄大捷体现了中国共产党提出的全民族抗战的正确性

"七七事变"后,面对日本大举侵华,国共两党捐弃前嫌、携手一致抗战。但在抗战的具体方针路线上,国民党提出的是依靠军队的片面抗战路线,中国共产党提出的是依靠群众的全民族抗战路线。台儿庄大捷充分说明了全民族抗战路线的正确性。1938年的鲁西南地区贫穷落后,各参战部队武器装备差,医护人员极少,药品奇缺,弹药、粮食、蔬菜供应不上。台儿庄一带的中共苏鲁豫皖特委受命组织鲁南老百姓支援抗战,老百姓冒着炮火,把大刀、弹药、粮食、蔬菜、肉蛋、烧酒、食盐等送上前线,再将大批伤病员运往后方救治。美国合众社战地记者爱泼斯坦也评价到:台儿庄大捷是"人民之战"。

思考题

1. 台儿庄战役经历了哪几个阶段?
2. 发动台儿庄战役的原因和意义有哪些?
3. 请点评台儿庄战役中日双方的战略战术。

第十五章 百团大战

百团大战是指 1940 年 8 月至 1941 年 1 月,八路军在华北人民的大力支持下,向日伪军发动的一系列作战行动,作战地域包括冀察两省全境、晋绥两省大部和热河地区,历时 5 个多月,战线绵延 2800 多千米,因八路军投入兵力达 105 个团,故称为"百团大战"。百团大战是全面抗战爆发以来八路军在华北发动的规模最大、持续时间最长的战略性进攻战役。它的胜利堪称中国共产党游击战争史上的伟大创举,它不仅在中国抗日战争史上有极其重要的历史地位,而且对世界反法西斯战争也有重要意义。

位于山西省阳泉市的百团大战纪念碑

第一节 作战计划的出台

一、战役背景

(一)国际形势

在国际反法西斯战场上,1940 年上半年,德军横扫欧洲,荷兰、比利时、法国等先后投降,英国本土亦受到法西斯的严重威胁。意大利趁机对英法宣战,企图夺取地中海的霸权与北非的战略要点。这些都极大地刺激了日本帝国主义急谋解决中国问题,迅速南进和夺取太平洋地区霸权的欲望。日本不但积极与德国、意大利确立三国轴心同盟,而且在 1940 年 4 月与苏联达成《苏日互不侵犯条约》;日本又逼迫法英相继关闭了滇越铁路和滇缅公路,切断了中国的西南国际交通运输线;而美国此时还处于中立状态,世界反法西斯同盟仍没有完全建立。中国在国际上处于空前孤立,由于日军的封锁,中国武器进口减少一半左右。

(二)国内形势

1. 正面战场形势

国内正面战场上,形势依旧紧张。一方面,日本在军事上咄咄逼人,继续对中国保持高压态势。1940年在枣宜作战中,抗日名将张自忠阵亡,中国在长江中游的要塞宜昌沦陷,长江南北的国民党军两大主力第5战区和第9战区被分割,日军直接威胁并猛烈轰炸国民政府所在地重庆,以动摇国民政府的抗战意志,企图在军事上迫使国民政府投降。另一方面,日本加紧了对中国政府的政治诱降。1940年,日本扶植原国民政府二号人物汪精卫在南京组织了伪政权。这在国民政府内部产生了相当程度的动摇,造成国内空前严重的妥协投降危机。

2. 敌后战场形势

敌后战场的形势依然严峻,日军深感八路军的威胁,抽调部队增援华北,以凶狠著称的多田骏指挥华北日伪军作战。1939年冬天以来,日军在华北地区大力推行"治安肃正计划",实施"以铁路为柱、公路为链、碉堡为锁"的"囚笼政策",将敌后根据地分散割裂,让八路军失去游击活动区域,以便各个击破。八路军控制的县城由1939年春的

日军修筑的"隔离沟"

103个,到1940年夏时,锐减至几个山区小县城,而且活动地区和物资供应日趋紧张。特别是横贯太行山、连接太原至石家庄的正太铁路,日军在沿线的大小城镇、车站、桥梁、隧道附近密布据点,以数十至数百人的兵力守备,并派装甲火车巡逻。日军称正太铁路沿线是不可接近的地区,用它隔绝八路军总部、第129师活动的太行抗日根据地与晋察冀边区的联系,并以它为依托进攻抗日根据地。

二、战役提出

为克服国内外的严重危机,1940年7月7日中共中央发表了《中共中央为抗战三周年纪念对时局宣言》,指出日本"企图用封锁我国际交通线,向我正面进攻及举行天空轰炸等加重压力与加重困难的办法,达到其分裂中国内部,逼迫中国投降之目的",宣言中提到的封锁我国际交通线指的是日本封锁了中缅与中越的公路,正面进攻指的是枣宜会战等对中国的大规模进攻,而天空轰炸则指的是日本对重庆进行的轰炸。宣言接着强调,"现在是中国空前投降危险与空前抗战困难的时期",号召"全国应该加紧团结起来,克服这种危险与困难"。

1940年以来,日军在敌后根据地利用公路、铁路部署火力强劲的机动兵团,八路军小规模和孤立的攻击已经无法打破日军的封锁。这种情况下,八路军总部注意到日军依赖交通线和兵力部署分散的弱点,决心集中主力发动一次大规模破袭作战,摧毁华北日军对根据地的囚笼政策。

于是,八路军总部决定争取华北战场的主动权,把酝酿成熟的破袭正太路设想付诸实施,出击敌后交通线,给日本华北方面军以有力打击,粉碎日本的企图,以利

全国局势的好转。1940年8月8日,八路军总部发出了由总部直接指挥的、8月20日开始战斗的战役行动命令。

三、正太铁路概况

在华北战场上,日寇修筑了7条铁路干线,即正太路、同蒲路、平汉路、津浦路、平绥路、北宁路、胶济路,这7条铁路构成了华北"囚笼"的纵横支架,而正太路恰处于支架的中心位置,占据着十分重要的地位。

正太铁路(又称石太铁路)是山西第一条出省铁路,1907年通车,东起平汉路上的河北正定,经井陉上太行山,穿娘子关入山西,至榆次与同蒲路接轨,西抵太原,全长240千米,战略地位十分重要。正太铁路横穿太行腹地,是连接平汉、同蒲两条铁路的纽带,沟通晋冀大地的交通动脉。

1938年3月,正太铁路被日军占领。从1938年11月至1939年10月,日军为了满足其军事运输和掠夺山西资源的需要,将窄轨改为准轨,并改名为石太铁路,使之成为日军在华北的重要战略运输线之一,也是日军控制山西、河北的交通命脉。同时,日军通过封锁正太铁路,使我各敌后抗日根据地相互隔绝。因此,切断正太路,既可使日军在山西的运输补给失去可靠的保障,又有利于晋察冀和晋冀豫两敌后根据地在军事、经济等方面的互相支持和帮助。

四、百团大战的目的

这次战役的主要意图是破袭日军在华北的交通线,以显著的战绩,影响全国的抗战局势,激励抗战军民,争取时局好转。

早在1940年春,彭德怀、左权、刘伯承、邓小平和聂荣臻等就共同讨论确定了破袭正太铁路的计划。7月22日,八路军总部向晋察冀军区和120师、129师下达战役预备命令,并报中共中央军委。命令明确提出发动此战役的目的是:"彻底破坏正太线若干要隘,消灭部分敌人,收复若干重要名胜关隘据点,较长时间截断正太线交通。"此次作战要求各部队对其他各重要铁路线,特别是平汉、同蒲等铁路"应同时组织有计划之总破袭,配合正太铁道战役之成功"。1940年8月20日22时,在八路军总部的统一指挥下,晋察冀军区、第120、第129师等向日军侵占的华北主要交通干线展开了全面攻击,一场以正太铁路为重点的、声势浩大的交通总破袭战打响了。

第二节 战前兵力对比

一、八路军参战兵力

百团大战最初名为正太路破袭战,在1940年8月8日的战役行动命令中,八路军参战的兵力为22个团。但是,战斗打响后,其他部队,当地的老百姓、民兵以及游击队主动投入到战斗中去,总兵力增至105个团,遂改称为"百团大战"。

百团大战是八路军在平型关大捷之后发起的大规模的战役,也是华北抗战以来八路军集结重兵向日军发动的进攻。除第115师主力及山东部队未编入战斗序列外,其余均参加了此次战役。参加百团大战的兵力主要是120师、129师和晋察冀军区共约27万人。

表15-1 百团大战八路军参战部队

百团大战八路军参战部队	数量
120师	27个团
129师	40个团
晋察冀军区	36个团
总部特务团	1个团
炮兵团	1个团
总计	105个团

参加百团大战的105个团主要分布在正太路30个团,平汉线卢沟桥至邯郸段15个团,同蒲线大同至洪洞段12个团,津浦线天津至德州段4个团,邯郸至济南公路沿线3个团,代县至蔚县公路段4个团,北平至大同线6个团,辽县至平定公路沿线7个团,宁武、岢岚、静乐公路沿线4个团,其他沿线约20个团。参战的各团纵横散布在以正太铁路为中心的广大地域,在八路军总部的统一指挥下,严守纪律,英勇杀敌,基本上完成了各自负担的任务。此外,各地游击队均积极参战,各区之间的民众踊跃配合作战,给日军以极大的破坏。

二、日军参战兵力

百团大战涉及的范围中有日军华北方面军3个师团全部、2个师团的各2个联队、5个独立混成旅团全部、4个独立混成旅团的各2个大队、1个骑兵旅团的2个大队,约有27万人,平均每平方千米为0.36人;平均相隔18千米的1个据点上,驻有20人;另有飞机、坦克等武器装备以及伪军约14万人。整体上看,日伪军数量虽多,但兵力分散,交通线空虚,守备薄弱,对八路军来说是一个有利的战机。

三、中日双方综合作战能力比较

抗日战争进入相持阶段,日本采用囚笼政策,利用许多据点、堤坝封锁,把敌后根据地孤立起来,虽然日军的交通设施比较方便,其机动性比较强,但是,由于战线长、据点多,兵力高度分散,把守据点的人数不多,每个据点也只有几十个人看守,成为防御的弱点。所以日军虽然占据武器等优势,但在八路军游击战与运动战相结合的进攻中基本处于被动局面。

百团大战前,八路军对日军活动进行了大量详细的情报侦察,对日军大修铁路、公路的信息十分了解,使八路军有针对性地选择了战略目标,一旦时机成熟,便可有目标、有重点、有层次地对日进攻。相反,日军的情报部门却将重心放在国民党的部队上,对八路军实力、作战特点和战斗意志严重估计不足,常处于被动挨打境地。

整体来看,以彭德怀、左权等为代表的八路军高级指战员均参加过长征,有相当丰富的实战经历。与日军相比，八路军的战术更加准确、机动、灵活，在与日军的作战中总结了许多有效的经验。除此之外，八路军的指战员往往亲临战场，掌握了游击战的精髓，可以及时改变战略部署，运用优势兵力迅速袭击获得胜利。

第三节　将帅谋略

一、中方将帅

（一）彭德怀

彭德怀（1898—1974），1898年10月24日生于湖南湘潭一个贫苦农民家庭，1922年8月考入湖南陆军讲武堂，1928年4月在大革命失败后的革命低潮时期加入中国共产党，同年7月与滕代远、黄公略等领导平江起义，组建中国工农红军第5军，任军长兼第13师师长，同年底率红5军主力到井冈山，1930年6月红3军团成立时任总指挥和中共前委书记，1936年1月，补选为中共中央政治局委员，2月任中国人民红军抗日先锋军司令员。

抗日战争爆发后，彭德怀任中共中央军委委员、中央军委前方分会（1941年改称华北军委分会）副书记、国民革命军第八路军副总指挥（9月11日改称第18集团军副总司令），指挥了著名的百团大战。他正确分析了敌我情况，采用交通破袭的手段，在防御中求进攻；正确选定了"截断正太路交通"的目标，使八路军变被动为主动，采用游击战与运动战相结合的方式，赢得胜利，大大提升了八路军的威望，振奋了人心。

解放战争时期，任中国人民解放军副总司令。1947年3月起，任西北野战兵团（后相继改称西北野战军、第一野战军）司令员兼政治委员，1950年10月，出任中国人民志愿军司令员兼政治委员，率志愿军跨过鸭绿江，1954年9月起，任国务院副总理兼国防部部长、国防委员会副主席，1955年9月27日，彭德怀被授元帅军衔，1974年11月29日14时52分在北京辞世，享年76岁。

（二）左权

左权（1905—1942），无产阶级革命家、军事家、中国工农红军、八路军的高级将领。左权1905年3月15日生于湖南醴陵，1924年入黄埔军校第1期学习，1925年2月经陈赓介绍加入中国共产党，同年12月赴苏联学习。1930年他回国后到中央苏区工作，1933年12月任红一军团参谋长，参加了开辟中央苏区和五次反"围剿"作战，1934年10月参加长征，1936年5月，任红1军团代理军团长，率部参加了西征和山城堡战役。

全国抗战爆发后，左权担任八路军副参谋长、八路军前方总指挥部参谋长，后兼任八路军第2纵队司令员。1940年8月，左权协助副总指挥彭德怀发动了百团大战，参与战役的筹划和组织工作，共歼灭日伪军近4万人。在战争过程中，左权运用马克思主义军事原理，直接推动了战争的胜利。

1942年5月25日，左权在山西辽县（现左权县）麻田附近指挥部队掩护八路军总部机关突围转移时，于十字岭壮烈殉国，时年37岁。朱德赞他是"中国军事界不可多得的人才",周恩来称他"足以为党之模范"。

二、日军将帅——多田骏

多田骏(1882—1948),1882年2月24日出生于日本宫城县,1903年毕业于陆军士官学校,1904年3月18日授予炮兵少尉军衔,参加日俄战争。1913年11月26日毕业于陆军大学校,升大尉,之后多次在陆军大学任教官,1932年8月8日晋升陆军少将、野炮兵第6旅团长。1935年9月,接替梅津美治郎成为中国驻屯军司令官,"七七事变"爆发后历任日本参谋本部次长、日本驻牡丹江的第3军司令官等职。1939年9月,他出任华北派遣军司令官,在华北地区大力推行"治安肃正计划",大搞囚笼政策,"以铁路为柱、公路为链、碉堡为锁"对抗日根据地实行分割,企图摧毁华北各抗日根据地,给八路军造成巨大困难。因此百团大战有力地打击了日本侵略者。1945年日本战败后,他被远东国际军事法庭定为甲级战犯(未予立案,后被释),1948年12月16日卒。

第四节 战役进程

百团大战经历了三个阶段。第一阶段从1940年8月20日到9月10日,主要任务是摧毁正太铁路的交通。第二阶段从1940年9月22日到10月上旬,各部队除继续破击日军交通线外,还摧毁了日军伸入抗日根据地内的主要据点。第三阶段自1940年10月到1941年1月24日,各部队精力主要放在了反击日军的报复性"扫荡"上,即反"扫荡"作战。

一、第一阶段(1940年8月20日至1940年9月10日)

百团大战的第一阶段,从1940年8月20日至9月10日,为时20天,是破袭与反破袭战,主要任务是摧毁正太铁路的交通。正太铁路的破击主要由129师担任。同时,120师也对同蒲铁路北段和晋西北主要公路展开大破击。此外,华北其他地区的八路军、游击队和民兵,也对日军的交通线,展开了广泛的破击战。

1940年8月20日,八路军冒雨通过山谷河流,避开日军外围据点,直接运动到正太路两侧,参战部队、游击队、民兵在当晚同时突然发起攻击,破击正太、同蒲、平汉、德石、平绥、北宁、津浦、白晋等铁路交通线,歼灭大量日、伪军。日军猝不及防,仓皇应战,顾此失彼,损失惨重。指挥过百团大战的聂荣臻同志,后来回忆战役打响时

百团大战中八路军捣毁正太路

的情景说:"我清楚地记得那一刻的情景,真是壮观得很啊!一颗颗攻击的红色信号弹腾空而起,划破了夜空,各路突击部队简直像猛虎下山,扑向敌人的车站和据点,雷鸣般的爆炸声,一处接着一处,响彻正太路全线。指挥所几个年轻参谋激动地对我说,他们参军以来,还没有见过这样红火的战斗场面。"

1940年8月23日,第5团再次攻占娘子关,并炸毁娘子关以东石桥,破坏了程

家陇底、磨河滩之间的铁路。当晚第19团再次攻入移穰车站,炸毁水塔、铁路。

1940年8月24日至27日,右纵队炸毁了岩会附近的几座石桥及木桥。在右纵队大力破袭下,从25日起,正太路娘子关至乱柳段日军交通完全断绝,日军各据点各自为战。晋察冀军区中央纵队(辖第2、第3、第16团)负责破袭正太路娘子关至微水段和井陉煤矿。

1940年8月26日,日军进一步增兵,继续向狮垴山反扑。第14团在坚守6昼夜、歼敌400余人后,主动撤出狮垴山主峰,继续以小分队钳制日军,主力转移,执行新的破路任务。

在正太线破袭战取得重大胜利,第一步战役目标基本实现,该线日军增强力量,频繁向破袭部队反扑,山西南部日军第36、第37、第41师团也准备北援正太路的情况下,八路军总部于26日下达了第二步行动方案。为给第二步行动创造有利条件,八路军总部于27日、29日一再强调继续破路和集中优势兵力歼灭出犯或增援的1个营以下的日军部队。根据指示,晋察冀军区27日命令右纵队继续破路。第129师除以部分兵力监视各据点日军外,主力每日轮班破路。在第129师连续破袭下,正太路西段除寿阳、阳泉等少数城镇外,基本被破坏,交通断绝。

第一阶段胜利后八路军战士清缴现场的武器

1940年9月2日,八路军总部命令:从3日起结束正太战役;各集团按8月26日命令的第二步行动方针转移兵力,乘正太路遭破坏后敌不能转移兵力的有利时机,完成第二步计划的任务。晋察冀军区按照总部26日命令,组织进行盂北战役。第129师由于日军主力反击,转入打击出犯日军的作战,对进击和辽公路,收复和、辽两城的任务,留待下阶段完成。

1940年9月2日起,晋察冀军区部署新的战役行动,以第2、第5、第16、第19团参加主要方向作战,立即向盂县和寿阳以北出动,收复该地区内的敌据点。

1940年9月6日,左翼队、第772团将太谷出犯之日军500多人包围于榆社西北的双峰地区,激战一昼夜,歼敌400余。第385旅于6日于张建设伏,重创向辽县撤退的日军。右翼队于9月3日离开正太线向根据地转移,曾在平定以西打击阳泉出扰日军,消灭日军100余人。随后,部队即行分散,展开游击战。

百团大战第一阶段大体上在9月10日结束,经过20天的战斗,预定计划全部完成。正太铁路线的路轨、桥梁、隧道、水塔、车站等均被破坏;平汉、同蒲(北段)、石德、北宁铁路以及主要公路也被切断;华北各交通线陷于瘫痪。

二、第二阶段(1940年9月22日至1940年10月上旬)

百团大战的第二阶段,从1940年9月22日至10月上旬,各部队继续扩大战果,目标是摧毁交通线两侧和深入各抗日根据地的敌伪据点。八路军攻占了许多据点和车站,破坏了日军占据的华北重要燃料基地、交通线两侧及深入根据地内的据点,发动了涞灵、榆辽等战役。

1. 涞灵战役

涞灵战役即主要在河北涞源、山西灵丘的战役,主要由八路军晋察冀军区主力部队发起,是百团大战第二阶段中规模最大的战役。涞源、灵丘地区是八路军晋西北抗日根据地和平西抗日根据地相互联系的重要地带,日军控制该地区,就可以将两个根据地割裂开来,给八路军造成极大的困难。所以,八路军不惜一切代价,也要占领这个地区,而日军也自然绝对不可能放弃这一地区。

1940年9月22日22时,涞灵战役开始,右翼队向涞源县城及其周围据点发起猛烈攻击。经一夜激战,夺占东、西、南关,日军退入城内。

1940年9月23日当夜,第2团在第1团1个营及炮兵配合下,猛攻涞源城东10千米处涞易公路上的敌重要点三甲村,歼敌大部,将其占领。同时,第3团向涞源城东北东团堡发起猛攻,至24日夜,攻克该村周围全部堡垒,将残敌压迫于村中数间房屋死守。

1940年10月8日夜,第1团第1营乘南坡头日军一部出动袭击第2团之机,向南坡头发起进攻,一举袭入敌阵,歼敌大部,残敌逃窜。同时,第6团第1营攻克抢风岭,青磁窑日军望风而逃,9日夜,第6团第3营攻击了金峰店。此外,向灵丘、广灵间出击的第26团8日夜曾一度攻入黄台寺。

1940年10月15至20日,进行以子牙河东西两岸为重点的第二期作战,在任河大肃中心区,只留小部队坚持。中央队19日夜攻克半截河据点,破坏其附近的古洋河上的桥梁。右翼队面临敌情严重,无力采取大的行动。左翼队16日夜克大曲堤、任丘石门桥,18日又克王盘敌据点。

在涞灵战役中,晋察冀军区主力部队攻占涞源县城外围三甲村、东团堡、南坡头、青磁窑等日军重要据点10多处,毙伤日伪军1100余人,俘虏日军49人、伪军237人,缴获轻重机枪34挺、长短枪290余支、掷弹筒110具、子弹4.5万发及其他军需物资,给予华北日军以沉重打击。

八路军攻克河北涞源东团堡后胜利欢呼

2. 榆辽战役

榆辽战役是百团大战第二阶段中八路军第129师在山西省榆社、辽县地区,对守备榆辽公路的日军独立混成第4旅团发动的进攻战役,历时9天,歼灭日军近1000人。

1940年9月22日，八路军第129师下达榆辽战役的命令，决定以突然袭击的手段消灭榆社至小岭底之敌，收复据点摧毁公路，并乘势向辽县进展，相机收复辽县。

1940年9月23日夜，攻坚作战开始。24日，左翼队攻克沿壁、王景，右翼队攻克铺上、小岭底。至25日，榆社县城也被攻克。同时，平辽支队积极活动，攻占辽县以北寒王镇；沁北支队积极破坏交通路线，频繁出击，使武乡、白晋路日军受到钳制。26日，第129师令右翼队以一部继续围攻管头之敌，主力和左翼队东移，乘胜收复辽县并消灭援辽之敌。27日拂晓，右翼队进攻辽县以西石匣，当夜将其占领。左翼队28日进抵马厩附近，准备当晚进攻辽县。这时，和顺、武乡日军分别向辽县、管头增援。八路军总部命令停止进攻辽县，以一部钳制和顺南下之敌，主力转移至红崖头、关帝垴地区，准备歼灭武乡东援之敌。第129师遵照命令转移兵力，同时猛攻管头，在29日24时将其攻克。

在榆辽战役中，129师连续攻占榆辽公路沿线据点多处，并攻下榆社县城，缴获大批武器，歼敌900余人。与此同时，120师则继续破击同蒲铁路北段，使该铁路线再次中断。

百团大战中八路军向日伪军发动进攻

三、第三阶段(1940年10月至1941年1月24日)

百团大战的第三阶段主要是反"扫荡"阶段。百团大战打响后，日军在华北的广大地区连续遭到八路军两次大规模攻势的打击，损失惨重，受到震撼，深感八路军力量的可怕和威胁的严重。为防止局势继续恶化，尽快稳住占领区，从1940年10月6日起，日军调集重兵，对华北各抗日根据地进行疯狂的报复性的"扫荡"，企图趁八路军连续作战来不及休整之机，打击八路军主力，毁灭抗日根据地。

对此，八路军早有防备，早在榆辽战役结束后的10月1日，八路军总部在给各大区的指示中，就指出增援辽榆之敌可能顺势"扫荡"太北地区，各部应有相应的准备。10月19日，八路军总部下达了反"扫荡"作战计划，要求进行深入的战斗动员，部队集结于适当位置，坚决消灭一两路进犯之敌，并注意各区的策应配合。据此，各地军民以连续作战的精神展开了艰苦的反"扫荡"作战。

为了报复之前八路军的进攻，日军气势汹汹，对晋东南、晋察冀和晋西北的八路军、首脑机关及根据地群众进行疯狂的报复，日军所到之处，奸淫烧杀，无恶不作,有计划地实行烧光、杀光、抢光的"三光"政策,残暴、野蛮、毒辣至极,根据地遭受到一定的摧残和破坏。

面对来犯之敌,八路军以部分兵力配合地方部队和游击队,开展广泛的游击战,袭扰、钳制进攻之敌,破袭敌之交通运输,掩护群众转移;主力部队则避开敌之锋芒,转到外线,寻机袭击敌人。至1940年12月5日,129师主力在山西新军配合下,粉碎了日军对太行和太岳根据地的"扫荡";到1941年1月4日,晋察冀军区持续55天的反"扫荡"基本结束,击退日军对平西和北岳地区的进犯,共毙伤日伪军2000余人;到1941年1月24日,120师粉碎了日军两万余人对晋西北的"扫荡",歼敌2500余人,破坏公路125千米,桥梁23座,在战役中被敌侵占的所有城镇全部收复。至此,震惊中外的百团大战落下了帷幕。

百团大战后八路军在太行山拆除日军防御工事

第五节　战役结果及影响

一、战役战果

百团大战历时5个月,八路军在敌强我弱的形势下,在华北人民群众的大力援助和支持下,经历大小战斗1824次,以伤亡1.7万多人的代价取得了丰硕的战果。对百团大战的战况,美国记者史沫特莱以激动的心情曾向全世界报道:"整个华北地区,从晋北山区到东海岸,从南面的黄河到北面的长城,都成了战场,战斗夜以继日,一连厮杀了5个月。一百个团的人打击了敌人在华北的整个经济、交通线和封锁网,战斗是炽烈而无情的。敌人占有的煤矿、电厂、铁路、桥梁、公路、车辆和电讯都遭到破坏。"

根据1940年12月10日八路军总部公布的数据,百团大战从8月20日至12月5日的3个半月中,八路军共进行大小战斗1824次,消灭了日伪军的有生力量,毙伤日军20645人(其中大队以上军官18人),毙伤伪军5155人;俘虏日军281人,伪军1407人;攻克日伪据点293个;日军自动携械投诚者7人,伪军反正者1845人;缴获各种轻武器5942支(挺),各种火炮53门;缴获与破坏交通器材中飞机6架,火车34列,车厢449节,汽艇25只,装甲汽车13辆,坦克5辆,汽车98辆,大车1148辆,自行车591辆;破坏铁路474千米,公路1500余千米,桥梁213座,火车站 37 个，隧道 11 个，铁轨 21.7 万余根，枕木 154.9 万余根，电线杆 10.9 万余根，收电话线 42.4 万余公斤；破坏煤矿 5 个，仓库 11 所。此外，还缴获与破坏了其他大量军用物资。日伪军兵力损失，若加上晋察冀军区阜王战役毙伤的 2000 余人，晋西北反"扫荡"毙伤的 2500 余人，则达到 33880 余人。可以说，百团大战实为我国抗战以来取得的空前未有的大创举。

据日军统计，正太、同蒲及平汉铁路共 44681 米道轨、93 米隧道以及 1014 米桥梁被破坏，2440 根电线杆或被切断，或被破坏，146 千米电线被切断；井陉新矿至少半年不能产煤。

毛泽东同志在致彭德怀副总指挥的电报中说："百团大战真是令人兴奋，像这样的战斗是否还可以组织一两次？"充分肯定了百团大战给日寇以沉重的打击，带给全国人民无穷的希望。国民党方面也认可此役不仅给日寇以致命打击，而且给友军以精神上鼓舞。日军也不得不承认，百团大战取得了奇袭的成功，给了华北方面军以极大打击。这些评价都充分说明百团大战的战果是巨大的。

二、百团大战的影响

彭德怀对百团大战评价道："这次战役大大提高了华北人民群众敌后抗日的胜利信心，对日寇当时的诱降政策以及东方慕尼黑阴谋以很大打击，给蒋管区人民以很大兴奋。此役也给了投降派又一次打击，提高了共产党领导的抗日军队的声威，打击了国民党制造所谓八路军'游而不击'的谣言。"

百团大战是抗战时期中国共产党领导的八路军主动出击日军的一次最大规模的战役，堪称游击战争史上的伟大创举，不仅在中国抗日战争史上有着极其重要的历史地位，而且对世界反法西斯战争也有重要意义。

1. 百团大战沉重打击了日军的"囚笼政策"，巩固了华北抗日根据地

全国抗战进入战略相持阶段后，日军逐渐转向围攻八路军，在敌占区加紧推行"囚笼政策"，企图分割、封锁和摧毁华北抗日根据地。百团大战破坏了华北各地主要的铁路、公路交通，拔除了交通线上及两侧的大批日伪军据点，拆毁了许多日军封锁沟、封锁墙，牵制了日军的兵力，给日军的"囚笼政策"以沉重打击，也破坏了其"以战养战"将华北变为扩大侵略战争基地的企图，打击了日本侵略者的嚣张气焰，有效地巩固了华北抗日根据地。

2. 百团大战有力地配合了国民党正面战场的战斗，减轻了正面战场的压力

百团大战发生在抗日战争进入相持阶段、国内妥协投降危机空前严重的形势下。日本帝国主义为了迅速解决中国问题，一方面在军事上发动一系列战争，试图迫使蒋介石的国民政府投降，另一方面又积极进行了政治诱降活动，意欲蒋介石与汪精卫政权合流。百团大战牵制和消耗了日军大量兵力，打乱了日军的部署，让日军意识到中国共产党的力量，迫使日军从正面战场抽兵华北，从而对正面战场形成有力的战略支援，减轻了国民党正面战场的压力。从战争全局看，百团大战对支持正面战场作战、遏制妥协投降暗流、争取时局好转等起了积极的作用。

3. 百团大战鼓舞了全国抗日军民的斗志，坚定了抗战必胜的信心

百团大战是由八路军发起的大规模的主动攻势，这在一定程度上标志着八路军掌握了战略主动权。国内社会曾存在的八路军能否有效抗击侵略者的疑惑思想，在百团大战中也消失殆尽。百团大战之后，不仅华北地区，整个中国的抗战士气都空前高涨。百团大战的胜利打击了侵华日军的嚣张气焰，坚定了正面战场坚持抗战的决心，极大地振奋了中华民族的精神，增强了全国人民抗战必胜的信心。

4. 百团大战提高了八路军的威望，让全国人民看到中国共产党及其领导的军队是抗战的中流砥柱

八路军出动主力部队，在华北的大部分地区进行了长达5个多月的作战，歼灭日伪军数万人，获得了社会各界人民的普遍好评和广泛赞誉。中国共产党以事实彻底揭穿了敌人散布的各种反共谣言，有力地驳斥了敌人关于"八路军游而不击"等污蔑性的言论，提高了共产党、八路军的声威。百团大战让全国军民看到了中国共产党及其领导下的八路军的力量，使国内外爱好和平的广大人民深刻认识到：八路军在极为困难的条件下，不仅发展壮大起来，而且能够给日军以强有力的打击，中国共产党及其领导的军队是抗战的中流砥柱。

5. 百团大战的战火锻炼了八路军指战员，提高了部队的战斗力

百团大战中八路军将游击战和运动战有机地结合起来，既有主动出击的破袭战，又有反击敌人扫荡的游击战；既有拔点歼敌的攻坚战，又有调动敌人围点打援的运动战，成为游击战和运动战相结合的典范。这次战役对八路军是一次全面而又艰苦的锻炼，总结出了很多有益的经验，提高了部队的实际战斗力，对八路军的发展壮大起了很好的教育作用。

总之，百团大战无论从战略意义上还是从鼓舞人心的精神层面，都是一场不得不打的战役。这场战役是中国共产党领导下的人民军队对整个抗日战场作出的最大贡献之一，在中华民族抵抗外来侵略者的光辉史册上留下了浓墨重彩的一笔。

思考题

1. 百团大战经历了哪几个阶段？
2. 发动百团大战的原因和意义有哪些？
3. 请点评百团大战中双方的战略战术。

第十六章　衡阳保卫战

衡阳保卫战又称衡阳会战,1944年6月23日开始,8月8日结束,中国军队第10军军长方先觉率领1.8万守军与数倍于己的日军苦战47天,最终弹尽粮绝才使得衡阳城陷,此役是抗战后期打得最顽强、守城时间最长的一次著名战例。衡阳保卫战是中国抗战史上以寡敌众的最典型战例,也是中国整个抗战史中作战时间最长、双方伤亡士兵最多、程度最为惨烈的城市争夺战,被誉为"东方的莫斯科保卫战"。在衡阳保卫战中,中国军队伤亡1.5万余人,日军伤亡4.8万人,是日本战史中记载的唯一一次日军伤亡超过我军的战例。毛泽东同志在1944年8月12日《解放日报》发表社论,称赞"坚守衡阳的守军是英勇的,衡阳人民付出了重大牺牲。"

衡阳抗日英雄纪念碑

第一节　作战计划的出台

一、会战背景

1944年,随着盟军在世界反法西斯各战场的连续反攻,日军在太平洋战场节节溃败,本土也不断遭到轰炸,日军意识到从东南亚到日本本土的海上交通线迟早会被切断。因此,从东南亚的马来半岛经中国大陆到朝鲜釜山的大陆交通线将成为最后东亚大陆作战的生命线,但这条生命线途径的中国河南、湖南和广西等地还为中国军队所控制。为此,1944年2月,日军下达了代号为"一号作战"的命令,豫湘桂大会战由此爆发。

1944年4月17日夜,侵华日军在河南开封地区渡过黄河,19日占领郑州,5月1日攻陷许昌。5月下旬,日军又以14个师团的兵力,发动湖南会战,6月14日,日军占领浏阳,16日又对岳麓山及长沙市发动总攻,18日,长沙失陷。随后,日军向衡阳包抄而来。短短一个月的时间,日军就打通了河南、湖南两省,至此中国领土由北向南日军入侵的战火连成一片。

二、衡阳概况

衡阳会战是抗日战争后期豫湘桂大会战的第二阶段,长衡会战的主战场。衡阳市位于湖南中南部,坐落在湘江之畔,境内有多条河流。衡阳开埠设郡已有1400余年,抗战时期,已经是一个重要的铁路枢纽,粤汉铁路和湘桂黔铁路交会于此,从湖南腹地通往西南大后方的多条公路也从这里经过。因此,衡阳是通向西南交通的枢纽,是中国西南的门户和军事咽喉。

抗日战争时期,衡阳是仅次于重庆、昆明的第三大工商业城市,是湖南省的第二大城市,被誉为"小南京"。衡阳是湘江、蒸水和耒水的交汇合流之处,依靠这些江河,可以转运湖南出产的大量粮食、矿产等资源,是重要的物资集散地,这些资源都是中日双方争夺的战略资源。此外,衡阳飞机场也是中美空军重要的基地之一。衡阳正因为其重要的战略地位,中日双方才会在该地爆发激烈的战斗。

三、作战计划的出台

在日军"一号作战"计划中,衡阳正处在所谓的"大陆交通线"上。对日军来说,如果拿下衡阳,便能直接一路南下,打通南北线路。为了争夺衡阳,中日双方均派出了精兵强将,日方是刚刚在长沙第四次会战中立功的横山勇,他命令原本为长沙会战所准备的两个野战师团后备队转向衡阳,最初设想用三四万的兵力拿下衡阳城以结束湖南阶段的作战。

中国方面守卫衡阳的是方先觉的第10军,装备不齐、兵力不足的问题十分严重,守军不超过3个师。战前,方先觉反复勘察和研究了衡阳地形,制定了防御计划,并依托衡阳城及周边地形构筑了数道防线,建立了严密的防御体系,希望借此迟滞、疲惫和消耗敌军,并待外围援军赶到后,内外夹击一举歼灭当面之敌。当时,蒋介石对第10军下达的作战命令是坚守衡阳城10至15天,最后实际激战了47天。

第二节　战前兵力对比

一、中日两军兵力对比

整个衡阳保卫战中,中国守军是方先觉的第10军,下辖第3师、第190师、预备第10师,实际兵力7个团,加上配属的暂编54师1个团和配合的空军,总兵力约为1.8万人。日军方面主要是横山勇的11军的4个师团,即第68、第116、第58、第13师团,加上第5航空军,总计约9万人。在中国军队的顽强抵抗下,日军久攻不克,后持续投入兵力,总兵力达到了20余万人,战役规模在整个抗战期间也为数不多。仅战役初期,敌我双方兵力比就达到了悬殊的5.3:1,这也是最后衡阳失守的重要原因。

二、中日两军武器对比

1. 步枪对比

双方的武器方面,中方的主要武器是中正式步骑枪,也就是德国毛瑟步枪标准型的中国版,是中国近代第一种制式步枪。而日军使用的则是三八式步枪,即中国俗称的"三八大盖"。由于中正式步骑枪使用的 7.92 毫米尖头弹,初速高,弹道特性好,因此有效射程可达 1000 米,而且尖头弹初速高,杀伤威力大,打到人体重要部位上非死即重伤。相比之下,日军三八式步枪在常见的 200～600 米距离上的杀伤威力逊于中正式步骑枪甚多。不过,中正式步骑枪拉动起来较为费力,射击精度不如日军三八式。因而,在主战武器的比较上,敌我双方可以说是势均力敌的。

2. 炮火对比

在炮火方面,中方使用的是德国 SFH18 式 150 毫米榴弹炮,是世界上第一种采用火箭增程弹的火炮,最大射程达到了 19000 米。

而日方使用的火炮有九六式 150 毫米野战榴弹炮以及四式 203 毫米重火箭,其中重型炮兵火箭主要装备火箭炮兵联队,使用方便,日军在各个战场均有大量使用,为了确保火箭的精度,日军这种火箭的射程较近,主要用于近迫攻击。其中,SFH18 式 150 毫米榴弹炮在抗日战场中多次立功,给日军带来重大打击。

3. 坦克对比

坦克力量上,中方装备的是苏联 T-26 坦克。T-26 坦克采用弹簧悬挂,安装一台 91 马力(马力≈0.735 千瓦)发动机,最高时速 30 千米,装备一门 45 毫米坦克炮,火力强大,但是只有 15 毫米的装甲,在实战中容易被敌人各种反坦克武器摧毁。

而日方装备的是 97 式中型坦克,该坦克是日本在二战期间装备较多的一种坦克。装备一门 57 毫米短身管火炮,装甲厚度一般为 25 毫米,成员 4 人。由于重量较轻、火力较弱、装甲较薄,基本上不具备与敌方坦克作战的能力。其特征为采用柴油机为动力装置,炮塔不对称,装甲车体和炮塔为铆接结构。这种坦克被广泛用于日本侵华战争、东南亚战争和太平洋战争,参加过南京大屠杀、台儿庄会战和武汉会战。因而在衡阳保卫战中,就性能指标上看,日军在坦克战上拥有一定优势。

4. 空军力量对比

整个战役还有双方的空军交战。衡阳保卫战期间,中国境内的空军主要是"中美空军",一部分是陈纳德率领的"飞虎队",包括各种飞机共 500 架左右,另有美国帮助中国建立的空军,但飞机数量少。中美空军使用的 P-51"野马"式战斗机,当时堪称全世界性能最优秀的战机之一。

而日军则投入了"零"式 A6M5 型战斗机和 Ki-48 九九式双发轻型轰炸机。"零"式战斗机是日本的一型单座单发平直翼活塞式舰载战斗机,是日本产量最大的战斗机,其攻击火力分别为两挺 20 毫米机炮、两挺 7.7 毫米机枪。九九式双发轻型轰炸机,是 1937 年日本陆军受到在中国战场出现的苏制 SB-2 轻型轰炸机的影响,要求川崎飞机公司研发的新式轻型轰炸机。1945 年该机仍然被应用于冲绳之战,对美军进行夜间偷袭。白天则充作自杀飞机所用,在充作自杀飞机时,机头上固定一根很长的触发杆,以便在冲击舰艇时引爆机内 800 千克炸弹。也有少量改为伊1甲空对舰导弹的试验载机和喷气发动机的空中试验平台。

衡阳保卫战期间,中美空军在前期对第10军的支援很积极,但后来渐渐稀少,在第10军弹尽粮绝极渴望得到空军的空投补给时,空军却很少到衡阳空投。日军发动"一号作战"期间共投入的飞机不足300架,只相当于中美空军的一半。拥有绝对优势的中美空军没能给衡阳守军应有的支援,确为一大失误。

第三节 将帅谋略

一、中方将帅——方先觉

方先觉(1905—1983),1905年出生于江苏省萧县(现安徽宿州)一个富裕之家,幼时受过良好的教育,1925年进入黄埔军校第三期步兵科,1926年毕业。1933年3月,长城抗战爆发。方先觉以83师补充团副团长身份参加古北口抗战。古北口抗战是长城抗战中的主要战场,国歌中"把我们的血肉,筑起我们新的长城"一句就来自古北口抗战。在惨烈的古北口抗战中,83师伤亡巨大,方先觉也在战斗中负了重伤。1941年12月,第三次长沙会战爆发。方先觉任预10师师长防守长沙南门,最终迫使日军撤退,保住了长沙。此战之后,方先觉升为第10军军长镇守衡阳。

豫湘桂战役爆发后,面对即将到来的大战,方先觉做了精心的准备。他先认真勘察了地形,发现衡阳东西宽约1500米,南北长约2600米,防区面积3.9平方千米,城墙以内的城区只有0.8平方千米;城东有湘江,北有草河,西面是沼泽和水田,西南是丘陵,湘桂铁路从南面丘陵穿过;城西地势比较平坦,方便展开兵力,适合日军机械化部队进攻;西南是丘陵地带,进攻难度大。当时大部分人都认为日军会选择城西作为主攻方向,但方先觉力排众议,把主阵地放在西南部,指出西南的丘陵地带虽然不适合进攻,却是衡阳的核心所在,日军即使占领了衡阳城区,驻守在西南丘陵里的守军随时可以出击日军,所以日军要占领衡阳,就必须占领西南部。

衡阳会战之前,方先觉已经转移了城内外的所有居民,使衡阳成为一座只有军人的"空城",同时将弹药物资紧急抢运进衡阳,为衡阳保卫战提供了物质基础。方先觉还将电话线深埋地下,防止被炸断,并组织通信兵日夜抢修电话线,电话网覆盖面广,一直通向前沿阵地,能够随时了解战况。为坚守衡阳,第10军利用地形修建起了半永久性的大型防御体系。

首先,将城西沼泽和水田全部放满水,使日本的重武器和战车都无法通过,沼泽之间有高地的地方,修筑了明碉暗堡,内部配备足够的火力封锁日军前进。

其次,在城南的丘陵地带,沿着依次展开的丘陵,构筑了多道防线。每个山丘面对日军进攻的正面,全部削成角度几乎90°的断崖;在断崖顶部挖出战壕,里面储存大量手榴弹;无法削成断崖的山丘前则挖出5米宽、5米深的壕沟,壕沟里设置了大量的竹签、三角铁等,这就是著名的"方先觉战壕"。日军要通过,只能使用云梯,而云梯很容易被炸断,因此日军付出了惨重代价。丘陵侧面都修筑或明或暗的碉堡,形成严密的交叉火力,以控制丘陵之间的凹地;碉堡之间的火力配合相当完美,侧射、斜射、直射火力可以任意发挥,每一个碉堡前都能形成猛烈的交叉火力。

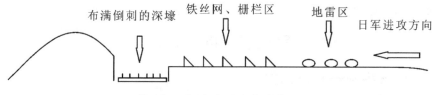

衡阳保卫战"方先觉战壕"简易图

第三,城东、城北依托湘江、蒸水设防,构筑少量碉堡,监视水面。在上游位置储备大量石油,一旦日军渡河,就向河中注入,采取火攻。

第四,第10军只有半个炮营6门炮,炮兵虽少,但是经过精确测算,布置在日军必经地,可以随时对敌军进行炮火攻击。

第五,第10军中第3师战斗力最强,预10师战斗力次之。方先觉出人意料地把预10师摆在第一线,守卫主阵地,而第3师则放在第二线。方先觉认为日军对衡阳是志在必得,衡阳保卫战将是个长期的过程,把主力第3师放在二线,可为日后长期抵抗提供强有力的后备兵力。

这些防御体系在后来的衡阳保卫战中发挥了巨大作用,特别是方先觉对主阵地和兵力精细的布置,是孤军能坚守衡阳47天的重要条件。

二、日军将帅——横山勇

横山勇(1889—1952),1889年出生于日本千叶县的军人家庭,先后就读于大阪陆军地方幼年学校、中央幼年学校,日本陆军士官学校第21期。他先后在陆军兵器厂和资源规划局工作,做过工程师、副厂长和规划院总务部长。1939年9月,50岁的横山勇出任关东军第1师团师团长,1941年10月,升任关东军第4军司令官。1942年1月,横山勇从东北来到湖南接任第11军司令,并4次攻打长沙,最终长沙沦陷。

日本占领长沙以后,挥师直指衡阳。日军为拿下衡阳打通大陆交通线,派出了横山勇的第11军。第11军是日军在关内唯一一支战略机动力量,牵制和消耗了大量国民党军队的主力。这支部队精于城市争夺战,已经历过武汉会战、三次长沙会战、常德战役等实战,积累了丰富的战斗经验。日军先后将这支部队下属的第68、第116、第58、第13师团约9万人全部投入衡阳战斗,其中第13师团更是日军战斗编制中战力排在第一梯队的甲种师团。有着雄厚兵力的横山勇原本计划三天就可以拿下衡阳,却没想到方先觉的第10军顽强抵抗了47天。日军只得不断追加兵力,增援了大批炮兵,甚至70余次动用毒气,最终凭借兵力和物力的绝对优势迫使弹尽粮绝的第10军放弃了抵抗,攻下衡阳城。可见,横山勇在任时间虽短,却给中国抗日军民带来不小的损失。豫湘桂战役结束后,横山勇被撤职调回日本国内。1945年日本投降后,横山勇被判为乙级战犯,并处以绞刑,但由于身体原因被减刑。1952年4月21日,横山勇在巢鸭监狱因病死去,终年63岁。

第四节 会战进程

衡阳保卫战共经历了四个阶段:第一阶段从1944年6月23日到6月27日,日军对衡阳外围阵地发动进攻;第二阶段从1944年6月28日到7月2日,日军对衡阳发动了第一次总攻;第三阶段从1944年7月11日到20日,日军对衡阳发动了第二次总攻;第四阶段自1944年8月4日到8日,日军对衡阳发动了第三次总攻,衡阳失陷。

一、外围战斗

1944年6月23日,日军开始向衡阳城外围阵地发起进攻,衡阳保卫战由此拉开序幕。

负责此次战役的日军为第68、116师团及配属的独立第122炮兵联队等精锐部队。他们有坦克武器,装备精良,兵力也多于衡阳城守军,一开始便向中国守军阵地发起了疯狂进攻。6月24日,日军第68师团在东阳渡以西强渡湘江,从南面围攻衡阳。6月26日拂晓,衡阳机场为日军占领,到10时左右,日本飞机10余架轮番轰炸,并以50余门大炮猛烈射击作掩护,开始全面进攻西南阵地。6月27日,日军继续向西南方向进攻,但第10军全体官兵奋勇还击,没有后退一步,利用事先挖好的"方先觉战壕"阻击日军。当日军冲到断崖前时,由于无法攀登,全部拥挤在断崖底部,守军从崖顶投出密集的手榴弹将其炸死或炸伤。无法削成断崖的山丘前则挖出5米宽、5米深的壕沟,日军冲过来时,全部掉进壕沟里。壕沟里修有地堡,配备了兵力,携带轻机枪,以清剿掉入壕沟的日军。最终,虽然中国守军奋勇杀敌,甚至有些士兵用身体去挡日军的坦克,依然没有阻止日军的进攻。

在这一阶段的作战中,外围的中国守军打得十分顽强。6月27日,日军付出惨重代价之后拿下外围阵地,攻到衡阳城下时已经十分疲惫了,因而不得不调集预备队来到前线。

二、日军第一次攻城

6月28日,日军调上了预备队,对衡阳城发起了第一次总攻,在飞机、重炮的掩护下,日军如潮水般发起冲锋,并公然违背《日内瓦公约》,对中国守军施放了毒气。

中国守军凭借坚固的工事奋力还击,双方展开激烈的攻防拉锯战,其中最激烈争夺发生在城南制高点张家山。张家山阵地由大小高地组成,呈品字形可以互为犄角。两高地之间布有步枪、机枪交叉火力网。日军集中火炮对守军阵地猛击,动用空袭甚至是毒气弹。日军曾向该阵地发起猛攻不下20次,均被守军击退。期间,有部分阵地或被日军冲入,或大部为日军占领,但旋即就被守军反复冲锋恢复,如此拉锯战竟多达9次之多。张家山一战,日军付出了伤亡4000多人的代价,第68师团师团长佐久间为人中将重伤,而守军第10师第30团官兵损失也在70%以上。

与此同时,为阻止日军向衡阳中心城区进攻,中国守军将日军必经的桥梁炸毁。当日军炮击和空袭时,守军官兵们都蛰伏于掩体或散兵壕中,待敌步兵逼近,炮火开始延伸射击后才从掩蔽工事中跃出,以事先部署的侧射和曲射火力歼敌于阵前。如果日军已经进入,则以两侧阵地火力封锁突破口,掩护正面守军,歼敌于阵地内。日军即便用上了毒气,也只不过前进了2000米。

经过5昼夜连续的搏杀,在第10军官兵的英勇奋战下,日军的2个师团伤亡惨重,横山勇被迫下令停止攻城,日军在战前叫嚣的"三日拿下衡阳城"狂妄作战计划也宣告破产。7月2日,中国守军挫败了日军的第一次总攻。

三、日军第二次攻城

从7月3日至10日,8天的时间,日军对兵员、军需进行及时补充,并研究下一步作战计划。横山勇为第二次进攻衡阳做了充足准备,除补充人员和弹药外,还增配了支援作战的航空部队和炮兵部队,并对作战计划进行了调整:将全面进攻改为重点攻击,以避免兵力分散;将进攻时间大多安排在夜间,以避免出现大量伤亡。

7月11日清晨,日军再次投入重兵,在地面火炮和空中飞机的掩护下,开始了对衡阳的第二次总攻。日军在战斗中,采用了车轮战术,白天飞机炸、重炮轰、毒气熏,企图让守军不得休息,精神疲惫,夜晚则发起冲锋。

日军为确保第二次总攻胜利,还采取了多种计策:一是实施火攻,甚至对伤员居住的医院也发动攻击;二是声东击西,日军的猛烈攻势持续三天之后,他们突然停止攻击,假装出渡江作战的迹象,被中国军队识破;三是伪装撤退,诱使中国军队出击,又被中国守军识破;四是实施攻心战,散发香烟、大批传单等,妄图摧毁守军的意志,但我方官兵将其付之一炬,继续苦斗苦战,与衡阳共存亡。

日军施放毒气,衡阳守军戴防毒面具守战壕

此时,中国守军虽然士气高昂,但后勤补给已经困乏。参加过此次会战的葛先才将军回忆,官兵食物告罄,士兵不得不在破败的民房中寻找食物,最后连皮鞋皆煮而食之。在这种恶劣的条件下,中国官兵却丝毫没有退让。

经过连续9昼夜的血战,中国守军也伤亡4000余人,失守的阵地都打到最后一人。日军第68师团、116师团以伤亡8000人的代价,只攻占了衡阳防线的一线阵地,日军的第二次总攻又遭惨败。7月20日,日军停止对衡阳的第二次总攻,转而全力阻击并反击救援衡阳的中国部队,如中方第62军一度突进至衡阳火车西站,但被日军第40师团打退。

四、日军第三次攻城

衡阳久攻不下,惊动了日本天皇和日军大本营,在日本中国派遣军严厉斥责下,横山勇又调派了第13、58师团两个主力师团,增援第68、116师团。中国守军到8月初,第10军的有生力量已经基本消耗殆尽,伤亡惨重,预10师伤亡达90%以上,第3师伤亡也高达70%以上,第190师伤亡也有60%,军部直属部队除辎重团尚有

战后已成废墟的衡阳

约500人外,其余搜索营、特务营、工兵营、通信营、炮兵营所剩兵力均不到三分之一,营连干部伤亡殆尽。

8月4日,日军第11军司令官横山勇亲自督战,下令第40、58、68、116师团及13师团一部,57旅团,共计11万人,轻重火炮100余门,并配以战机轰炸,从南、北、西三面对衡阳发动了第三次总攻。中国守军的阵地虽然一直被压缩,不断后退,但每一步都作出了顽强的抵抗。在日军的猛攻下,中国守军的阵线被不断突破,阵地越来越小,空投的装备补给反而落到了日军的阵地上。

孤立无援的衡阳城已经成为一片废墟,中国守军第10军与下属各部的通讯联络电话线都被日军飞机、重炮炸断,已无法组织有效的抵抗,各部处于各自为战状态。8月6日,日本的坦克冲入了衡阳城的北门。8月7日,日军的攻势更是达到了高潮,中国守军多处阵地被突破,日军攻入城区,但守军仍全力展开巷战,直到最后阵地全毁。8月8日,方先觉与日军68师团师团长堤三树男正式谈判投降,历时47天的衡阳保卫战落下了帷幕。但是,第10军不愿投降的官兵,继续抵抗,直至流尽最后一滴血。纵观这场战役,第10军孤军守卫衡阳,援军迟迟不到,最终弹尽粮绝,连攻城的日军都向第10军的英勇顽强表示敬意。

第五节 会战结果及影响

一、会战结果

衡阳保卫战可以说是侵华日军在中国战场上最惨烈的战斗之一。中国军队伤亡情况是:共1.8万余人的第10军伤亡达1.5万人,其中阵亡6000余人。日军遭受了更惨重的损失,伤亡4.8万人,其中战死的中高级军官有390人,受伤的中高级军官达500余人,在日军相关的战史资料中,可见得"各师团已遭受三到四成的损失"这样的记载。

二、会战影响

衡阳保卫战是抗日战争期间中日作战时间最长,敌我伤亡官兵最多,程度最为惨烈的城市争夺战,中国守军第10军面对数倍于己的日军坚守了47天,展现了顽强坚韧的精神,衡阳保卫战在整个抗日战争尤其是抗战后期有着重要作用。

1. 衡阳保卫战沉重打击了日本侵略者,延缓了日军的"一号作战"计划

衡阳保卫战沉重地打击了日本侵略者的嚣张气焰,大大延缓了日军打通大陆交通线即"一号作战"计划的进程。衡阳保卫战是日军发动的豫湘桂战役中的一场战争,这场战役日军的目标是占领湘桂、粤汉及平汉铁路南部沿线的主要地区,以及摧毁中美的空军基地。方先觉的第10军在湘桂枢纽地带——衡阳坚守了47天,大大延缓了日军原定计划的实施,并为中国军队兴建桂林要塞争取了时间,桂林地形险要,日军的锐气在此战中受到很大的损伤,被迫停止于大榕江、兴安一带达40天。整体来看,衡阳保卫战为中国军队在军事上争取了大约3个月的时间。而且,日军原计划3天攻占衡阳,却投入了大量人力物力,花费了47天才攻下衡阳,这极大地延缓了日军夺取中国大陆交通线的计划,甚至打乱了日军的整个战略计划。

2. 衡阳保卫战加剧了日本内阁的危机,导致东条英机下台

衡阳保卫战加剧了日本内阁的危机,成为东条英机内阁垮台的最后一根稻草。1944年6月,日本海军在太平洋战场上遭到了巨大的失败,日本海军在马里亚纳海战损失惨重,首相东条英机规定的"绝对国防圈"被突破,加之东条英机手段残暴,实施宪兵政治,因此,日本国内的大多数民众和一些政客、军人对身兼首相、陆相和内相三职的东条英机非常不满,都希望他辞职下台。东条英机仍想垂死挣扎。为了彰显自己的政绩,东条英机希望日本驻中国派遣军能在中国战场上有所突破,尽快攻下衡阳。但是衡阳守军顽强不屈,日本陆军一直没能打下衡阳,震动了日本国内。因此,东条英机也失去了日本天皇的信任。7月22日,东条英机正式宣布辞职。很明显,中日战场上的衡阳保卫战直接影响到矛盾重重的日本国内政治局势的走向。

3. 衡阳保卫战展示了中国军民反对外来侵略,捍卫民族独立的爱国主义精神

衡阳保卫战展示了中国人民反对外来侵略,坚决捍卫民族独立的爱国主义精神,受到舆论的普遍赞誉,鼓舞了全国人民抗战的信心和勇气,使中国的抗战看到了胜利的曙光。正是中国军民的顽强抵抗,任何侵略者想要征服中国人民都是不可能的。毛泽东同志在《论衡阳的沦陷》一文中,赞扬"守衡阳的战士是英勇的"。国民政府方面也给衡阳守军以很高的评价,各大报刊纷纷发表社论,称道守军官兵"战志高昂用血肉抵挡敌人的炮火,用血肉保卫祖国的名城,给四亿五千万同胞吐了一口闷气"。至今,衡阳是中国唯一的抗战纪念城市。可见,衡阳保卫战中中国守军英勇顽强抗击敌人的精神也是中华民族爱国主义精神的体现。

思考题

1. 衡阳保卫战经历了哪几个阶段?
2. 发动衡阳保卫战的原因和意义有哪些?
3. 请点评衡阳保卫战中双方的战略战术。

附录：将"沙盘推演"引入二战课程课堂教学的改革与实践

将"沙盘推演"引入课堂教学的探索与研究，这不仅仅是一门课教学内容的拓展与革新问题，更深层次的则在于新形势下，对国防教育课堂教学模式转变的一种探索，旨在以此为突破口，促进国防教育第一课堂教学质量的提升，即探寻提升国防教育第一课堂教学质量的新路径。

一、课堂教学改革实践的目标

传统教学模式下，教师以自我为中心，课堂上只注重知识的传授而忽视学生主体性参与，导致以热情、奔放、善于表达自己见解等为特征的当代大学生学习兴趣减弱，课堂上的关注点发生偏移，学生"人在心不在"的状况时有发生，相应地，课堂教学质量势必大受影响。现代教育理论认为："以学生为主体，以教师为主导"是优化课堂教学，提高教学质量的有效途径。鉴于此，针对新时期大学生的特点，在课堂教学中引入"沙盘推演"实践环节，并在相关的探索与研究中，作为教学活动的主导——教师通过引导学习活动的主体——学生积极参与到当中，即进行师生民主平等的合作研讨学习，旨在将教师的"教"与学生的"学"有机地结合起来，最大限度地激发、调动双方的能动性和创造性，充分发挥教学活动的最大效应，进而提升该课程的教学效果。具体目标包括以下几个方面。

1. 学生获益

学生通过亲手制作沙盘，锻炼动手操作能力；深入参与沙盘推演，提升其战略、战役、战术思维的能力。整体上看，教改可将学生选课的激情转化为持续的学习热情，使学生通过自主探究性的学习及小组合作学习、实际操练、交流展示、差异评价等活动，亲身经历知识的发生、发展过程，掌握解决问题的方法与能力，获得积极的情感体验。

2. 教师获益

此项教改有助于教师改变传统课堂教学思维方式，掌握符合新教学方式的一般操作方法、策略、模式，从而强化课堂驾驭能力，提升教学水平，完善教学艺术。

3. 课程获益

此项教改有助于本课程课堂教学模式的转变与教学效果的提升，使教学适应形势发展的需要，符合培养现代新人成长的规律，且潜在的示范效应，可带动普通高校国防教育诸课程的教学改革。

二、沙盘制作

1. 沙盘制作的材料

制作沙盘需要哪些材料？这是沙盘制作中面临的第一个问题。制作沙盘的材料包括:沙盘制作的底板(1.2米×1.5米)、三角尺、半圆、圆规、剪刀、裁纸刀、固体胶棒、胶水、胶带、牙签、大头针、颜料、刷子(大、中、小)、调色板、硬纸片、A4纸、推演杆和各国军队袖标等。其中,易耗品有沙盘制作的底板、固体胶棒、胶水、胶带、牙签、颜料、硬纸片和A4纸等;可反复利用的材料有三角尺、半圆、圆规、剪刀、裁纸刀、刷子、调色板、推演杆和袖标等。此外,可以鼓励学生收集一部分废旧物品用于沙盘的制作,如泡沫、硬包装纸盒、沙土等。

2. 沙盘制作、推演学生的甄选

让哪些学生来制作和推演沙盘?这是沙盘制作中面临的第二个问题。在参与沙盘制作、推演人员的甄选上,采取学生自愿报名的方式,因为兴趣是最好的老师,是学生全身心投入这项工作的保障;在人员编排上,以排为单位,根据专业相近的原则分配成员,这有助于学生联系、沟通、交流和协作;在任务的布置时间点上,采取一开课就布置的方式,这样就可以使学生有充足的时间保质保量地完成任务。

3. 沙盘制作、推演团队内部分工

如何分工协作才能让学生有效率地制作、推演沙盘?这是沙盘制作中面临的第三个问题。各沙盘制作、推演团队即各排的内部架构为:各排设排长一名,由全排成员推选产生,负责本排沙盘制作、推演各项工作的统筹、调度;排长以下设导演组、后勤组、情报组、美工组、沙盘推演组和点评组,各组人员由排长根据各成员的意愿和特长划分到相对应小组,各小组成立后,要推选各自的小组长,与排长保持工作联系。

各小组的分工如下:①导演组,排长兼任导演组的组长,组员由后勤组、情报组、美工组、沙盘推演组与点评组的组长构成,任务是在排长的带领下组织大家制作沙盘、推演沙盘以及点评其他排的沙盘推演;②后勤组,负责收集、准备本排制作沙盘的材料和工具,沙盘推演当天沙盘与相关材料、工具的运输,以及平时的沙盘保管工作;③情报组,负责收集反映战场的地形、地貌,战前双方战线构建、兵力部署等相关信息的地图,作为制作沙盘的物质条件的基本依据;美工组,负责沙盘制作当中地形、地物、战线、士兵、武器装备等的绘制、摆放等;④沙盘推演组(4人=2人进攻+2人防守),负责沙盘的推演,接受其他排的攻防挑战;⑤点评组(2人),负责沙盘推演的点评,并形成文字报告。在以上各组中,除沙盘推演组和点评组有固定的人数要求外,其他组不设人数限制。

4. 沙盘制作的指导意见

在实际操作中,如何制作沙盘?这是沙盘制作中面临的第四个问题,也是核心问题之一。沙盘制作的指导意见为:第一,全景展现战场形势,注意比例,且沙盘上的战场情景要立体化展现,杜绝平面化绘图;第二,战场景物的制作要简单明了,鼓励就地取材制作,且景物要分为固定景物(山川、河流、道路、工事等)和可移动景物(军事人员及武器装备等),固定景物要(用牙签、胶水、胶带等)固定处理,可移动景物可随机移动(用牙签),便于推演;第三,交战双方标识清晰,界限分明,集团军、军、师、团、营等各级作战单位要按固定比例反映(如可使用大小、数量差异表现);

第四,注意控制成本预算;第五,沙盘的制作主要在课外完成,期间各排要妥善保管沙盘,按时完成沙盘的制作,按时将制作好的沙盘带至教室进行推演;第六,引入激励机制,全体学员要对每块完成的沙盘打分,按制作水平评出顺序,期末考试对其成员分别予以加分;第七,各排内部要分工协作,努力做到"人尽其才,物尽其用,轻松上阵,快乐学习,学到东西"。

三、沙盘推演

1. 沙盘推演指导意见

沙盘推演怎么操作,应遵循哪些原则? 这是在组织沙盘推演中面临的首要问题,也是核心问题之一。沙盘制作的指导意见如下。

(1)关于原则性的规定:①沙盘推演不是战役历史的重现,鼓励学生大胆创新,构思和应用新的战略、战术战败对手;②沙盘推演重在考量战略、战役层面的决策、部署,避免在战术层面过多纠缠;③沙盘推演的胜败以消灭敌方有生力量,实现战役目的为评判标准;④战场设置、武器性能、人员素质以及战损比等客观因素不能脱离历史事实。

(2)关于推演细则的规定:①每个战役推演时间为20分钟,其中推演16分钟,点评2分钟;②制作沙盘一方为该战役推演的防守一方,顺延的两个排为攻击一方,最后一排为点评一方(如一排制作不列颠空战沙盘,那一排就代表英军防守,二排、三排分别为进攻一方,各8分钟,四排则为点评一方);③沙盘推演实行回合制,一个回合2分钟,攻守方各1分钟,1分钟内各方均要完成兵力和装备等的部署和攻守战术的实施,教师进行监督;④推演中,战损比可根据使用的战略、战术达到的效果做小幅度调整,但不能完全脱离历史。

(3)关于分工协作的规定:①四个排的导演组在统筹各排内部各项工作顺利推进的同时,还要在沙盘的制作中和推演前进行相互之间充分的沟通,确定和相互监督推演中各自要使用的兵力和装备的落实,确定彼此间熟悉规则和程序;②推演组要步调一致,尽量避免出现相互矛盾、左右不一的部署与攻守招式;③点评组的点评要公正、客观,既要指出优点,又要指出不足,对结果的评判要有理有据;④后勤组要保证制作好的沙盘按时到位,美工组在推演前检查沙盘布置是否妥当,出现问题及时纠正,排内其他成员要配合导演组为可能出现的问题随时做好补救的准备;⑤未参与沙盘制作与推演的学生不仅仅是观众,而且还是评委,要为各个评比项目表现打分,作为对应学生加分的依据。

(4)关于激励机制的规定:①对参与制作、推演沙盘的学生予以相应的分数激励;②依据沙盘制作评比名次,各组成员分别予以相应的分数激励;③推演中各进攻组依据表现、名次,对其成员分别予以相应的分数激励;④推演中各防守组依据表现、名次,对其成员分别予以相应的分数激励;⑤推演中各点评组依据表现、名次,对其成员分别予以相应的分数激励;⑥参与评分的大众评委们也予以相应的分数激励;⑦具体的分值参见《沙盘推演得分细则》。

2. 沙盘推演得分细则

使用何种机制激励学生踊跃参加沙盘的制作、推演？这是在组织沙盘推演中面临的第二个问题。《沙盘推演得分细则》包括：第一，凡是参与制作、推演沙盘的学生均得基础分12分；第二，沙盘制作评比按1～4名，各组成员在基础分上分别再得4分、3分、2分、1分；第三，沙盘推演中各进攻组按评比1～4名，其成员分别再得4分、3分、2分、1分；第四，沙盘推演中各防守组按评比1～4名，其成员分别再得4分、3分、2分、1分；第五，沙盘推演中各点评组按评比1～4名，其成员分别再得4分、3分、2分、1分；第六，参与评分的大众评委们得5分；第七，所有学生总得分不得超过20分的课程实践环节分值。

表1　沙盘推演分工、计分一览表(xx排)

序号	姓名	排长	导演组	后勤组	情报组	美工组	防守组	进攻组	点评组	基础得分	沙盘评比分	进攻组评比分	防守组评比分	点评组评比分	总得分
1															
2															
3															
4															
5															
6															
7															
8															
9															
10															

注：①请排长填写成员姓名，并在对应分组栏内划"√"后将本表交还给老师；
　　②参与评分的大众评委们得5分；
　　③所有学生总得分不得超过20分的课程实践环节分值。

3. 课堂沙盘推演程序

如何在教学课堂上组织学生进行沙盘推演？这是在组织沙盘推演中面临的第三个问题。教学课堂沙盘推演的程序如下。

第一环节为成果展示部分。

第一步，各排将制作好的沙盘在教室前端一字排开(课前完成)；

第二步，各排长介绍本排沙盘布局与制作过程(2分钟/排)；

第三步，请大众评委表决，评出1～4名(2分钟)。

第二环节为沙盘推演部分。

第一步，请各排派遣人员进行攻防作战(16分钟/组)；

第二步，各点评小组分别进行点评(2分钟/组)；

第三步,大众评委评出各奖项名次(8分钟)。
第三环节为点评部分。
第一步,学生点评(5分钟);
第二步,主讲教师点评(5分钟);
第四环节为成果汇总和意见反馈部分(课后完成)。
第一步,各排提交沙盘制作、推演报告;
第二步,各点评组提交书面点评意见;
第三步,收集学生关于沙盘制作、推演的意见反馈(最后一次课堂上,以问卷调查的方式获取);
第四步,收集主讲教师的意见反馈(课后提交书面报告);
第五步,收集同行教师的意见反馈(聘请同行教师到课观摩后,获取书面意见);
第六步,收集专家的意见反馈(聘请专家到课观摩后,获取书面意见)。

四、效果评价指标体系的建构

为了检验沙盘推演的效果,就需要构建一个科学且开放的意见反馈与评估指标体系,旨在以评促改,推进教学改革的不断深入与完善;方法上,采取以讲授者(教师)自评与互评、受众者评价为基础,专家评价为重点,质性评价和量化评价相结合的方式;程序上,一般分为准备、实施、结果处理三个阶段;评价指标体系上,通过问卷调查、专家访谈与实际评价等方式,应用特尔斐法制定一级与二级评价指标的权重系数。作为探索,该体系框架设定了4个信息来源和11个一级指标,每个一级指标又配属若干二级指标(见表2)。

表2 教学改革成效评价指标体系框架

信息来源	一级指标	权重(%)
学生评价	1. 教改认可	30
	2. 课堂效果	
	3. 学习收获	
同行评价	4. 教改设计	20
	5. 教改质量	
	6. 师生获益	
教师自评	7. 教改进步性	20
	8. 教改有效性	
专家评价	9. 教改目标	30
	10. 教改体系设计	
	11. 教改综合效果	

1. 学生评价指标的设定

学生是教学活动不可或缺的行为主体之一，也是最主要的知识受众者。现代教育理念要求尊重和发挥学生在学习活动中的主体地位，激发他们的主观能动性、独立性、创造性与发展性。因此，学生在相关教学改革中，其地位已不仅仅是单一的受众，还应该是参与者、评估者。将学生由传统的评价客体转变为评价的主体，就需要正确引导他们主体性作用的发挥。鉴于学生认知层次以及水平，"学生评价"可从对教改的认可、课堂效果和学习收获三个方面评估，对应的二级指标包括学生兴趣的激发、知识体系的完善、综合能力的培养以及课堂收获等项目（见表3）。

表3 学生评价指标体系框架

信息来源	一级指标	二级指标	权重(%)
学生评价	1.教改认可	1.1 对沙盘的制作、推演是否感兴趣	1
		1.2 对教改后的课程是否满意	2
		1.3 是否认可此类教学改革	2
		1.4 是否会参与下一次类似教改活动	1
		1.5 是否会选择其他类似教改后的课程	1
	2.课堂效果	2.1 教改是否增添了课堂教学的趣味性	1
		2.2 教改后课堂效果是否优于传统的讲授课	2
		2.3 教改是否活跃了课堂气氛	1
		2.4 教改是否减少了学生"人在心不在"的情况（或提升学生关注度）	2
		2.5 教改有无影响课堂秩序	1
	3.学习收获	3.1 教改是否有助于丰富知识体系	2
		3.2 教改是否有助于加深对一些经典战例的认知	1
		3.3 教改是否有助于培育和提升（学生）战略思维和军事素养	2
		3.4 教改能否提升（学生）自主学习能力	2
		3.5 教改能否提升（学生）统筹协调能力	2
		3.6 教改能否提升（学生）动手操作和语言表达能力	2
		3.7 教改是否有助于（学生）掌握和提升解决问题的方法和能力	2
		3.8 教改是否有助于提升团队协作能力	2
		3.9（学生）是否从教改中获得愉快的学习体验	1

学生是接收和加工信息的主体，是认识客观规律的主体，也是不断完善自我的认知结构并获得自身主体性实现的主体。评估体系中所设定的二级指标，意在通过学生的自主反馈，反映教师进行的教改实践能否为学生创造具有激发性的、探究性的教学情境；能否引导他们积极地认识客观世界，进行独立探索和研究；能否有助于学生成为一个能动的自我，实现自我发展、完善以及创造性的超越。

2. 同行教师评价指标的设定

教师是课程发展的主体。同行教师之间的交流与评价既是新课程改革倡导的教师专业发展的途径之一，也是教学改革质量评价的重要一环。与其他信息来源不同的是，同行教师作为评价者，与教改的计划者、实践者同处一个教学领域内，且自身拥有一定的从业经验，他们可以从专业的视角跟踪教学改革的整个过程，并根据职业领域特色可以有效地反馈教改效果和教学信息。据此，"同行评价"的重点应放在教改设计、教改质量和师生获益三个方面（见表4）。

表4 同行教师评价指标体系框架

信息来源	一级指标	二级指标	权重(%)
同行教师评价	4.教改设计	4.1 教改设计是否遵循教学规律	1
		4.2 教改设计是否有助于实现教学目标	1
		4.3 教改设计是否贴合教学内容	1
		4.4 教改设计是否具有创新性	1
		4.5 教改设计层次、脉络是否清晰	1
		4.6 教改实践中的课堂教学程序设计是否合理	1
		4.7 教改实践中的时间分配的衔接是否合理	1
		4.8 教改实践中采用的教学方法和手段是否有效	1
		4.9 教学设计中能否发挥教师的主导作用	1
		4.10 教学设计中能否体现学生的主体地位	1
		4.11 教学设计中能否实现"教"与"学"有机结合	1
	5.教改质量	5.1 教改能否提升课堂教学的趣味性	1
		5.2 教改是否减少了学生"人在心不在"的情况（或提升学生关注度）	1
		5.3 教改是否有助于教师更好地传授知识	1
		5.4 教改是否有助于学生更好地获取知识	1
		5.5 教改后课堂效果是否优于传统的讲授课	1
	6.师生获益	6.1 教改是否有助于提升学生的学习能力	1
		6.2 教改是否有助于培育和提升学生的战略思维与军事素养	1
		6.3 教改是否有助于提升教师的教学能力	1
		6.4 教改是否有助于提升教师的学术修为	1

与其他信息渠道获得的评价不同，同行评价是同一领域内从业者之间的相互

评价与指导,背后折射着协同发展的理念,它是基于教师之间的开放性、信赖性和相互支持、援助而形成的一种关系形式。在相互的交流与评价中,改革者既可以根据收集的同行富有建设性的专业意见,针对学生的兴趣点、知识结构以及思维方式,查漏补缺,有针对性地完善教学设计,提升教学水平,还可以依托业界的科研指导,提升自身的专业学术修为,并在不断相互帮扶、支持中,解决课程改革中不断涌现的实际问题,实现共赢以及行业的发展。

3. 教师自评指标的设定

教师是课程教学活动的主体,也是教学改革实践的主体。同时,教师职业的特点赋予教师作为独立的个体必须具备较高的自主工作能力。因此,新课程改革将"自我反思"列为教师专业发展的又一重要路径。就教学改革质量评价而言,教师的自我评价更是必不可少的一个重要路径。在日常的教学实践中,教师的主导作用主要体现在培养学生的学习兴趣以及研究教学与学习方法等方面。在教学改革成效评价指标体系中,"教师自评"也应注重这方面的反馈,立足教改进步性与有效性,兼顾"教"与"学"的有机结合(见表5)。

表5 教师自评指标体系框架

信息来源	一级指标	二级指标	权重(%)
教师自评	7.教改进步性	7.1 教改是否有助于教学理念的提升	3
		7.2 教改是否有助于教学模式的转换	3
		7.3 教改是否有助于教学手段的更新	3
	8.教改有效性	8.1 教改是否激发了学生学习的兴趣	2
		8.2 教改是否有助于提升学生的综合能力与素养	1
		8.3 教改是否有助于体现学生主体性地位	2
		8.4 教改是否有助于提升教师的教学能力	2
		8.5 教改是否有助于发挥教师的主导作用	2
		8.6 教改是否减少了学生"人在心不在"的情况(或提升学生关注度),提升了课堂教学效果	2

教师的自我评价指标的设定,要围绕教师的主导作用和学生的主体作用这一对辩证关系展开。能否正确处理二者之间的关系,决定着教学改革的成败。现代教育理论认为,教师在课堂教学改革中发挥主导作用,是为了更好地体现学生的主体地位,是一种以学生主体地位为归宿的主导作用。以此为依据,就将"沙盘推演"引入国防教育课堂的教学改革而言,教师的自我评价指标主要集中在两个方面:一是教师能否通过教改掌握新的教学理念、教学模式和教学手段,以期服务课堂教学中学生知识、技能的获取;二是教改是否有益于教师主导作用的发挥、学生主体地

位的体现以及课堂教学效果的提升。

4. 专家评价指标的设定

作为专家,通常具备较高的学术水平和丰富的教学实践经验,评价的结果针对性、科学性、公正性和准确性较高,因而聘请专家进行评价是目前各种教学评估、质量评定中出现较早且应用很广的一种评价方法。在教学改革成效评价指标体系中,"专家评价"是最重要的依据,权重比最高,高达30%。专家们能站在较高的层次,从党和国家大政方针出发,以各级人才培养目标为依据,遵从普通高校教学规律,结合课程自身的特色以及新时期大学生的发展个性,理论与实践相结合,教师和学生相互统筹,全盘审视,从既定目标实现、教改设计体系、综合效果等各个方面评估教改成效(见表6)。

表6 专家评价指标体系框架

信息来源	一级指标	二级指标	权重(%)
专家评价	9.教改目标	9.1 教改是否与国家大政方针保持一致	1
		9.2 教改是否与学校人才培养目标保持一致	1
		9.3 教改是否实现学生获益的目标	1
		9.4 教改是否实现教师获益的目标	1
		9.5 教改是否实现课堂获益的目标	1
	10.教改设计体系	10.1 教改设计体系是否符合教学规律	1
		10.2 教改设计体系是否有助于实现教学目标	1
		10.3 教改设计体系是否贴合教学内容	1
		10.4 教改设计体系是否具有创新性	1
		10.5 教改设计体系层次、脉络是否清晰	1
		10.6 教改设计体系是否符合学生实际	1
		10.7 教改设计体系中理论研究与教学实践的主线是否突出	1
		10.8 相关教改实践中的课堂教学程序设计是否合理	1
		10.9 相关教改实践中的时间分配和衔接是否合理	1
		10.10 相关教改实践中采用的教学方法和手段是否有效	1
		10.11 教学设计体系中能否发挥教师的主导作用	1

续表

信息来源	一级指标	二级指标	权重(%)
专家评价	10.教改设计体系	10.12 教学设计体系中能否体现学生的主体地位	1
		10.13 教学设计体系中能否实现"教"与"学"有机结合	1
	11.教改效果	11.1 教改是否契合新时期国家深化国防教育改革的要求	1
		11.2 教改是否契合新时期高等教育改革的要求	1
		11.3 教改是否契合新时期高校国防教育改革的要求	1
		11.4 教改是否有助于教学理念的提升	1
		11.5 教改是否有助于教学模式的转换	1
		11.6 教改是否有助于教学手段的更新	1
		11.7 教改是否有助于发挥教师的主导作用	1
		11.8 教改是否有助于体现学生主体性地位	1
		11.9 教改是否有助于教师主导作用和学生主体性地位辩证统一	0.5
		11.10 教改是否有助于提升学生综合国防素质	1
		11.11 教改是否有助于提升教师的综合教研能力	1
		11.12 教改是否有助于减少学生"人在心不在"的情况(或提升学生关注度)	0.5
		11.13 教改是否有助于提升课堂教学效果	1

另外,教学改革实践中,还可以引入学生顾问制度,将每学期沙盘制作、推演中表现优异的学生选拔出来组成顾问团,运用他们积累的经验来指导下一学期学生们进行沙盘的制作与推演,这在实际操作中获得了不错的效果。

五、沙盘制作与推演展示图片

1. 沙盘制作

2. 沙盘展示

3. 沙盘推演

附录：将"沙盘推演"引入二战课程课堂教学的改革与实践

4. 学生点评

5. 教师点评

6. 与专家交流

参考文献

[1] 白虹.第二次世界大战全史(彩色图解)[M].北京:北京联合出版社,2015.
[2] 百团大战总结战绩:第十八集团军总司令部野战政治部公布[J].北京档案,2005(8).
[3] 鲍和平.台儿庄大捷之原因述论[J].淮南工业学院学报(社会科学版),2001(1).
[4] 比弗.攻克柏林[M].王宝泉,译.海口:海南出版社,2008.
[5] 薄一波.七十年奋斗与思考:战争岁月[M].北京:中共党史出版社,1996.
[6] 波佩尔.闪击波兰[M].方政,编译.合肥:安徽文艺出版社,2011.
[7] 布尔斯坦.鹰击不列颠[M].方飞,编译.北京:北京联合出版公司,2014.
[8] 布鲁尔,张晓博.图说世界战争[M].青岛:青岛出版社,2004.
[9] 陈显泗,尹明新,李广一.中外战争战役大辞典[M].长沙:湖南出版社,1992.
[10] 陈永祥.抗战时期美国对华经济援助评析[J].广州大学学报(社会科学版),2004(2).
[11] 陈玉潇.日本兵败中途岛[M].北京:西苑出版社,2013.
[12] 常家树.第二次世界大战初期斯大林犯过的三次严重过失[J].党史纵横,2007(11).
[13] 代翔.二战时日本和德国的战略错误[J].大科技(百科新说),2010(8).
[14] 戴耀先.德意志军事思想研究[M].北京:军事科学出版社,1999.
[15] 德伯雷.梦断马其诺[M].林顶,编译.北京:北京联合出版公司,2014.
[16] 杜木土.华北大地起风雷 百团雄兵大破袭:八路军发动百团大战纪实[J].福建党史月刊,1995(9).
[17] 董文静.日军中途岛海战失败原因[J].军事历史,2015(2).
[18] 恩道尔.霸权背后:美国全方位主导战略[M].吕德宏,等译.北京:知识出版社,2009.
[19] 二战经典战役编委会.搏杀中途岛[M].北京:中国铁道出版社,2015.
[20] 费异常.长沙、衡阳会战的点滴回顾[J].黄埔,2008(2).
[21] 付勇,潘家德.台儿庄战役中国军队的合作[J].河北联合大学学报(社会科学版),2012(5).
[22] 富勒.西洋世界军事史[M].钮先钟,译.桂林:广西师范大学出版社,2012.
[23] 富勒.第二次世界大战史:战略与战术[M].胡毅秉,译.北京:台海出版社,2018.
[24] 高凤山.平型关大捷与平型关战役[J].文史月刊,2005(9).
[25] 国家教育委员会社科司.中国革命史[M].北京:高等教育出版社,1993.

[26] 哈特.隆美尔战时文件[M].钮先钟,译.北京:民族与建设出版社,2015.
[27] 哈林顿.征战阿拉曼[M].耿雪峰,编译.北京:北京联合出版公司,2014.
[28] 韩信夫.鏖兵台儿庄[M].重庆:重庆出版社,2008.
[29] 侯鲁梁.太平洋战争史话:中途岛之战[M].海口:海南出版社,2006.
[30] 胡德坤,罗志刚.第二次世界大战史纲[M].武汉:武汉大学出版社,2005.
[31] 胡晓蓉.阿拉曼战役:捕猎"沙漠之狐"[J].思维与智慧,1998(1).
[32] 华林.搏杀中途岛[M].王永生,编译.北京:北京联合出版公司,2014.
[33] 基根.二战史[M].李雯,译.北京:北京大学出版社,2015.
[34] 加藤正秀.山本五十六[M].郭宏军,编译.北京:京华出版社,2008.
[35] 蒋顺兴,范崇山.衡阳战役与蒋介石[J].苏州大学学报,1987(1).
[36] 杰科森,赵国栋.日本人的阴谋:在成功偷袭珍珠港的背后[J].舰载武器,2004(9).
[37] 捷列宾斯基.决战斯大林格勒[M].檀琦,编译.合肥:安徽文艺出版社,2011.
[38] 军事科学院军事历史研究部.第二次世界大战史:上卷[M].北京:军事科学出版社,2015.
[39] 军事科学院军事历史研究部.中国抗日战争史:上卷[M].北京:解放军出版社,1991.
[40] 军事科学院军事历史研究部.中国抗日战争史:中卷[M].北京:解放军出版社,1994.
[41] 军事科学院军事历史研究部.中国抗日战争史:下卷[M].北京:解放军出版社,1994.
[42] 科普兰.大战的起源[M].黄福武,张立秋,译.北京:社会科学文献出版社,2017.
[43] 科济列夫斯基.血捍莫斯科[M].邱剑敏,编译.北京:北京联合出版公司,2014.
[44] 孔宪.衡阳会战的零星记忆[J].黄埔,2008(3).
[45] 莱西,默里.激战时刻:改变世界的二十场战争[M].梁本彬,李天云,译.北京:中信出版社,2015.
[46] 郎费罗.登陆诺曼底[M].尹洪举,编译.北京:北京联合出版公司,2014.
[47] 李建斌.平型关战役:打破"日军不可战胜"的神话[N].光明日报,2018-11-26.
[48] 李曼村.刘伯承传[M].北京:当代中国出版社,1992.
[49] 李宗仁口述,唐德刚撰写.李宗仁回忆录[M].上海:华东师范大学出版社,1995.
[50] 李继锋.从沉沦到荣光:抗日战争全记录(1931—1945)[M].呼和浩特:远方出版社,2008.

[51] 李玉,骆静山.太平洋战争新论[M].北京:中国社会科学出版社,2000.

[52] 李战青.诺曼底登陆战[J].海洋世界,1994(6).

[53] 林治波,赵国章.大捷:台儿庄战役实录[M].桂林:广西师范大学出版社,1996.

[54] 林仁华等.斯大林与希特勒的最后较量:柏林战役[M].南宁:广西科学技术出版社,2005.

[55] 凌志彬.太平洋战争的转折点:中途岛海战[J].辽宁大学学报(哲学社会科学版),1982(5).

[56] 刘贵福.百团大战对国民党抗战态度的影响[J].辽宁师范大学学报(社会科学版),1997(5).

[57] 刘金质,梁守德,杨淮生,等.国际政治大辞典[M].北京:中国社会科学出版社,1994.

[58] 刘鹭.诺曼底登陆战役的一些经验[J].军事历史,1985(6).

[59] 刘建业,李良志,陈之中.中国抗日战争大辞典[M].北京:燕山出版社,1997.

[60] 刘炳峰.毛泽东在"百团大战"前后[J].文史精华,2006(4).

[61] 刘炳峰.鲜为人知的百团大战前后[J].世纪桥,2006(1).

[62] 刘志明.试论库尔斯克会战在第二次世界大战中的地位[J].贵阳学院学报(社会科学版),2012(3).

[63] 罗伯茨.第二次世界大战史[M].李广才,崔喆,陈兰芳,译.武汉:长江文艺出版社,2014.

[64] 罗森伯.偷袭珍珠港[M].马俊杰,译.北京:京华出版社,2004.

[65] 吕晓勇,江圣.梦断衡阳城:衡阳保卫战影像全纪录[M].北京:长城出版社,2015.

[66] 马仲廉.台儿庄战役的几个问题[J].抗日战争研究,1998(4).

[67] 马卡列夫.突袭苏联[M].孙鹏,编译.北京:北京联合出版公司,2014.

[68] 鸣海裕.冲绳岛登陆浴血战:摆脱胜者观点的迷思[J].世界航空航天博览:A版,2005(9).

[69] 穆尔奇科夫.攻克柏林[M].任成琦,编译.北京:北京联合出版公司,2014.

[70] 彭德怀.彭德怀自述[M].北京:人民出版社,1981.

[71] 彭训厚.史无前例的大规模登陆战役:诺曼底登陆战役述评[J].军事历史,2008(1).

[72] 彭训厚,于江欣.第二次世界大战史教程[M].北京:军事科学出版社,2000.

[73] 蒲宁.制胜的关键:从中途岛战役看情报在决策中的威力[J].科学决策,2005(10).

[74] 普利列扎耶夫.决战库尔斯克[M].马永良,编译.北京:北京联合出版公司,2014.

[75] 齐世荣.中国抗日战争与国际关系[M].北京:首都师范大学出版社,1998.

[76] 托因比.第二次世界大战全史(8):1942—1946年的远东[M].复旦大学外文系英语教研组,译.上海:上海译文出版社,1995.

[77] 丘吉尔.第二次世界大战回忆录[M].吴泽炎,等译.南京:译林出版社,2012.

[78] 日本防卫厅防卫研究所战史室.中国事变陆军作战史:二卷[M].北京:中华书局,1979.

[79] 人民军队征战传奇丛书编委会.八路军新四军征战传奇[M].北京:长征出版社,2012.

[80] 萨本仁.阿拉曼战役与蒙哥马利[J].史学集刊,1984(4).

[81] 沙伟.衡阳会战中之张家山战役[J].档案时空,2015(9).

[82] 史沫特莱.伟大的道路[M].梅念,译.北京:生活·读书·新知三联书店,1979.

[83] 舒宗桥.第二次世界大战画史[M].北京:中国文史出版社,2013.

[84] 孙继炼,魏纪奎,赵伟.铁的血:台儿庄1938抗战全纪实[M].北京:化学工业出版社,2015.

[85] 史军.偏师往事:第20军团台儿庄战记[J].国际展望,2005(17).

[86] 时刻关注编委会.二战经典战役[M].北京:中国铁道出版社,2015.

[87] 水木森.二战简史[M].北京:中国华侨出版社,2019.

[88] 特里梅因,洪立.偷袭珍珠港目击回忆录[J].国际新闻界,1993(6).

[89] 藤原彰.日本近现代史:三卷[M].伊文成,等译.北京:商务印书馆,1983.

[90] 王安定,郑金华.1940百团大出击:百团大战影像全纪录[M].北京:长城出版社,2015.

[91] 王书君.太平洋大战1:风暴[M].北京:海洋出版社,2015.

[92] 王焰等.彭德怀传[M].北京:当代中国出版社,1993.

[93] 王辅.日军侵华战争:1931—1945[M].沈阳:辽宁人民出版社,1990.

[94] 王人广.关于百团大战战绩统计的依据问题[J].抗日战争研究,1993(3).

[95] 王兴武,马献立.莫斯科保卫战中的10个真实故事[J].环球军事,2006(24).

[96] 王亚军.亲历衡阳战役[J].黄埔,2013(1).

[97] 王勇.库尔斯克战役探析[J].牡丹江师范学院学报(哲学社会科学版).2002(1).

[98] 汪鹏.台儿庄大捷[J].报林,2008(3).

[99] 吴于廑,齐世荣.世界史·现代史编[M].北京:高等教育出版社,1998.

[100] 吴广权.攻克柏林[M].北京:解放军出版社,1987.

[101] 吴玉珠.盟军在诺曼底登陆:开辟第二战场[J].军事历史研究,1990(1).

[102] 吴恩远.斯大林、朱可夫在斯大林格勒战役指挥上的得失[J].中外书摘,2007(10).

[103] 希龄.电波搏击决定战役胜负[J].广东金融电脑,1994(5).

[104] 夏伊勒.第三帝国的兴亡[M].董乐山,等译.北京:世界知识出版社,2012.

[105] 萧一平,郭德宏.中国抗日战争全史:1931.9—1945.9[M].成都:四川人民出版社,2005.

[106] 徐萍.论库尔斯克战役的立体化合成[J].史学集刊,2001(1).

[107] 徐临江.平型关战役与平型关大捷[J].科技文萃,2005(8).

[108] 杨尚昆.杨尚昆回忆录[M].北京:中央文献出版社,2001.

[109] 义井博,李树藩.走向第二次世界大战的路程:围绕着这次战争的目的[J].外国问题研究,1981(2).

[110] 于重宇.二战十大著名战役[M].哈尔滨:哈尔滨出版社,2005.

[111] 于振武.论库尔斯克会战[J].史学集刊,1994(1).

[112] 俞晓鹏,孟现军,王宁.诺曼底登陆战役中空降作战的特点及其启示[J].军事历史,2001(4).

[113] 俞天任.浩瀚大洋是赌场:日本帝国海军兴亡史[M].北京:语文出版社,2010.

[114] 岳思平.平型关大捷属性及战果等问题论略[J].军事历史研究,2013(1).

[115] 詹方瑶.略论阿拉曼战役[J].郑州大学学报(哲学社会科学版),1991(1).

[116] 詹方瑶.论希特勒在库尔斯克会战中的战略失误[J].史学月刊,1985(4).

[117] 詹方瑶.诺曼底登陆的准备与实施[J].史学月刊,1983(5).

[118] 赵萌萌.台儿庄大捷[J].党的建设,2015(5).

[119] 张国臣.希特勒放弃海狮计划原因新探[J].许昌学院学报,2007(4).

[120] 张皓天.日本偷袭珍珠港的原因分析[J].边疆经济与文化,2016(1).

[121] 张椿年等.第二次世界大战史[M].北京:人民出版社,2015.

[122] 张亚,杨青芝,王燕群.扬威平型关:平型关抗战影像全纪录[M].北京:长城出版社,2015.

[123] 张越.偷袭珍珠港[M].北京:外文出版社,2010.

[124] 周小宁.百团大战参战兵力究竟有多少?:与袁旭商榷[J].军事历史,1992(5).

[125] 周小宁.百团大战克敌据点等战绩考[J].军事历史,1997(2).

[126] 朱德.扩张百团大战的伟大胜利[J].八路军军政杂志,1940(9).

[127] 朱可夫.回忆与思考[M].中国人民解放军军事科学院外国军事研究部,译.北京:中国对外翻译出版公司,1984.

[128] 朱冬生.世界经典战例:战役卷[M].北京:解放军出版社,2010.

[129] 朱亚娥.世界通史[M].北京:中国华侨出版社,2010.

[130] 曾景忠.八路军平型关大捷与平型关战役的关系[J].中国国家博物馆馆刊,2013(4).

[131] 中国近代史史纲要编写组.中国近代史史纲要[M].北京:高等教育出版社,2018.

[132] 中国人民革命军事博物馆百团大战历史文献资料选编编审组.百团大战历

史文献资料选编[G].北京:解放军出版社,1991.

[133] 中国军事百科全书编审委员会.中国军事百科全书:军事历史[M].北京:军事科学出版社,1997.

[134] 中国人民解放军历史资料丛书编审委员会编.八路军回忆史料:1[M].北京:解放军出版社,1988.

[135] 中央档案馆.中共中央文件选集:十二册(1939－1940)[G].北京:中共中央党校出版社,1991.